子不语

子 不 语　历 史 说

肖仁福 — 著

潜利益

晚清群像图

广东人民出版社

·广州·

图书在版编目（CIP）数据

潜利益：晚清群像图 / 肖仁福著. -- 广州：广东
人民出版社, 2025. 1. -- ISBN 978-7-218-18038-0

Ⅰ. K252.09

中国国家版本馆CIP数据核字第2024LY8750号

QIANLIYI: WANQING QUNXIANG TU

潜利益：晚清群像图

肖仁福　著

出 版 人：肖风华

责任编辑：钱飞遥
责任技编：吴彦斌

出版发行　广东人民出版社
地　　址：广州市越秀区大沙头四马路10号（邮政编码：510199）
电　　话：（020）85716809（总编室）
传　　真：（020）83289585
网　　址：http://www.gdpph.com
印　　刷：广东信源文化科技有限公司
开　　本：787毫米×1092毫米　1/32
印　　张：9　　　字　　数：360千
版　　次：2025年1月第1版
印　　次：2025年1月第1次印刷
定　　价：79.00元

如发现印装质量问题，影响阅读，请与出版社（020-87712513）联系
调换。售书热线：（020）87717307

目
录

一个人与一个时代（代前言）

晚清是个特殊而又非常神奇的时代。这个时代肇始于道光二十年（1840）第一次鸦片战争，至宣统三年（1911）末代皇帝溥仪颁布退位诏书，清朝统治彻底结束，史称晚清七十年。在这七十余年里，中国社会充满各种不可调和的矛盾，最为明显的是华洋矛盾、满汉矛盾、帝后（皇帝和太后）矛盾、君臣矛盾、官民矛盾、军政矛盾。一系列矛盾相互叠加，彼此交集，导致社会动荡，变故频发。而每次动荡或变故，都会导致山崩地裂，中外震惊，朝野恐慌。有意思的是，眼见帝国大厦一次次倾覆在即，又摇摇晃晃重新立稳脚跟，直至两个人物相继离世，才在辛亥革命的浪潮声中悄然倒塌，完成其历史使命。

这两个人物，一个是李鸿章，另一个是慈禧太后。慈禧太后生于道光十五年（1835），咸丰二年（1852）十七岁入宫，咸丰六年（1856）生下皇长子载淳即后来的同治皇帝，晋封懿贵妃。咸丰十一年（1861）载淳即位，她与慈安太后两宫并尊，上徽号慈禧。也正是这一年，两宫太后在恭亲王奕䜣的合谋下，发动辛酉政变，诛咸丰临终顾命八大臣，夺取政权。自此慈禧正式登上政治舞台，直至光绪三十四年（1908）辞世，实际掌控清朝四十七年之久。在这近半个世纪里，慈禧内倚奕䜣、奕譞等皇族宗亲，外放手任用曾国藩、李鸿章、左宗棠等汉臣，平息太平军，扑灭捻军，继引进西学，兴办洋务，缔造海军，大胆外交，实现同光中兴。国门既已洞开，再不可能闭关自守，回到从前，续做天朝上国美梦。加之满人凭武力自关外入主中原，马上得天下易，马下治天下难，延及晚清，清廷先天不足越发显现，在满汉冲突和华洋冲突双重挤压下，注定不可能平安无事，岁月静好。众所周知的两次鸦片战争、太平天国起义、边疆危机、中法战争、甲午大战、戊戌变法、义和团运动和庚子国变（八国联军侵华战争），接踵而至，君臣惊慌失据，疲于奔命，勉力渡过一个个难关，才侥幸保住国体。待奕䜣、奕譞、曾国藩、左宗棠、李鸿章等王公大臣一个个凋零，朝局难以为继，不可避免地渐渐走向末路。直至慈禧驾崩，小皇帝溥仪上位没多久，清朝也就到了寿终正寝之时，历史进入北洋时期。

历史由人书写，要深度认识历史、解读历史、借鉴历史，光有对历史事件和历史人物的概念化了解，远远不够，最好能跟随历史的亲历者，回到历史现场，切入历史深处，感同身受当时情境，当时人事，才有可能获得真相，不被种种固有的偏见所左右，否则以其昏昏自然不可能使人昭昭。纵观晚清七十年人事，以上提到的数位君臣，每位都为那段惊心动魄的非凡岁月留下过精彩的注脚，然比较而言，李鸿章占据时段最长，几乎每一次大事件和大变故，他都是核心人物和亲历者。其他如曾国藩，创建湘军，平定太平军，开启洋务运动，但同治十一年（1872）逝世，晚清后段历史便与他无关。左宗棠比曾国藩小一岁，协同征讨太平军和捻军，草创福州船政，尤其规复新疆，功高盖世，因逝于光绪十一年（1885），此后二三十年的晚清岁月已没他啥事。还有位后来者张之洞，效法曾左李办洋务，与中法战争沾些边，其余事功，涉猎不多。至于奕䜣和奕譞两位亲王，曾分别主持朝政，但只起过阶段性作用。慈禧执掌晚清近五十年，毕竟身处深深皇宫，不是军事、洋务和外交的直接经办者。由此可见，要通过一个人物观照晚清这个特殊而神奇的时代，李鸿章绝对是不二人选。事实也是，若没有李鸿章，晚清历史肯定会重写，甚至后来中国走向恐怕也可能会大不同。

正因如此，李鸿章生前死后，有关他的故事、传记和研究文本汗牛充栋，不胜枚举。连洋人也来凑热闹，找些真真假假的传闻，敷衍成篇，拿去发表赚稿费，或印成书卖钱。一时之间，中外只知有李鸿章，不知还有清朝皇帝。尤其曾国藩死后，李鸿章作为其替手，长期位居直隶总督和北洋大臣要职，且手握淮军，创办海军，国家军政要务和外交事宜，朝中君臣做不了主，或做主也实施不了的，都要他发话，再由他出钱出人，出面斡旋经办。即使甲午战败，海军覆灭，淮军败亡，李鸿章本钱赔光，被削官去职，手中已无一兵一卒，依然虎威不倒。洋使不把总理衙门大臣放在眼里，大闹公堂，只要李鸿章一出面，立马收住气焰，毕恭毕敬，侧立于旁。见李鸿章大势已去，朝堂内外一片杀声，非拿掉其项上人头不可，慈禧却凭女人天生的敏感，觉得这个老搭档还有用得着的地方，力排众议，保住其老命。果然，庚子大乱之际，国将不国，无一人能面对列强，挽救时局，又是外放两广无涉京津惊天变故的李鸿章，拱着老迈之躯，北上与洋人周旋，保全住国家。

李鸿章生于道光三年（1823），道光二十七年（1847）中进士，时年二十四岁。在翰林院混迹六年，遇太平军攻占江南，厌倦京官碌碌闲散生活的李鸿章南归安徽，与太平军作战，时人戏称为翰林变绿林。后入幕湘军老营，为老师曾国藩出谋划策，助其度过一次次政治和军事危机。继创淮军，征发上海，克苏平吴，扫清金陵（今江苏南京）外围，助湘军消灭太平军。清廷忌惮汉臣统兵，曾国藩出于无奈，裁撤湘军，李鸿章又率部征讨东西两股捻军，取得完胜。继任湖广总督、直隶总督兼北洋大臣，大刀阔斧制造西器，修筑铁路，兴办电报，开矿挖煤，倡商振贸，创建北洋海军。随着李鸿章人生步步迈向高峰，史家所称道的同光中兴也达到顶点。然有升就有落，有浮就有沉，国家如是，个人亦然。随着甲午战败，北洋海军和淮军不复存在，李鸿章黯然出局，眼睁睁看着君臣瞎折腾，导致义和团军兴，庚子国变，慈禧和光绪仓皇西逃，国家面临被列强大卸八块的危机。斯人不出，如苍生何？李鸿章接到慈禧电旨，二话不说，离开两广总督任地广州，北上与洋人周旋，签署城下之盟。国体得到保全，李鸿章也透支过度，泣出最后一碗血，撒手西去。东归途中的慈禧闻讯，大放悲声，心知柱石折断，大厦必倾。果然苟延残喘数年，随着慈禧病逝，清朝悄然退出历史舞台。

李鸿章的个人命运一直与国家紧密联系在一起。只是翻遍众多有关李鸿章的著述，虽说不乏佳作，然通过李氏命运真实再现和深刻反思那段历史者并不多见。这也许囿于时代的偏见，或局限于史家眼光和著作者笔力，也可能晚清太复杂，李鸿章又经世太久，涉事太深，以常规笔墨无以抵达历史深处。包括梁启超所著《李鸿章传》，其时传主辞世才两个月，作者身在局中，不识庐山，加之年龄不到三十，阅历少，见识浅，哪懂数朝开济老臣心？自然只能蜻蜓点水，泛泛而论，难切肯綮。鉴于此，敝人于年过天命，在阅人阅史无数之后，操起手中秃笔，走进百年之前李鸿章的纷繁世界，应该勉强还算可以信任。

拙著以李鸿章平生行迹为线索，连缀晚清七十年件件惊天动地的大事，也将相关人物编排在一起，形成晚清重要人物谱。前文提到的君臣，如慈禧、奕䜣、奕譞、曾国藩、左宗棠、张之洞，都是书中重要人物。另，李鸿章经历过的几代皇帝、朝臣、外官、洋使，中外敌我阵营里的将帅，以及不少有个性有意思的人物，皆被纳入书中。也正是这众多或大或小的人物，推动晚清历史车轮，从闭关自守的旧时代，迈向睁眼开放的近代化新天地，为百年后的现代化中国开崛先河，奠定基础。历史自有其发展脉络，尤其五千年中华文明，陈陈相因，生生不息，一直延续到今天，从没断裂过。只是晚清不同于其他时代，遇三千年未有之变局（李鸿章语），李鸿章及其君臣们才凭借巨大勇气和非凡智慧，以三千年未有之大举措，开创新风，求富图强，确保中华文明不至于毁灭消亡。

钱穆先生说，历史常在变动中进展，没有变，不成其历史。"变"造就晚清特殊而神奇的时代，也成就了一生求变的李鸿章。将李鸿章及同期君臣，还有形形色色的中外人物写进本书，是一件非常有意思也有意义的事。这件事难度大，工作量不小，但很值得。值得的事就不怕费心费劲费时。人生在世，总得费心费劲费时，做些有难度的值得的事。且再难，也难不过百年前的李鸿章。李鸿章近八十年的人生里，从没省心省劲省时过，才干出那么多震古烁今的大事业，造就一个时代，也造就一个充满争议而又具独特魅力的李鸿章。

潜利益

一

咸同之际，苏浙一带为太平军所占，华人清吏、洋商外使，纷纷汇集至沪上，寻求列强势力保护。列强陈舰于海边，明护本国租界，暗通清廷与太平军，看谁笑到最后，便跟谁玩。龟缩于上海的苏沪官员和商贾知道洋兵靠不住，派人至安徽找曾国藩讨救兵，卫护上海。湘军刚打下安庆，正在调兵遣将，部署进攻金陵之大举，无以分兵，曾国藩不为所动。身处曾幕为老师曾国藩摇鹅毛扇的李鸿章认为，沪上遍地金银，若据为己有，可打造成湘军饷源基地，拱手让给太平军太可惜。曾国藩觉得不无道理，决定派能员领兵征沪。

可派谁好呢？既然上海是个聚宝盆，当然得交给自己信得过的人。曾国藩首先想到的是自己弟弟曾国荃。曾国荃正率湘军主力，借长江威势，东压金陵，以取破敌老巢之首功，没将上海放在眼里，断然拒绝。曾国藩又把目光投向彭玉麟。彭玉麟正带着亲手创建的湘军水师往金陵迫近，不愿离开自己的帅船，去上海跟洋人和假洋鬼子厮混，也不肯接盘。曾国藩只好函商于陈士杰。陈士杰在老家湘南狙击西征的太平军翼王石达开，以逸待劳，守土有功，受清廷恩赏，连连晋级，同样不愿离开本土，东下别人客场征战。

唯有李鸿章看出上海的潜利益，决定把千载难逢的征沪机会争取到手。潜利益就是潜藏于深处或暗处的远期利益，不是和尚头上一目了然的虱子，若智商不够，目光短浅，则不易参透和看明白。其一，上海位于金陵东面，保住上海，规复苏吴，可直指金陵，建万世奇功。其二，太平军覆灭指日可待，战后重建成当务之急，既要召唤流民回归土地，还得引进西学西器，为我所用，上海属对外前沿窗口，身处苏沪，可占得先机，掌握主动求富图强。其三，上海华洋杂处，中外人才尤其会西语懂西器的实用人才多，得沪者得人才，得人才者得天下，值此三千年未有之变局，正好创三千年未有之奇业。

看懂上海的潜利益，李鸿章与曾国荃、彭玉麟、陈士杰正好相反，主动来到老师曾国藩面前，争取征沪机会。曾国藩因李鸿章聪明过人，办差利索，为自己解除过不少政治和军事危机，本不愿让他离开自己，无奈湘军阵营里没有合适人选可用，不得不奏请皇上恩准，让其组建淮军，东征上海，为湘军筹饷办粮，同时廓清苏吴，给曾国荃攻克金陵创造条件。

大计已定，曾国藩意识到李鸿章建军征沪，还有另外一层特殊意义。清廷忌惮汉员带兵，因太平军起义，八旗绿营不中用，大清岌岌可危，才忍看湘军壮大，确保大清江山不倒，一旦战争结束，成军十多年的湘军完成历史使命，且师老已疲，唯有裁撤。然洋人虎视眈眈，需有新生力量固我国防，淮军正好接替湘军，承担使命。

当曾国藩欢送淮军出征时透露出这层意思，李鸿章才明白此去上海，还有一份颇有分量的潜利益在等着自己。

二

上海就这样成为李鸿章的福地，也成为中国近代化的起点城市之一。正是站在这个起点上，李鸿章先建军功，继创洋务，再办外交，又固海防，至恩师曾国藩故去，以一己之力，支撑起大半个大清江山。反观曾国荃、彭玉麟和陈士杰，后来虽也做到封疆大吏，影响力和历史地位却远不如李鸿章。有人假设，此三人也是人中豪杰，若抓住千载难逢的征沪机会，成为另外版本的李鸿章或许也有可能。然而，这种可能性几近于无。

首先三人看不懂上海的潜利益，说明他们胸襟不够开阔，视野不够高远，哪怕率军到了上海，也注定难有大作为。曾彭陈三人皆系"湖南蛮子"，生长于山野，吃得辣，天不怕，吃得咸，霸得蛮，打恶仗硬仗不在话下，但对付奸商滑吏和形形色色的洋人，心眼恐怕不够使。与三人不同，李鸿章生长于江淮平原，背倚巍巍大别山，面向商业文明一向发达的吴越大地，性格里既有山民的坚忍不拔，又具商人的灵活变通，且居京多年，见多识广，有足够的意志、智慧和经验，对付各类官员和鱼龙混杂的洋商华贾。这是李鸿章的底气，于是他才能自信满满，东下苏沪，掌控复杂局势，抓住别人眼里所无自己心中所有的潜利益，实现平生抱负。

或许曾彭陈三人也像李鸿章那样，看出苏沪是可一展身手的好地方，只是舍不得放弃眼前利益，不愿去面对不确定的所谓潜利益。比如曾国荃，眼见金陵唾手可得，又何必舍弃看得见摸得着的千年大功，重起炉灶，面对变数？后来他攻下金陵，收获首功，没等朝廷论功行赏，便迫不及待携金裹银，跑回湘乡老家，建大宅，购田产，做上富家翁，足以说明其内心想法。俟朝廷有事，多次征召曾国荃出山，他也能推则推，实在推不掉，才懒洋洋出乡，消极应付。

这倒也是曾国荃的明智之处，攻克金陵，登上人生顶峰，此后再怎么折腾，也不可能实现超越，再创辉煌。多年后清廷修葺颐和园，命各地督抚纳报效银，以为曾国荃总督两江富庶地，出银会最多，结果他不情不愿，才报效四十万两，不到两广总督张之洞百万报效银的一半。其时中法战争结束不久，两广遍地哀鸿，前途无量的新宠张之洞掘地三尺，也要凑齐大银讨好朝廷，曾国荃心态则相反，老念着湘乡华屋肥田，巴不得开罪朝廷，贬官回家。

至于彭玉麟和陈士杰，与曾国荃也差不多，当初响应曾国藩号召出山，目的无非保一方平安，并不想着建多大的功，留多大的名，不容易诱于上海的潜利益。这叫人各有志。李鸿章一向志大才高，注定会走一步看三步，凡事着眼于未来。到上海后，他出于战争需要，购买洋枪洋炮，又自设多个枪炮局，后合到一处，成立江南制造局，造枪造炮还造兵船。战争总会结束，制造局出路何在？李鸿章早有想法：太平军和捻军平定后，还有洋兵洋将，大清不可能没有国防，国防离不开枪炮和战舰，制造局仍得存在下去。所造兵舰还可军民两用，战时出阵，平时运货。战后朝臣奏撤制造局，李鸿章又招股成立轮船招商局，购买制造局的轮船，跑江海运输，甚至通过和平竞争，把欧美几大轮船公司挤出中国江海。李鸿章由此发现对付洋人，比对付朝臣容易得多。事实也是，无论办制造、兴运输、布电报、挖煤矿，还是修筑铁路、造机器织布、开设银行，无事不受阻拦，不遭弹劾。

李鸿章业大功高，朝臣羡慕嫉妒恨，也能理解，君上明知洋务利国利民，也总犹犹豫豫，半推半就，实在让人困惑。李鸿章渐渐明白过来，清廷有个最大的心理障碍，就是缺乏安全感，只要谁借题发挥，把事情跟大清安危扯到一起，清君立马认怂。原来人皆有趋利避害本能，觉得害大利小时，便会弃利而远害，哪怕所谓的害属凭空想象，也宁信其有，不信其无。

满人自关外入主中原，人口不及汉民百分之三，一些统治者总感到不踏实，心里一直盯防汉人，不能让好不容易打下的江山易手。此心理两百年以来渐成定势，总觉汉人一强，满人必亡，遇事忍不住会往皇权安危上面联系。面对汉人已够闹心，海面上又开来一队队突突突冒着青烟的洋舰，清廷难免更心惊肉跳。其实，洋人起初眼里只有利益二字，不远万里跑过来，无非看准中国地广人众，市场份额大，买进卖出间可赚大钱，清廷也能增加利源。

然大清不在乎利不利源，再穷再困，皇家有四万万人供养，日子好过得很。唯在乎大清江山万世永固，爱新觉罗子子孙孙不劳而获，也就不允许洋人惊扰好梦，非拒之于海外不可。洋人见软的不行，就放下伪装来硬的，又放炮又开枪，把你国门攻破，强行闯入。偏偏内地又冒出太平军和捻军，八旗绿营不堪一击，不得不让汉臣兴办团练，先平息内乱再说。内乱持续十五六年，清廷一夕数惊，焦头烂额。洋人又不知趣，今天要跟你通商，明天要派驻公使领事，清廷越发焦虑，一会儿战，一会儿和，战又战不过人家，和又得赔款放洋人上岸。

倒是林则徐巡抚苏省时的幕僚魏源和冯桂芬冷眼旁观，看个明白，随着蒸汽机动力的广泛应用，海洋时代不期而至，洋人不可拒，拒也拒不了，只能接纳。李鸿章率军踏入沪地，便跟避难于此的冯桂芬一见如故，达成共识：与意在颠覆朝廷的太平军和捻军不同，洋人鸠占鹊巢霸坐大清江山的动机并不显著，来华目的更多是希望推销洋器洋货，大把捞金摘银。试想，人家不远万里来中国办制造，设电报，铺铁路，跑运输，开银行，赚得盆满钵满，咱为何不与其合作，将技术和经营方法学到手，也发财致富？

看准这里面的潜利益，李鸿章便趁战争间歇，主动跟洋人接触，思谋引西学，办洋务，兴商贸，求富图强。人穷志短，唯一办法是先富强起来，才有底气和能力固海防，抗衡洋军，与洋人平起平坐，生意往来，互利互惠。趋利避害乃人之共性，你中有我，我中有你，开战必损害共同利益，从而自可和平共处。李鸿章想到做到，战争还没结束，便试行洋务，开启上海制造。战后北上总督直隶，又把天津和京畿打造成洋务重镇。

见李鸿章要风有风，要雨有雨，一些朝臣极不舒服，千方百计设阻。你要修铁路，攻击说铁路惊动山神地神水神，大清失去神佑，会招致大灾大祸。事实是修铁路不仅无害，还利官利民，朝廷尝到甜头，不再理睬朝臣。1888年，李鸿章又奏修津通铁路，计划把铁轨自天津铺到通州。朝臣又数出大把铁路坏处，如火车猛如虎，见人咬人，见畜噬畜，真到了通州，京城绝无宁日。还说皇陵受到惊扰，先祖怪罪下来，子孙绝无好果子吃。李鸿章觉得可笑，置之不理，回头给慈禧展望津通铁路前景，慈禧也认可，正要准奏，朝臣急中生智，说津通铁路一通，万一官民不慎得罪洋人，洋人跳上火车，一夜工夫就可攻入北京，找朝廷算账。

这一招真灵，慈禧想起当年英法联军攻破北京，自己随咸丰帝逃亡热河，看着他死在那里，不禁心酸不已，恨起洋人来，觉得洋人发明的铁路也可恨，不让李鸿章再提铁路二字。李鸿章不甘心，也拿英法联军旧事打比，说津通无险无阻，即使没有铁路，洋人照样可攻到北京，要阻洋人，只能加固津沽海防。慈禧冷静思之，也知李鸿章所言不虚，但脑袋里的痛苦记忆实在没法抹去，只有否掉津通铁路，同意改修芦汉铁路。

三

担心危及皇权，此乃清廷软肋。慈禧本够精明，放手重用李鸿章等汉臣，实现同光中兴，谁知晚年昏聩，做出不可理喻的傻事，深层原因与咸丰差不多。

百日维新期间，维新派觉得慈禧不除，新政难行，便密谋刺杀慈禧，好让光绪放开手脚大干。慈禧风闻，吓得不轻，自颐和园赶回宫里，软禁光绪于瀛台，重新训政，又迎载漪之子溥儁入宫为大阿哥，准备取代光绪。各国公使觉得载漪父子差劲，不如光绪开明，公然反对清廷废立。载漪恨透洋人，又无奈其何，于是怂恿慈禧，说义和团刀枪不入，民气可用，借其力赶走洋使，也就没人敢对朝廷指手画脚。

慈禧也觉洋人可恶，却对义和团刀枪不入存疑。载漪担心煮熟的鸭子飞走，自己帝父梦破灭，弄了纸假电报，说多国洋兵已自天津登陆，杀向北京，欲捉拿太后，营救光绪。维新党人暗杀未遂，还没从惊恐中回过神，洋人又将杀过来，能不把慈禧吓傻？她一时六神无主，听任载漪愚弄，开门放义和团入城，攻打各国使馆。这下果然引来八国联军，慈禧携光绪逃出京城，流亡西安。途中突然想起已外放两广总督的李鸿章，电旨北上议和，才避免亡国灭种被列强大卸八块的灭顶之灾。

现代医学实验证明，焦虑不安会让大脑分泌叫作皮质醇的激素，致使脑中负责记忆、方位和判断的海马体功能丧失，从而导致思维紊乱，利害难辨，做出违反常理的可笑事。当年太平军席卷江南，洋人又来捣乱，英法要求派公使入驻北京，有事可代表本国跟清廷交涉，咸丰帝觉得咱天朝上国与英夷法夷平起平坐，乃奇耻大辱，便指使僧格林沁炮轰护送英法公使西进的洋舰，一解心头之恨。结果招致英法联军攻入北京，咸丰仓皇逃往热河，愤愤而亡。咸丰为何不计后果，做出如此幼稚举动？想必就是长年处于焦虑忧惧之中，脑袋里的海马体受到皮质醇侵害的结果。慈禧精明一世，弱智一时，或许也是焦虑和恐惧导致皮质醇激素徒增，脑子短路，任凭载漪摆布，闹出天大笑话，铸成千古大恨。

满汉官员懂得如何人为制造焦虑和恐惧，逼君主就范，且屡试不爽，无一次失灵。这是清廷的宿命，因自卑而焦虑，因焦虑而恐惧，一有风吹草动，便失智失常失态。越失智失常失态，就越找不到安全感，清廷统治中原两百多年，仍战战兢兢，自设藩篱，人为区分满汉。四位殿阁大学士和两位协办大学士，满汉各半，满在汉上，汉不服满，满不认汉。六部堂官里，两位尚书，四位左右侍郎，也是三对三，掐起架来势均力敌。满汉斗得正欢，洋舰西来，一些朝臣又视洋人为洪水猛兽，企图以海岸为屏

15

障，阻之于海外。面对汉臣汉民，反正刀把子在手，臣民只能服从，可洋人有洋枪洋炮，清廷的刀把子斗不过，以至自取其辱，自食其果。洋人汹汹，满汉本该放弃恩怨，团结对外，但满君和一些满人没这么想，以洋人为仇的同时，仍没忘以汉人为寇，以一满斗洋汉两敌。

原来，潜利益终究敌不过潜危害，哪怕危害并不存在。所幸曾国藩、胡林翼、李鸿章、左宗棠等汉臣，超越满汉藩篱，视整个中华民族为统一整体，认为清廷不止是满人朝廷，也是汉人朝廷，天下不止是满民天下，也是汉民天下。江南战乱，八旗绿营不中用，君臣惊慌失措，曾李们以大局为重，冒着生命危险，出面平叛，还百姓清平世界。他们也不与洋人势成水火，洋人为发财来华，咱也可大大方方，与洋人一起赚钱，你好我好。清廷仇汉仇洋不仇钱，也知制机器、开煤矿、修铁路、拉电报，有利可图，恩准李鸿章放手办洋务，但别有用心之徒一说李鸿章挟洋自重，窥窃神器，清廷便心惊肉跳，否决其奏请。清廷心病无人可医，李鸿章别无他法，只能耐着性子，静候其病症稍稍轻缓些，重启奏议，另行开张。

国家要富强，先得维护国体，再在国体健全下办事，能办多少办多少，能办到哪个地步办到哪个地步，日积月累，聚沙成塔，不断收获小功，总能叠加为大成。个人认为，这便是李鸿章比清廷君臣高明之处，能高瞻远瞩，超越满汉对立和华洋对峙，看懂国家和民族的长远潜在利益。这绝非空话，李鸿章所创事业不仅影响当时，一百多年后的今

天还在产生大效益，如总部位于香港的中央特大型企业招商
局集团，其前身便是李鸿章创办的上海轮船招商局。

圣贤与英雄

人事有代谢,往来成古今;江山留胜迹,我辈复登临。每读孟浩然此作,我就倍感时光无情,不经意便将过往淹没,了无迹痕。幸而还有圣贤与英雄,如江山壮阔,足可拂去历史之尘封,赫然于前,引领后人登临瞻仰,以抒壮怀。

熟悉晚清风云的读者,都会自觉不自觉视曾国藩为圣贤,视李鸿章为英雄。这大体没有错。曾国藩誓为三不朽完人,一生致力于立德立功立言,颇为时人和后世称道。李鸿章没这么多讲究,一心建功立业,愿值此三千年未有之变局,创三千年未有之大业,求富图强,复兴大清。

曾李师徒又是怎么成为圣贤和英雄的呢?曾国藩曾授李鸿章以《挺经》,觉得口舌百无一用,凡事须挺身入局,才能迎刃而解。当年太平军杀出广西,进逼湖广,席卷江南,八旗与绿营望风而逃,大清江山岌岌可危,曾国藩顾不得在家守孝，挺身出山，以在籍侍郎身份组建湘军，穷尽十年苦功，不惜九死一生，终于平定太平军，光复江南，保住大清。曾国藩转战湘鄂时，李鸿章也投笔从戎，南归安徽，与敌浪战，由翰林变成绿林。后入湘军老营，为老师出谋划策，排忧解难，继建淮军，东征上海，与左宗棠楚军左右开弓，肃清苏浙，助曾国荃攻下金陵，结束战乱。湘军师老必裁，作为老师替手，李鸿章又率淮军，北上击败东西捻军，继创洋务，办外交，固海防，成为大清干城。

毋庸置疑，曾李师徒能收取盖世大功，都是践行"挺身入局"四字的结果，不过方法略有区别。曾国藩挺身入局时，便思谋着如何出局，觉得仅立军功还不够，还得从局中脱身开来，立德立言。德看不见，摸不着，怎么立？曾国藩便日三省吾身，通过奏折、日记和书信，有意无意透露给朝廷和世人，自己如何忠君爱国，如何仁义理智，如何修齐治平。曾国藩就这样如愿成为三不朽完人，成为万人崇拜之圣贤。

李鸿章无意三不朽，一门心思著史封侯。早在二十岁离皖赴京赶考途中，就写下诗句："一万年来谁著史，八千里外觅封侯"，盛传一时。青史留名，封侯拜相，主要靠军功和事功，立德与立言似乎并不重要。正因专注功业，李鸿章前讨太平军，继扫东西捻军，后建北洋海军，巡守万里海疆，军功已不在老师之下。又大力创办实业，打理外交，折冲樽俎，其事功甚至远超老师，成为晚清首席阁揆和英雄。

在世人心目中，圣贤高出英雄，故后世推崇曾国藩，

19

对李鸿章却颇有微词，毁誉不一。原因有两点：一是甲午大战，北洋海军和淮军败亡；二是《马关条约》和《辛丑条约》等为李鸿章所签订，"卖国"事迹昭然纸上。有意思的是当国者慈禧却从没认为李鸿章卖国，公然宣称他是再造玄黄之人，不止一次说没有李鸿章就没有大清。盖棺论定，李鸿章死后，清廷谥以文忠，认定他公忠体国。事实也是，若非李鸿章赴日和谈，挨日本枪击，献出殷红的鲜血，签署《马关条约》，日本不会停战，中国损失更大。数年后李鸿章出任两广总督，御前大臣载漪想让儿子取代光绪，遭到列强反对，于是哄骗慈禧，说义和团刀枪不入，灭洋易如反掌，慈禧发昏，竟同时向十一国宣战。八国联军攻下北京，慈禧携光绪外逃，一时京中无主，国家面临亡国灭种危机，李鸿章北上斡旋，签下《辛丑条约》，终止列强瓜分中国的企图。也因此，时任日本首相伊藤博文有言，李鸿章是唯一可与列强一争长短的中国人。欧美各国更是把李鸿章与时任美国总统格兰特、德国首相俾斯麦，并称为十九世纪世界三大伟人。直至二十世纪七十年代，美国国务卿基辛格访华时还说，十九世纪后期欧美列强大肆向外扩张，亚洲各国皆成殖民地，大清积贫积弱，还能勉强保持主权独立，皆因有李鸿章周旋于列强之间，以夷制夷，力挽狂澜，强支中国于既倒。

梁启超见证过甲午战争、戊戌维新和庚子之乱，曾作《李鸿章传》，认为李鸿章属时势所造英雄，非造时势之英雄。理由是庚子之际，天下大乱，李鸿章本可顺势而为，出任中华总统，创立共和政体，却放弃良机，甘做罪臣，可惜又可悲。不过鄙人觉得，仅因不愿背叛朝廷，放着现成的总统或皇帝不当，就定论李鸿章非造时势之英雄，似乎有些站不住脚。古今皇帝数不过来，欧美总统或首相也不在少数，又有几人造过时势？即使开国君王，改朝换代，也不过新瓶装旧酒，不断重复历史，毫无建树。倒是李鸿章没做皇帝，没当总统，却穷四十年之功，引西学，建学堂，造西器，筑铁路，兴交通，办电报，开矿山，倡商贸，创海军，收三千年未有之奇功，实现近代化，其所造那可是大时势。鄙人曾归纳出李鸿章三个"八"：一是通过毕德格等洋幕口译，用耳朵"听读"英法德俄等各种西语著作，多达八百余种；二是兴办洋务和外交四十年，主持首创八百个第一，其中五百多个中国第一，两百多个亚洲第一；三是事功显著，遭人忌恨，挨骂被咒成家常便饭，可谓无事不被纠，无时不被参，一生遭弹劾八百多次。正是在朝野唾骂声中，李鸿章为而不争，不辩不驳，不理不睬，只顾埋头苦干，开创中国洋务、海防和近代工商大业。自李鸿章主政苏沪，创办洋务以来，上海制造便代表中国制造最高水准，兴盛百年，至今不衰。

李鸿章不仅功高盖世，自其门下或所创机构走出来的军政大才成百上千，遍布海内外。大名鼎鼎如袁世凯、黎元洪、伍廷芳、盛宣怀者不用说，后起之秀王士珍、段棋瑞、冯国璋、曹锟、吴佩孚等等，数不胜数。还有不少学界泰斗，也出自李鸿章门下。如北京大学首任校长严复，自福州船政学堂毕业后，被李鸿章送往英国皇家海军学院，回国任天津水师总教习，翻译《天演论》，影响深远。丹徒马氏兄弟都做过李府幕僚，兄马相伯创办复旦大学和上海交通大学，弟马建忠写作出响当当的《马氏文通》。另有中国现代出版鼻祖张元济，参加戊戌维新失败，被清廷通缉，李鸿章及时伸出援手，助其逃京奔沪，投于盛宣怀门下，后主持商务印书馆，开创中国现代出版业。至于詹天佑，人人知其"中国铁路之父"名头，却不晓原是曾李师徒奏派赴美首批幼童，回国后无所事事，被李鸿章召到直隶，安排给英国铁路工程师金达做帮工程师，修筑塘沽和关东铁路，积累丰富经验后，才受袁世凯重用，独立承修京张铁路，被誉为第一条中国人自主设计施工的铁路。鄙人曾开玩笑说，若詹天佑是铁路之父，李鸿章便是铁路之爷。

事实证明，自晚清以降一百多年来，李鸿章影响丝毫不减，从没消失。至少誉其为造时势之英雄，没半点夸张成分，也不会有人反对。也许有人认为李鸿章只立功，不立德，也没立言，不值得推崇。时人就讥讽李鸿章见事不见人，不像曾国藩满纸圣人言论。李鸿章往往先做后说，多做少说，甚至只做不说。即使笔谈口言，也只对事不对人，就事论事，不去争辩是非。可这丝毫不能掩盖其立德之高尚，立言之勤劳。李鸿章要干大事，脑中所思，笔下所记，都离不开经手的实在事业，要他故弄玄虚，张长李短，没时间，更没心情和兴趣。

要说吟诗作文，实乃李鸿章拿手好戏，他一生留下奏疏、书信、诗词等两千八百万多言，是其师曾国藩著作两倍。两千八百万字是何概念？就是每部长篇小说二十八万字，共有一百部。世上有几个作家写过百部长篇小说？除非在键盘上敲击网络小说。李鸿章在当时的条件下仅凭一管毛笔，记事言理，议政论军，说中道外，留下如此皇皇巨著，不得不令人刮目相看。李鸿章天性，凡事乐意亲力亲为，作文更是我手写我心，我手写我为，述之有物，言之成理，落墨千言，下笔成章。如他为说服朝廷恩准购器造舰，煞费苦心，详细奏述蒸汽机动力原理，形神兼具，栩栩如生，历历可感，一般科普作家都写不出如此生动的文章。智者倡导知行合一，知而后行，必成事功。李鸿章行知合一，行而后知，知之更切更深，也就理在事中，道在言外，无一字玄虚，无一句落空。后来康有为与梁启超倡导维新变法，他们欲维之新，欲变之法，其实李鸿章早已无数次给朝廷奏陈过，且身体力行，落实于行动上，不只纸上谈兵，空口说空话。

就像李鸿章从来不用嘴巴爱国一样，他也从不用嘴巴立德。别说马关和议，用鲜血和生命交换停战，迫使日本减少大清一亿白银赔款，只说庚子之乱，发生于李鸿章离京赴任两广总督之后，与他本没什么关系，可眼见京破君逃，亡国灭种在即，太后一纸电文，他便拖着近八旬衰朽病躯，毅然北上，与联军谈判求和，维护国体。了解《辛丑条约》签署内幕，还能说李鸿章见事不见人，立功不立德吗？德很抽象，说有便有，说无便无。故高扬德帜，以德化人，口说笔录，并不太难，因为德在哪儿，化得如何，并无准则。反观李鸿章，甘背生前身后骂名，代君受过，为国受难，其大德高德，又有几人能及？曾国藩、李鸿章二人都是中国近代史上绕不开的人物，但曾国藩被视为圣贤，而李鸿章则背负了后世的非议，如此反差，值得深思。

幕僚之道

一

　　李鸿章二十岁进京赶考，拜在父亲同年曾国藩门下，曾国藩赞赏不已，说他才堪大用。二十四岁中进士，朝考改翰林院庶吉士，成为天子门生。三年后授七品编修，若按部就班熬下去，熬够资历，又能得到皇上青睐，入阁拜相，不在话下。偏偏最善于舞文弄墨的李鸿章觉得寻章摘句没意思，渐渐厌倦翰林闲散生活，想着另辟蹊径，谋求更快上升通道。恰逢太平军席卷江南，李鸿章担心在家的母亲大人安危，心生南下保家卫国念头。富贵险中求，投笔从戎，杀敌立功，说不定更容易出人头地。他却苦于品级太低，无上折求战权限，便怂恿同乡前辈吕贤基，奏请调兵围攻盘踞安徽的太平军，以引起咸丰关注。

　　吕贤基时为工部左侍郎，老想着如何讨好咸丰，早日晋级尚书大位，于是让李鸿章代拟奏章，交自己呈入宫中。八旗绿营无用，咸丰正愁无兵可调，见过奏章后，顺水推舟，任吕贤基为安徽团练大臣，命其回乡募勇抗敌。吕贤基一介书生，从没摸过刀枪，回安徽不是送死么？暗怪李鸿章多事，干脆奏调其为团练帮办，一起归籍抗敌，要送死也多个垫背的。李鸿章要的正是这个效果，兴高采烈随吕贤基离京南下，开启翰林变绿林的传奇人生。

无奈吕贤基官高格局低，不听李鸿章劝告，将团练大营设在舒城弹丸之地。不久太平军西征，舒城进退无据，不堪一击，吕贤基投水而亡，所谓出师未捷身先死，长使英雄泪沾襟。其时李鸿章在外办差，躲过一劫，只是已成丧家之犬，惶惶不可终日。安徽巡抚李嘉端闻知，把李鸿章召入合肥巡抚衙门。巡抚衙门原在长江边上的安庆，安庆被太平军攻占后，李嘉端迁抚衙至庐州合肥，合肥自此成为安徽省会。李鸿章知道李巡抚不是召自己来吃闲饭的，赶紧利用自己兄弟亲友势力，征召地方民团，协防庐州。

安徽位处太平天国首都天京眼皮底下，太平军无论北伐还是西征，都会先拿安徽开刀。庐州一时危急，朝廷见李嘉端无力抵挡太平军，改任能征惯战的湘军元老江忠源为安徽巡抚。李嘉端离任时凄风苦雨，没一个老部属露面，唯正在操练民团的李鸿章赶往送行。此刻朝廷已调满员福济办理淮北盐务，意在一旦江忠源有失，好以福济替之，既可配合朝廷设在南京城外长江两岸的清军营，夹击城内的太平军，也防止长江上游湘军继续东进，不断壮大。李嘉端揣摩朝廷用意，感于李鸿章情义，把他推荐给福济。

江忠源果然"钢（南方吴语中，江钢同音）入炉（庐州）"，在劫难逃，战死庐州。福济主政动荡的安徽，急需能员辅助，亲自出面，请出逃回老家合肥磨店守护母亲的李鸿章，让他招兵买马，迎战太平军。李鸿章干得很欢，福济多次为其请功，将其步步提拔至三品按察使衔。从吕贤基至李嘉端，再至福济，李鸿章已遇过三任贵人，积累了作战经验，上了好几个台阶，虽系有名无实的虚衔。都说铁打的衙门流水的官，朝官轮流转，今天投奔张三，明天依附李四，终究不是办法，何不自己牵头组建军队，独立门户，只要打出威风，打出名气，不愁得不到朝廷认可，那贵人便不再是地方大员，而是当朝皇上，如此前程不远大得多么？李鸿章尝试着与福济沟通，提出独自建军设想。

福济知道这小子不甘久居人下，怕他做强壮大，逃出自己掌心，口里答应奏报皇上，准其建军，其实没有任何动作。大清一向忌惮汉人带兵，连曾国藩组建湘军，朝廷既要依其抗击太平军，又要加以控制，生怕前门驱虎，后门迎狼，留下后患。福济明白朝廷心思，自己又是满员，当然不愿惹咸丰不乐，自找苦吃。

二

知道待在福济这里，不可能有大出路，李鸿章便借给新故父亲丁忧名义，离开抚衙，携母亲和妻小，西上南昌大哥瀚章的湘军粮台，赋起闲来。人闲心不闲，读书写字之余，李鸿章一直密切关注着湘军动态。湘军在老师曾国藩统率下，追着太平军屁股，从湖南打到湖北，又从湖北打到江西，湘军老营也移驻赣省建昌，看来灭太平军者，非湘军不可。本来李鸿章离开福济，意在投靠老师，另觅出路，但眼下时机好像还不成熟。当此之时，湘军兵如狼，将似虎，老师又精心调度，图赣谋皖，可谓风头正健。随着老师威望日隆，投奔者络绎不绝，湘军老营人才济济，光幕宾就有数百人，出计的，献策的，办文的，备武的，筹饷的，征粮的，执勤的，走杂的，甚至啥都没做，仅陪老师聊天说话下棋的，比比皆是。如此盛况空前，多你一个不多，少你一个不少，还要不识时务，趋炎附势，去凑热闹，岂不被人轻看？

湘军气焰鼎盛，太平军同样将山兵海，各方兵力加一起，不下六十万，阵势不小。尤其后起之秀陈玉成和李秀成，久经战阵，善攻能守，短期内湘军不可能拿他们怎么样。李鸿章不用担心南京早破，失去建功立业的机会，也就安心留在南昌，多陪母亲说话，一边静观时局变化。果然不久陈玉成与李秀成放弃皖中战场，以迅雷不及掩耳之势，挥师东进，直扑清军驻地，江北大营顾此失彼，一夕数惊。转战皖中的李续宾和曾家老六曾国华，趁机攻往太平军粮草基地三河镇。来到三河附近，发现镇似葫芦，进镇出镇，唯有处于葫芦口的金牛镇可走。李曾二人屯兵于葫芦口，摩拳擦掌，部署进攻。

岂料陈玉成与李秀成已攻克江北大营，领十二万大军反戈入皖，昼夜兼程，望西而来。李曾不知身陷绝境，正调动七千湘乡子弟兵往镇里猛扑，击破镇外石垒，就垒扎营，伺机再攻。陈李大军抵达庐州，步步逼近三河镇。待李曾得报，想撤已无处可撤，只好筑垒挖沟，迎接身后大敌。又火速飞马武昌和定远，向湖广总督官文和已替任福济的安徽巡抚翁同书求援救急。满臣官文见不得湘军得势，只想看曾国藩热闹，怎肯伸出援手？翁同书身为安徽巡抚，咸丰三令五申，要他尽快收复庐州，他总借口兵少粮缺，畏葸不前，湘军入皖后，又担心庐州为湘军攻克，自己劳而无功，更不会出兵援助。

官翁二人袖手旁观，幸灾乐祸，陈李大军已至三河镇外，水陆齐下，将镇子封死，再突破金牛镇，对葫芦形成合围之势。李曾盼不来援兵，逃又逃不出去，唯有硬着头皮，挺身应战。可怜七千湘乡子弟兵，从湖南一路打过来，战无不胜，攻无不克，此次落入三河大坑，仅逃走两百人，包括李曾两人在内的其他将士全部战殁，曾国华连脑袋都找不到，仅留一具无头尸，被残兵弄回建昌湘军老营。陈李乘胜收复此前失陷的舒城和桐城等地，回师安庆，厉兵秣马，剑指江西建昌，准备攻下湘军老营，活捉曾国藩。

七千湘乡子弟兵是湘军核心力量之一，如今全军覆灭，真要了曾国藩老命。曾国藩扑在六弟曾国华的无头尸上，哭得昏天黑地，几欲气绝。从此一病不起，生死难料。七千湘乡子弟兵与其他湘军有着千丝万缕的联系，不是同宗就是姑表，不是远亲就是近邻，不是师徒就是友朋，这下兔死狐悲，建昌老营与驻扎各处的湘军营白幡飘飘，哀号声声，个个悲痛，人人自危。加之太平军大兵压境，湘军前景堪忧，心怀各异的曾府幕僚一夜间走掉大半。

就在湘军元气大伤，文武离心离德之际，李鸿章悄然来到建昌湘军老营。这唯一的关门弟子到来，给予曾国藩莫大安慰，其他人爱走走，爱来来，已不足挂齿。李鸿章才高学富，脑筋好使，又有安徽六年磨练，正好到湘军阵营里来一展宏图。太平军三河大败湘军后，一夜间收复安徽，湘军若不能在安徽战场有所作为，复兴无望。李鸿章是安徽人，南归与太平军浪战期间，足迹遍布安徽角角落落，湘军欲图安徽，正好让李鸿章摇鹅毛扇，做老师的诸葛亮。曾国藩心情大好。李鸿章又献上安徽分府图及江南多省全图。曾国藩如获至宝，师生摊开图纸，定下大计：先克安庆，控制安徽，再兵分三路，一路借长江水势，由西往东威压，一路打通浙江，由南向北挺进，一路规复苏沪，由东南往西北收束，如此三路并进，一步步形成合围之势，必将太平军困死在南京城里。

三

依此大计，曾国藩调兵遣将，先稳定江西，继迁湘军老营至安徽祁门，近窥安庆。经几番腾挪，眼看安庆势在必得，谁知北京出现惊天大变，旨调各地勤王。原来英国依约派出公使，准备进驻北京，咸丰觉得不爽，京师乃皇家重地，怎能任洋使践踏？改命英国公使驻节上海，不让进京。洋人派驻公使，无非两国沟通方便，英国不愿舍近求远，让公使乘舰来到天津大沽口，意在照原计划西进。驻守大沽炮台的蒙古亲王僧格林沁向来看不惯洋人骄横，在咸丰默许下，发动突袭，炮击英舰，毙伤四百多洋人。英国想不到清廷使出如此下三烂手段，集结法军，打退僧格林沁等人所领防军，兵指北京。这下咸丰慌了神，忙旨令各地勤王。

李续宾和曾国华七千湘乡子弟兵在三河镇覆灭后，湘军最能战的便是鲍超所领霆字营，咸丰在旨命里点名鲍超率霆字营北上护圣。洋人犯京，君国有难，谁都没理由拒绝勤王。然湘军正在围攻安庆，关键时刻抽走主力霆字营，计划落空，后果不堪设想。曾国藩既不敢抗旨，又不愿放走霆字营，一时进退两难，让僚属出主意。僚属争执不下，一派主张抽派霆字营勤王，暂时放弃安庆；一派建议别理睬咸丰，先拿下安庆再说。曾国藩不知听哪边的好，发现李鸿章不哼不哈，把他叫来问话。李鸿章轻描淡写道："不就勤王吗，老师何必小题大做？"曾国藩生气道："天都快塌了下来，还是小题，能不大做？"李鸿章笑道："就算大题吧，也无需大做，可换个思路，大题小做如何？"

听得出，李鸿章已想出破题方法。曾国藩望着李鸿章，耐心等他往下说。李鸿章道："眼下正值围攻安庆以牵制西征太平军的紧要关头，派霆字营北上，湘军不能摁住安庆，待西征太平军放开手脚，拿下两湖，挥师东返，与安庆和南京太平军三方联手，合击湘军，湘军必遭灭顶之灾。湘军乃唯一抗贼力量，湘军一败，太平军乘胜北犯，大清必亡。"此理曾国藩懂，无需李鸿章多解释。李鸿章又道："别说老师分兵无术，无力勤王，就是兵力足够，有兵可调，勤王也毫无必要。"曾国藩不满道："洋人兵临城下，京破国亡在即，老夫手有余兵，还能不早派发北进？"李鸿章道："安徽远隔北京数千里，长江水道已为太平军所占，无法出海北航，只能走陆路。花上一个多月抵达北京，京城早破，真派鲍超勤王，岂不是放屁脱裤，多此一举，还白白劳军耗资么？"

想想还真是这么回事。李鸿章继续道："此次事变，纯因圣上犯糊涂，阴使僧格林沁违约起衅，偷袭洋舰，洋人被激怒，才愤然犯京。洋人不是太平军，目的不在消灭大清，破京后无非索赔几个银子，要求公使驻京，增开通商口岸。自道光年间洋人攻破国门，中外屡次开战，最后结果莫不如是。完全可以预见，老师若派鲍超勤王，霆字营还在半途，京城便已熄火停战，金帛议和，一切尘埃落定。"

曾国藩豁然开朗，打定主意不派鲍超北上。可不勤王，咸丰那里又如何交差呢？跟他讲明拒不勤王的理由？谁见过下级跟上级讲理的？千条理，万条理，到咸丰眼里，不勤王就没理。曾国藩不无担忧道："皇上明旨勤王，莫非臣下还能抗旨不成？抗旨杀头事小，耽误君国剿匪事大啊。"李鸿章道："老师不派兵，当然也不能抗旨。"曾国藩说："不派兵就是抗旨，不抗旨就得派兵，哪能既不派兵，又不抗旨？"李鸿章缓缓道："老师可按兵请旨。"曾国藩疑惑道："按兵请旨？怎么按兵，如何请旨？"

李鸿章给出八个字：按兵不动，请旨讨训。曾国藩若有所思道："你意思是口头应承出兵，却无实际行动。这或许算不上抗旨，可也属欺君呀。"李鸿章道："不用欺君，只是出个题目，让皇上和朝廷来做。刚才不说大题小做吗？勤王是大题，如何勤王，派谁勤王，其实是个小题，好做得很。题目送出，发往京师，到军机处和宫里转上一趟，来来回回没有二十多天，也得大半个月，届时议和早成，大局既定，何劳老师出兵？"

曾国藩长长嘘口气，悬到嗓眼上的心落回肚里，当即命李鸿章草拟请旨奏折。奏折自然是以曾国藩的口气写给皇上的，言辞凿凿，信誓旦旦。说是君父有难，京师危急，勤王乃臣子应尽职责，义不容辞。然鲍超南蛮子一个，半辈子足不出江南，在家门口打仗还算差强人意，去往人生地不熟的北方作战，肯定无法信任。为有效保卫京师，维护国家主权，非得比鲍超更有能耐的将帅带兵勤王不可，还请皇上恩准微臣亲自领兵北上，报效君国。若觉得微臣能力有限，难担大任，还有文武双全的湖北巡抚胡林翼，也可以适当考虑。

四

果如李鸿章所料，奏折发出不久，英法联军炮火便已轰塌北京城墙，攻入城内，杀向紫禁城，前去捉拿咸丰。却迟到半步，咸丰已率王公大臣和皇子皇妃，离园出城，往热河逃去，留下同父异母的弟弟恭亲王奕䜣议和谈判，赔款退兵。曾国藩奏折也送抵北京，奕䜣交付快马，飞传热河行宫，请咸丰御览。危难之际，见曾国藩愿挺身而出，咸丰心存感激，回旨表扬他深明大义，公忠体国，谕告和议将成，不必出师勤王，安心"剿匪"便是。

谕旨发回祁门，曾国藩捧读毕，长舒一口气。洋人犯京之初，咸丰与朝臣惊慌失措，后果如何，懵懂难料，远在数千里之外的李鸿章却看个透彻，预言成真，眼光确实毒辣。曾国藩暗暗佩服学生大智大慧，自然更加高看一等，厚爱一筹，越发器重和倚赖。在李鸿章辅佐下，曾国藩调度各路人马，如愿攻克安庆，击退西征太平军，为掌控皖境实施三路并进奠定了坚实基础。

三路并进首要任务在安徽，安徽时任巡抚翁同书德薄才低，无非父亲翁心存厉害，以帝师尊荣官至大学士，让儿子平步青云，成为封疆大吏。安徽位置特殊，局面混乱，加之翁同书昏庸，弃城绝师，全境形势一塌糊涂，不容乐观。李鸿章建议老师拿掉翁同书，另选高明，配合湘军抗敌。曾国藩心里耿着三河危急翁同书见死不救之旧恨，早有扒开此君想法。可翁同书背景深厚，又哪是想扒就扒得开？李鸿章认为消灭太平军非湘军不可，湘军需要清理安徽官场，朝廷定会慎重考虑。曾国藩觉得有理，让李鸿章草拟弹劾翁同书的奏稿。

李鸿章是快手，作起文章来，倚马可待。劾稿很快草就，不到六百字，却字字千钧，句句见血。先历数翁同书举措不当，守城不力，不顾军民生死，只顾自己逃命，连弃两城。此系实情，人所共知，不可否认。继而指出翁同书数道奏折违背事实，出尔反尔，自相矛盾，又列出其自辩和开脱之词，予以反驳，让翁同书再无继续辩解之余地。最后强调翁同书如此行为，不该逍遥法外，应革职拿问，以整肃军纪，维护安徽抗敌大局，点明给予处罚之必要。还不够，又重重砸上一句：臣职分所在，例应纠参，不敢因翁同书之门第鼎盛而瞻顾迁就。此语把朝廷欲看翁家面子，给予迁就包庇从轻发落的后路完全封死。

此时咸丰已驾崩热河，大清进入同治时代，由两宫太后（慈安、慈禧）和恭亲王奕䜣三方理政共治。劾折发往北京，奕䜣一瞧，左右为难起来。奕䜣曾陪咸丰读书，老师就是翁心存，曾国藩弹劾老师儿子，治他罪吧，伤及师生情分，放过他吧，又会挫伤湘军积极性，于征讨太平军大业不利。也就不置一词，交由两宫决断。东太后慈安不懂朝政，凡事皆问西太后慈禧。慈禧念翁心存做过帝师，欲宽恕翁同书，又想曾国藩尚且不敢以翁家门第鼎盛，瞻顾迁就，自己若念私情，容忍翁同书，又怎么说得过去呢？只得下令将翁同书锁拿京师，交刑部和都察院处置。两部院慑于慈禧雌威和曾国藩势焰，且翁同书犯罪事实清楚，证据确凿，自不好含糊，按律判处斩监候，留待秋后问斩。

打掉翁同书，曾国藩奏保已故湘军干将李续宾弟弟李续宜为安徽巡抚，配合曾家老九曾国荃吉字营由西向东，步步为营，势压南京。又保左宗棠组建楚军，进击浙江。不久上海危机，曾国藩本想物色湘军将领，率军东征，"清剿"苏沪太平军，配合曾国荃和左宗棠，实现三路共围南京之大计。上海华洋杂处，政商纠缠，湘军阵营大都是些能武不能文的勇猛干将，打仗没得说，去上海与奸商滑吏和洋人打交道，还真不知从何下手，也就没人敢响应大帅号召。李鸿章见机不可失，主动请缨，组建淮军，挥师挺进上海。

就这样，左宗棠收复浙江，李鸿章肃清苏沪，曾国荃兵临孤城南京城下，炸开城门，火烧天王府，太平天国覆灭，长达十四年的内战结束。

从助手到替手

曾国藩与李鸿章不仅属师生关系，且曾是李之贵人，李是曾之替手，彼此相得益彰，开创同光中兴，成为千古佳话。

曾李结缘，得益于李鸿章父亲李文安牵线搭桥。李文安与曾国藩同年考中进士，时人称为同年，类似于今之同学。曾国藩二十六岁殿试高中，尽管位列三甲，叫赐同进士出身，可后来朝考进入一等第三名，被道光帝亲拔为第二，选为翰林院庶吉士。曾国藩不仅会考试，更会做官，三十七岁升至二品侍郎，创十年七迁、连跃十级奇迹。他还写得一手好字，做得一笔好文章，学问更是了得，令人景仰。

可曾国藩偏偏喜欢自黑天性愚笨，资质平平。史家信以为真，说曾国藩不过中下智商，全靠下笨功夫，才取得盖世之功。甚至有故事说小偷夜入曾家，碰上曾国藩苦背课文，只好老老实实趴在梁上，等他用完功睡下再动手，结果曾国藩背到下半夜还没背会，小偷忍无可忍，开腔把那课文背上一遍，愤然离去。这显然是无聊之人瞎编故事丑化曾国藩，以证明他记性差，智商低。试想曾国藩智商不够，仅凭勤学苦干，能行行都做出大名堂？人家说自己天性愚笨，资质平平，那是谦虚，因为谦虚才能使人进步，兑现三不朽之大志。

也是李文安眼光毒辣，老早看出曾国藩绝非凡俗，将老大李瀚章和老二李鸿章叫到京城，送入同年门下，表示爱骂爱打听便，老子决不生气。曾国藩见李鸿章身高臂长，机敏聪慧，觉得才堪大用，收为关门弟子，为其传道授业解惑。没几年李鸿章高中进士，入翰林，当京官，只等步老师后尘，一路往上攀升。至于老大李瀚章，受教曾门，收益颇丰，荣获拔贡朝考一等，远放湖南善化县令。后曾国藩事业越做越大，门生故吏遍布天下，为其认可的关门嫡传弟子也就李鸿章一人，李家老大瀚章算半个学生。

然形势比人强，曾国藩为母丁忧在籍时，太平军起于广西，席卷东南。咸丰惊慌失措，旨命曾国藩出山办团练，抗击太平军，李瀚章调入湘军，主办粮台。李鸿章还在翰林院舞文弄墨，得知安徽惨遭兵燹，再也坐不住，老想着奏请皇上恩准，学老师样，归籍保家卫国，却因人微言轻，没有上折资格，只好为同籍侍郎吕贤基代拟折稿，奏请咸丰增兵皖省。吕贤基受命为安徽团练大臣，率李鸿章等人，南下回皖，募勇练兵，杀敌立功。

其时洪秀全已建都金陵，调动主力，大举西征和北伐。金陵西边正是安徽，太平军西征，安徽首当其冲。很快吕贤基战死，李鸿章逃往皖北周天爵团练大营。周天爵已八十高龄，不久病逝，李鸿章南奔庐州，进入皖抚李嘉端幕府。又值太平军大兵压境，庐州危殆，朝廷另委湘军大将江忠源抚皖，领兵救援庐州。江忠源死于庐州保卫战，李鸿章无处可投，躲到合肥磨店老家，准备终老林泉。正值新任巡抚福济急需用人，把李鸿章召入麾下，替其办文理政，练勇带兵。他们转战各地，敌进我退，敌疲我进，仗打得不少，有输有赢，也算没白浪战多年。为笼络李鸿章，福济借满员身份，多次力保，让他以军功累升至三品按察使衔。

按察使衔不是按察使，所谓三品，亦不过壁上画饼，要权没权，要钱没钱，要兵没兵，要地盘没地盘，当不得真。偏偏太平军再次发起西征，风卷残云，安徽大乱，庐州得而复失，福济罢官去职。李鸿章结束安徽六年浪战，夹着尾巴，南逃江西，像其他几位弟弟样，寄身大哥李瀚章湘军粮台，混吃混喝，聊以度日。人生苦短，李鸿章已三十六七，蹉跎半辈子，一事无成，想想心里都憋屈。兄弟几位理解老二心情，有怂恿他投奔湘军老营的，也有劝他去金陵城外咸丰打造的江南大营的。

湘军已从湘江打到长江，又自湖北杀向江西，直逼安徽，可谓将强兵勇，曾大帅身边更聚集着一大帮幕僚，人人善谋，个个善断，李鸿章不知自己置身湖南人圈子，能否混出啥名堂。倒是八旗绿营组成的江南大营，人多势众，唯缺少文僚武将，是个绝佳去处。且新任统帅和春满员出身，是咸丰亲信，提督安徽时没少跟李鸿章合作，彼此知根知底。若投靠江南大营，干出成绩，和春保举到咸丰那里，升官上位，简直小菜一碟。

正在李鸿章踯躅之际，忽闻七千湘乡子弟兵覆没于安徽三河镇，连曾国藩亲弟曾国华和另一位湘乡籍统领李续宾皆死于战阵，身首异处。经此重创，湘军元气大伤，人人自危，主帅曾国藩也病倒在床，生死未卜，众幕僚见势不妙，逸去过半。偏偏李鸿章出现于湘军老营，曾国藩深感意外，还以为学生来看自己热闹。李鸿章倒也坦然，说别看湘军暂时遇到危机，却没有力量能阻止其继续向前，因为主帅不会倒下。

原来跟过吕贤基、周天爵、李嘉端、福济，包括与和春多次共事，李鸿章反复比较，认定非恩师不能消灭太平军，匡扶大清天下。国家都得依靠老师，自己为何不投其麾下，一起干番大业？李鸿章就这样成为湘军老营幕僚，凭借自己过人才华，以及在安徽多年鏖战积累的丰富经验，为老师参预机要，出谋划策。曾国藩更是对他高度信任，言听计从。都说聪明人不宜跟聪明人相处共事，因为聪明人都有想法，有主见，自视又高，往往张飞不服马超，不容易尿到一个壶子里。但曾李师徒不只聪明，且有大智慧，大智慧遭遇大智慧，惺惺相惜，容易取得共识，产生共鸣，合作起来才没有障碍。由于李鸿章的存在，曾国藩如虎添翼，事业干得风生水起，一个个危机迎刃而解，致使湘军逐渐走出低谷，赫然挺进安徽。

不过智者也是人，是人难免会有冲动，有感情用事之时。湘军入皖后，曾国藩移督帅府于祁门。环祁皆山，形如釜底，易攻难守，属兵书所说的死地。李鸿章很替老师担心，力劝其转驻别处。曾国藩肚里认可学生高见，却没法依从所请。驻扎祁门，事先奏请过咸丰，岂可随便变更，留下易反易复印象？易涨易退山溪水，易反易复小人心。曾国藩不愿做小人，或说不愿被看成小人。何况刚从咸丰那里得到总督两江大任，惹其不乐，于己于湘军都大为不利。

李鸿章无奈老师何，只能闷在肚里，自生闷气。后湘军宿将李元度所驻徽州与鲍超所扎宁国相继失守，太平军直扑祁门而来，湘军老营成瓮中之鳖，曾国藩心惊肉跳，写好遗书，坐等敌军杀至，自我了断，以身殉国。幸有鲍超收拾残兵回援，加之太平军意在湘军两湖粮饷兵源基地，绕过祁门西去，曾国藩才拣回一条老命。

偏偏李元度兵败后滞留浙赣边境，与浙江巡抚王有龄暗通款曲，似有弃明投暗之意。王有龄系前任两江总督亲信，曾国藩视其为政敌，李元度如此不识时务，能不令人愤慨？曾国藩叫来李鸿章，命其拟稿，参劾李元度弃城失师。李元度与李鸿章友好，李鸿章觉得胜败乃兵家常事，老师做得过火，不肯拟稿。曾国藩说，你不拟，我自己动手。李鸿章说，李元度是湘军元老，两度救过老师的命，老师小题大做，硬要参劾恩人，学生没法在湘军老营待下去，只能走人。曾国藩正在气头上，说，你爱走不走，本帅不挽留。李鸿章话已出口，没法收回，不得不卷起铺盖，离营回了南昌大哥府中。

都说冲动是魔鬼，曾李师徒的冲动却是天使。天使让两人分手，也因此发觉彼此在自己心目中不可替代的位置。曾国藩天性谨慎，心思重，顾虑多，遇事往往思前想后，犹豫不决。李鸿章则脑袋灵光，思维清晰，局面再复杂，睁眼一瞧，就能透过表象看出实质，果敢决断。从前曾国藩碰到难题，束手无策，只要找来李鸿章，经其一番拨云驱雾，就能豁然开朗，得出破题良法。自李鸿章离去，有事召幕僚商榷，再无人能给出满意解答。别看曾府人才济济，手勤善书者，嘴勤善辩者，脚勤善跑动者，不乏其人，像李鸿章不仅具备经天纬地之才，还有多年实战历练，见多识广，则绝无仅有。曾国藩这才意识到学生的不可或缺，仿佛一下子失去左臂右膀，很不习惯，也很不得劲。

再说李鸿章，自负气出走那刻起，便开始暗暗后悔，不该与老师对着干，轻易言去。都说天涯何处无芳草，此话没错，芳草到处都是，然可依靠的大树，却不是想找就找得到的。进入曾幕以来，李鸿章为老师大德大智大勇所感染，也为其统军驱将的大手笔所折服，深知只有借老师神力，才可能送自己上青云。正因如此，李鸿章赋闲南昌时，各地督抚包括江南大营统帅，频抛绣球，暗送秋波，许以高官厚禄，他都不为动心，相信老师还会想起自己，总有浪子回头那一天。何况自己不是浪子，是顶天立地的一条汉子。

远在祁门的曾国藩，听说学生安处南昌，不为种种诱惑所驱，心里很是温暖。想起湘军元老李元度，丢失徽州，不仅不思悔改，王有龄答应给好处，便背叛旧人，转投新主，再看李鸿章人虽离去，心仍留在这里，实在难得。当即给学生写信，嘘寒问暖，关怀备至。这便是曾国藩过人之处，他贵为一军主帅，又有老师之尊，属下兼学生弃己而去，还主动具函，重修旧好，换作他人，谁能放下这个架子？李鸿章见信，为老师大度能容，感动不已，热泪盈眶。连夜回信，自责太不懂事，只知耍脾气，使性子，愧对老师多年栽培。

师生书信频频往来之际，胡林翼与郭嵩焘也两头劝解，敦促曾李师徒赶紧复合，联手干番大业。胡郭都是曾李朋友，对师徒俩非常了解，知道两人宜合不宜分，合则易成大器，分则难有作为。曾国藩不再犹豫，派人专门送信至南昌，迎学生归营。李鸿章二话不说，快马加鞭，速速回到老师身边。师生二人格外珍惜旧缘重续，前嫌尽弃。学生不耻下问，老师知无不言，目的只有一个，图谋东南，恢复百孔千疮的大清江山。

一般来说，都是部下往领导家里钻，翻阅曾氏日记却看得到，曾大帅有事没事，最爱往李鸿章住处跑，促膝交谈，运筹帷幄，决胜千里。军中文武急于求成，提出先集中兵力围攻金陵，只要克复天国首都，各地太平军自然不战而降，可收事半功倍之效。曾国藩拿不准，登门问计学生。李鸿章认为洪秀全经营东南十来年，皖苏浙草木皆兵，若不肃清外围，贸然进攻金陵，必陷入太平军反包围圈，重蹈清军南北两大营覆辙，自取灭亡。曾国藩幡然而悟，这才决定，先下安庆，继从皖苏浙三面进攻，共图金陵。

安庆攻克后，师生正规划三路合击金陵大计，上海告急，来搬救兵。曾国藩觉得上海弹丸之地，无关乎进攻金陵大局，无意发兵。李鸿章却敏锐看到，上海不仅财源滚滚，且洋兵洋舰云集，掌控上海，可筹巨饷，亦可争取洋兵支持，否则洋人倒向太平军，更难对付。曾国藩深以为然，派弟弟曾国荃东发上海，曾国荃意在金陵，断然拒绝，又考虑过彭玉麟、陈士杰等湘军老人，也不肯领命。几经权衡，最后把任务交到了李鸿章手上。

李鸿章从小在巢湖边上长大，深受江淮文化影响，接触广，见识多，脑筋灵敏，思维活跃，且饱读诗书，出身翰林，做过京官，南归后筹粮办饷，带兵打仗，没有他没干过的事，可谓官军商（李氏五弟就是成功商人）三界通吃，让他进驻上海，定然游刃有余，既可给湘军筹得足额饷银，又可玩转洋人，为我所用，还能以淞沪为基地，肃清东路，孤立金陵。

更重要的是朝廷担心太平军破灭后，湘军尾大不掉，曾国藩恪守功成弗居、名遂身退古训，早预谋攻下金陵后，便自斫臂膀，裁撤湘军，归隐林泉。只是考虑八旗绿营已废，朝廷没支像样军队，无以征讨北方捻军，无力承担国家防务，如今上海危急，正好让李鸿章另组新军东征，待湘军裁撤，亦可接盘，完成未竟事业。

有想法就有做法，曾国藩赶紧让李鸿章招募数千淮勇，另赠湘军老营亲兵，组成近万淮军，浩荡东征。进驻上海后，李鸿章先稳住阵脚，击退太平军进攻，继长袖善舞，把军政商甚至洋人牢牢控制在手上，逐步实现老师定下的既定目标。不仅如此，他一边购买洋枪洋炮，一边创办多个枪炮局，影响百年的上海机器制造和轰轰烈烈的洋务运动，正是肇始于这些军工企业。同时不断壮大淮军，剑指苏（州）常（州），战无不胜，攻无不克，与左宗棠楚军一东一南，共同发力，逐步扫清金陵外围。金陵成为孤城，终为曾国荃所破，曾氏兄弟和李左二人，封侯的封侯，封伯的封伯，名重中外。曾国藩见好就收，奏请裁撤湘军，保留淮军，李鸿章从此替代老师，担负起国家防务和振兴大清大任。

回头再看，若照曾国藩起初想法，由曾国荃或陈士杰、彭玉麟率师救援上海，能像李鸿章那样弄出那么大动静，成为恩师替手吗？不说彭玉麟遇事先思退，也不说陈士杰才识平平，只说曾国荃性格刚硬，爱认死理，肯定处理不了上海局面。即使凭借权势，勉强镇住上海，要他像李鸿章样，通过洋人坚船利炮，看出三千年未有之变局，开创洋务大业，也绝无可能。何况随着太平军灭亡，湘军历史使命完成，裁撤在所难免，曾国荃、彭玉麟和陈士杰，皆为湘军将领，手里无兵，更没法接替曾国藩，为大清保驾护航。

史家无不佩服曾氏修身齐家治国平天下的非凡功夫，及其决然裁军持盈保泰的高超智慧。史家确实没看错，对曾国藩评价有理有据。要说无论修齐治平，还是三立齐全，抑或善始善终，恐怕还不是最难的，毕竟知足不辱，知止不殆，属个人自觉。最难的是曾国藩誓为完人，刻意自保，却没置多灾多难的国家于不顾，能未雨绸缪，给大清留下李鸿章这一后手。正是有此高招，俟湘军裁撤，曾氏老迈谢世，李鸿章后来居上，承担起大清国防，继建海军，兴洋务，办外交，创造五百多个中国第一，两百多个亚洲第一。

需要补充的是，李鸿章雄居高位三十年，三句不离"我老师"，无时无刻不在维护曾氏尊严。试想史上多少帝王权臣，人亡政息，身死誉毁，生前身后所享荣誉判若云泥，曾国藩死后却备受尊崇，声望竟超过生前，不正是替手选得准，选得好吗？

真正的智者和高手，不仅在位时事业有成，还应及时发现和培养高明替手，将事业继续下去，发扬光大，同时确保自己生前身后名，不至于一落千丈。

智者不惑，勇者不惧

　　湘军老营自安徽宿松移驻祁门洪家大院，还没安顿妥帖，李鸿章便打马巡城，发现四周高，中间低，形同釜底，属军事上所谓绝地，一旦敌军来袭，自高处往釜底俯冲，釜底的人逃无可逃，只能坐以待毙。事态严重，李鸿章赶快禀报老师，建议尽快迁走。曾国藩闻言，亦觉不妙，可事先已奏报咸丰，哪有刚到驻地，又转移他处之理？只能硬着头皮，加强防卫，同时派鲍超守宁国，李元度驻徽州，以为屏障。

　　时值太平军大举西征，攻克宁国和徽州，杀向祁门，曾国藩大惊失色，交代完后事，独坐签押房，手执佩剑，只等敌军突破防卫，冲进洪家大院，便自刎成仁。眼见防线即破，出走宁国的鲍超收拾残部，杀回祁门，与守军两面夹击太平军。太平军意在两广老巢，无心恋战，卖个破绽，悉数逸去。

曾国藩拣回老命，惊魂甫定之际，给咸丰上折，检讨自己用兵无方，屡战屡败。又让李鸿章修改润色，李鸿章也不客气，改"屡战屡败"为"屡败屡战"。曾国藩拍案叫绝，依改付邮。折达京师，咸丰展阅，赞赏曾国藩败而不馁，有此坚强意志，何愁太平军不灭？

其实"屡败屡战"四字，更是李鸿章的自我判词。他一生遭遇败绩无数，却从没想过退却，只挺着腰板，昂着脑袋，一往无前，直至生命最后一刻。三十岁投笔从戎，南下安徽与太平军作战，吃败仗如同吃饭吃菜，有时没饭没菜，空着肚皮，也要提枪上阵，跟敌军对攻，战败再拔腿逃跑，留得青山在，不怕没柴烧。

反思失败原因，自然是多方面的，其中有一条最让李鸿章耿耿于怀，即兵不是自己的兵，将不是自己的将。手中多为团练大臣拨给的团勇或巡抚大人调配的绿营兵，没有战斗力，还不怎么听指挥。他也曾请上司安徽巡抚福济支持，让自己组建淮军抗敌，就像老师曾国藩创建湘军一样。福济是满员，见不得汉人带兵，不予理睬，李鸿章心灰意冷，转投湘军，入幕曾府。见识过老师用将统兵之法后，遇上海官商派人来找湘军搬救兵，李鸿章说服老师奏请朝廷，恩准自己组建淮军，征发上海。也是安徽六年把该打的败仗都已打完，轮到手握淮军东进上海，伐苏平吴，等待李鸿章的几乎都是胜仗。扫清苏南，助湘军收复金陵后，又独领淮军完胜东西捻军，因功晋升协办大学士领湖广总督，达到人生第一个高峰。

但李鸿章没躺在功劳簿上睡大觉，而是敏锐察觉大清积贫积弱已久，到了求富图强的紧要时候。富怎么求，强怎么图？首先得放下天朝上国架子，虚心向西方学习，兴洋务，建海防，办外交，创三千年未有之奇业。可当李鸿章大刀阔斧创奇业时，才发现并不比真刀真枪跟太平军或捻军对杀容易，其阻力之大，困难之多，简直无以言表。原因很简单，征讨太平军和捻军，牵涉到大清生死存亡，朝臣食清俸禄，哪怕再看不惯曾李师徒立功扬名，也不敢公然跳出来反对，现要倡办洋务、海防和外交，仿佛与大清存亡没直接联系，王公大臣总能找到千万条冠冕堂皇的理由反对指责，甚至用种种见不得人的手段扯后腿，使绊子。

洋务、海防和外交看上去是三方面事务，其实相辅相成，必须三位一体，齐头并进。先说海防，离不开军舰和人才。进入海洋时代，军舰不再是旧时的帆船，而是改用以蒸汽机为动力的轮船。轮船有两个来源，一是成立造船厂，借用洋机器，自行试制；二是筹措经费，直接从欧洲进购。海军人才也需送往英法德培训，学成归国，驾驶军舰，使用舰炮。不同于人工驾驶的帆船，轮船行驶江海之上，需烧煤启动。煤可花钱向洋商购买，但洋煤太贵，还是自己挖煤合算。人工挖煤效率低，于是自造或购买洋机器，运往矿区，首开中国机器挖煤的唐山开平煤矿应运而生。开平煤矿为李鸿章奏派唐廷枢创办。用机器挖煤，出煤量大，靠人挑马驮运输，远远满足不了需求，唐廷枢提出修运煤铁路，把堆积如山的煤运出矿区。李鸿章早有此意，拟折呈送朝廷。慈禧让领班大臣恭亲王奕䜣召集朝臣商议，朝臣坚决反对，说火车如同怪兽，在中华大地疯跑疯鸣，惊吓山神地神水神，谁来保佑大清？何况唐山与清东陵不远，火车一闹，地下先祖不得安宁，怪罪下来，子孙们如何交代？

反对声音太多，慈禧和奕䜣一时没了主意，事情搁置下来。总不可能去捂朝臣嘴巴。李鸿章便另奏修新马路。新马路也好，旧马路也罢，反正是马路，朝臣没有意见。批复一下，李鸿章让唐廷枢铺了铁轨，用火车头拉煤出山，大大提升了运力。可纸包不住火，事被朝臣闻知，又是一番攻击挞伐，旨命废除火车。李鸿章没法，叫唐廷枢卸下火车头，改用驴马拉着运煤车厢，在铁轨上悠然行走。朝臣们还不肯作罢，非逼李鸿章拆卸铁轨不可。李鸿章不予理睬，我行我素。朝臣们吵到慈禧那里，慈禧电问李鸿章。李鸿章回说，驴马在铁路上拉货，就是新马路，是经朝廷批复后建的，合理合法。

朝臣还是不依不饶，李鸿章不再争辩，转令盛宣怀，分段布设天津至上海的电报线，战时通报军讯，平时联络商机。还可跟洋人布设到东南沿海的电报线相接，以后出洋经商购货，可拍电报交流商情，比书信往来快捷得多。消息传入京师，朝堂上又炸开了锅，王公大臣扔下开平煤矿铁路，转而抨击电报，说这是洋人阴谋，企图通过电报线把华人魂魄吸走，供守在那头的洋人吸用，就像华人吸水烟一样。还说地下鬼怪会沿着电报线，爬出地面，祸害官民，大清将永世不得安宁。

趁着朝臣注意力转移到电报上面，李鸿章嘱咐唐廷枢，悄悄卸掉铁轨上的驴马，再次启动火车头拉煤。还花六千两白银，低价购买法国商人一千五百米长的窄轨铁路，铺进西苑，再装上火车头和六节车厢，请慈禧试坐。车厢宽敞舒适，可透过窗玻璃观看车外风景，比坐轿平稳得多，慈禧很受用。朝臣这才意识到中了李鸿章调虎离山计，暴跳如雷，放下电报，转而攻击铁路，说李鸿章胆大包天，把火车怪物弄进西苑，简直罪该万死。

李鸿章正好让盛宣怀放手大办电报，自己跑去觐见慈禧，问坐小火车有何感受。慈禧不置可否，让李鸿章改日侍坐。李鸿章回头说服奕䜣，召集王公大臣，同登小火车，陪慈禧游览观光。慈禧一路大谈火车妙处，众臣不敢驳慈禧面子，从此不再说火车坏话。李鸿章于是放开手脚，大修铁路，中国铁路建设由津海发轫，渐渐向其他地方扩展开来。

铁路提升运力，便利商货往来，经济得到发展，利国又利民。这是陆运，李鸿章转而把眼光盯向水运。东南沿海水运向来发达，国门未开之前，江海上沙船往来，长年不歇，鼎盛时期沙船上万，船工多达十万之众。无奈沙船运力低，行驶速度慢，抗风浪能力弱，等到赫赫蒸汽轮船开进来，各通商口岸十分之九的水运生意成为洋商嘴里肥肉，连大豆运输，原属沙船专营，洋商也虎视眈眈，不肯放过。至淮军征发上海，华商眼见沙船敌不过轮船，试图寻求朝廷翼护，联名进禀李鸿章，呼吁维护华商大豆专营权。

出于军需和中国商民利益考虑，李鸿章奏禁洋商染指大豆运输，遭英法等国强烈抵抗，说不让洋商运载大豆，英法军舰就撤销警戒，放任太平军军船进攻上海。朝廷迫于无奈，不敢下此禁令，不得不睁只眼闭只眼。华商得不到支持，转而自想办法，入股洋商轮船公司，以分取一杯羹。或租赁洋船跑生意，挂上洋人国旗，逃避关税厘金。自此沿海沿江沿河再看不到风帆如织，取而代之的是冒着黑烟鼓浪而行的外国大轮船。

沙船没法生存，搁弃于沙滩上，腐蚀朽烂。这也是没法子的事，轮船仿佛青年壮汉，沙船犹如老迈病夫，病夫败于壮汉，势所必然。朝臣大骂洋人使坏，逼迫大清签订不平等条约，开来轮船，抢去沙船生意，夺走船工嘴里饭食。李鸿章则看得开，他认为只有不平等运输器具和经营方式，与其愤愤于条约之不平等，还不如换换脑筋，想方设法，改进运输器具，提升经营能力。因战争需要，其时李鸿章与左宗棠分别在沪闽创设江南机器制造总局和福州船政局，制造军火轮船，武装水军，迎战太平军。太平军肃清，朝臣提出撤销两局，节省开销。李鸿章发现轮船稍作改装，完全可两用不误，战时用于战，保卫海河；无战用于商，以船养船。如此一来，既保住两局不撤，又能从洋人手里争回海运河运权，可谓两全其美。李鸿章赶紧上折奏设轮船招商局，让沪闽两局制造的轮船用于水运，与行驶江海上的洋商轮船一决高低。又给领班大臣奕䜣和总理衙门大臣文祥去信，请求支持。

见李鸿章不仅不撤沪闽两局，还要成立轮船招商局，朝中大臣肺都气炸了。尤其李鸿藻与翁同龢，在朝堂上跳起半天高，破口大骂李鸿章卖国卖祖宗，拿洋玩意糊弄朝廷，该千刀万剐。奕䜣和文祥据理力争，陈述创办轮船招商局意义非凡，势在必行。李翁几位占不到上风，声言只要轮船招商局成立，就集体辞职出宫，回家养老。李翁都是同治小皇帝老师，平时没少在他面前臭骂李鸿章，这下李翁被李鸿章奏折气得要辞职离宫，皇位上的小皇帝也发声道，两位老师不能走，要走只能李鸿章走，他老给朝廷惹是生非，叫咱皇帝做得不安宁。

翁同龢系江苏常熟人，对沿海沿江水运多少有些了解，当即出列道："微臣知道轮船招商局一成立，占据海河水运，原有沙船只能弃之不用，上万船工无以谋生，会聚一起闹事，像长毛捻匪那样闹得天下不宁，不如恢复运河漕运，嘉道以前南北运输主要靠运河，后改漕运为海运，才给洋船以可乘之机。恢复运河漕运好处显而易见，可把漕米和豆石等朝廷水运业务交由沙船，洋船没生意可做，赚不到钱，岂不乖乖把洋船开回自己国家，咱中国江海不又可重新恢复宁静？"此言乍听去，好像蛮有道理，朝臣们兴奋起来，纷纷附议，力主恢复运河漕运，用沙船打败洋人轮船。连慈禧也心有所动，意在恢复漕运，命总理衙门发函问问李鸿章，若行得通，就别成立轮船招商局，让沙船重回运河跑水运，船工们也有碗饱饭吃。

运河通航六百多年，淤积日渐严重，嘉道年间就已无法行驶货船，朝廷漕粮豆石等大宗货物不得不改为海运，各类货船陆续驶离运河，改行海路。翁同龢此时提出恢复运河漕运，不是故意添乱么？李鸿章找来跑过沙船的幕僚许钤身商量，许钤身说让沙船重回运河，装货行驶，得先办三件事：疏浚运河，修复报废多时的沙船，在运河沿岸建筑数百座货仓。李鸿章于是复函总理衙门，说翁尚书恢复漕运办法可行，只要户部拿出浚河修船建货仓的银子，朝廷拿不出银子，就让翁同龢拿，翁家财大气粗，这点银子不在话下。

奕䜣和文祥见函，知道李鸿章故意跟朝廷兜圈子，上朝时转述信函内容。翁同龢一听，又跳将起来，大声嚷嚷浚河修船建货仓乃国家大事，花的不是小钱，翁家哪拿得起？慈禧说李鸿章只道恢复漕运要拿银子，到底拿多少，总理衙门问清楚再说。总理衙门只得再函询李鸿章。李鸿章算了笔细账，疏浚河道、修复沙船外加建筑货仓，没六七千万两银子，花上四五年时间，肯定办不下来。还要办差人能干，否则花钱费时，不见得能如愿。还煞有介事推举翁同龢出面主事，因只他有此能耐，花小钱就能恢复沙船运输，省下数千万两银子，可派作他用，比如修复圆明园啥的。

奕䜣见函，上朝时把账一算，翁同龢和李鸿藻之流再没话说。慈禧表态让李鸿章创办轮船招商局，说大清总不能守着大海大河，眼睁睁看着洋人跑水运，赚大钱，自己受穷受窘。又问奕䜣，创办轮船招商局总比恢复漕运花钱少吧？奕䜣说招商招商，乃向商人招股之意，说白了就是让有钱商人自愿出资，合股购置轮船，承担水运生意，赚钱再按股分红，朝廷只管从中抽税就是。当然朝廷有钱，也可出资购股，参与分红获利。慈禧说，不用朝廷出钱也可创办招商局，怎不早说，还拿到朝堂上讨论作甚？奕䜣说此乃千古未有之新事，朝廷不讨论，不表态，李鸿章岂敢擅自行动？慈禧说讨论也讨论过了，让李鸿章去办吧。

创办轮船招商局的事就此敲定下来，朝臣再不好多嘴，只翁同龢、李鸿藻、徐桐、宋晋几位心里不服，下朝后聚到一起，大骂李鸿章可恶，本欲打击他的气焰，弄掉江南制造局与福州船政局，谁知不仅于两局无损，还让这小子别出心裁，又弄出个轮船招商局来。

轮船招商局总局设于上海，在天津、牛庄、烟台、汉口、福州、广州、香港及国外的横滨、神户、吕宋、新加坡等处设立分局。作为中国第一家官督商办近代企业，打破晚清洋务企业纯粹官办的格局，首采股份制，客运和漕运业务迅速发展。在华的英国太古、英国怡和、美国旗昌等轮船公司以大幅度降低运费手段，企图继续垄断中国江海航运，李鸿章采取筹措官款、增拨漕粮及承运官物等措施，予以回击，使招商局转亏为盈，立于不败之地。该企业还不断向外拓展业务，先后进入保险、银行、采矿、冶炼、纺织、教育诸多行业。大清灭亡后，轮船招商局继续经营，直至新中国成立，改组为中国人民轮船公司，旗下香港招商局保留招商局轮船股份有限公司名称，后创立招商银行，成为世界五百强企业。

饮水思源，中国现代化建设能取得令世界瞩目的巨大成就，源头其实在一百多年前先贤们开创的洋务运动和近代化事业。彼时风气未开，君臣抱残守缺，李鸿章要办事，不论大事小事，总是反对声一片。长期的战争、政事、外交上的历练，磨出李鸿章坚定的意志和足够的耐性，屡败屡战，屡挫屡勇。他认定的事业，只要利国利民，阻力再大，困难再多，也决不言弃。一年办不下来，两年三年，五年八年，甚至十年二十年，绕着弯子，变着法子，非把事办成不可。所幸李鸿章活得久，身居要位时间长，办的事也多，终于创立三千年未有之奇业。

该抗旨时得抗旨

曾国荃率吉字营，孤军深入金陵城外的雨花台，时刻准备攻城，收取平定太平军的首功，好让跟随自己十多年的湘乡子弟兵发笔大财，回老家购田修屋，娶妻生子，做富家翁。其时淮军已和平规复苏州，廓清常熟、无锡、常州等苏南大小城镇，剑指金陵。自咸丰初年（1851）太平军金田起义始，内战一打十三四年，朝廷早憋不住了，只盼尽快结束战争，不断催促淮军调兵北上，协同湘军把金陵拿下。淮军将领也跃跃欲试，纷纷向李鸿章请战，恨不得立马杀入金陵，冲进天王府，活捉洪秀全，打开天国圣库，小秤分金，大秤分银。

天国实行公有制，各将领率军攻城略地，抢夺的财物都要先交天国圣库，再按需往下分配，用现在的话叫收支两条线。也就是说天王府里的天国圣库，该有不少金银财宝，谁攻破南京，入府把圣库打开，谁便能发大财。然李鸿章不为所动。作为曾国藩唯一关门弟子，李鸿章受恩深重，又由老师奏准朝廷，让自己组建淮军，征发上海，守沪平吴，才有今天累累战功和赫赫英名，哪会在此关键时刻，领兵北攻金陵，去与湘军争功，得罪曾氏兄弟？

要说还不只是得罪曾氏和湘淮争功这么简单，还有更深层的原因，只曾李师徒心知肚明。早在李鸿章离开安庆，率军东发上海时，曾国藩就悄悄透露，湘军师久已疲，待消灭太平军，功德圆满，便裁撤解散，一者减轻百姓养军负担，再者消除清廷对汉人拥兵自重的忌惮。只是消灭江南的太平军，还有北方的捻军横行，海外的洋兵洋将虎视眈眈，国家不可能没有像样的军队，淮军成军才两年，朝气蓬勃，正好留下来承担保家卫国大任。试想，老师已提前为淮军留好后路，你还为争眼前之功，发眼前之财，贸然领军跑去攻打金陵，跟湘军将士争功，不是脑袋被门板夹坏了吗？

见淮军没有动静，清廷三天一道圣旨，五天一封快函，急如星火，催促李鸿章赶紧行动。李鸿章铁了心，宁肯开罪清廷，也不得罪曾氏兄弟，念起拖字诀来。一会儿说，江南阴雨连绵，枪炮生锈，无以使用，得先上油除锈，才好拿着上阵。一会儿说，天气炎热，开枪枪杆发烫弯曲，没法击中目标，发炮炮筒炸裂，弹壳反伤炮手，得不偿失。一会儿又说，江南水乡，蚊虫肆虐，携带病菌，叮咬军中将士，病倒大片，正在施救，不知何时痊愈，短期无以出征。也不管清廷相不相信，一味按兵不动。同时筹措大额饷银，征集足够粮食衣被，速速解往湘军大营。又将新购和苏沪机器制造局自产的洋枪洋炮装船运往雨花台，以应湘军急需。一句话，只投湘军所好，有钱出钱，有粮出粮，有军火出军火，唯一不出人，不出兵。

在李鸿章支持下，湘军加大攻城力度，炸开坚如铜铁的城墙，潮水般涌入城内，见财抢财，见宝夺宝，见女人掠女人，将金陵城洗劫一空。曾国荃也没闲着，带着亲兵营，将天王府围得水泄不通，先找到已饿死月余的洪秀全尸体，再打开圣库，搬走库存，然后一把火烧掉天王府。未等清廷下达裁军旨令，大部分湘军将士包括曾国荃本人在内，已裹金携银，带着江南美女，租船逆长江而上，过洞庭，分入湘资沅澧四水，回老家享大福去了。这客观上也减轻了裁军负担，让曾国藩松下一口气。只是清廷惦记天国圣库，责问曾国藩，曾国藩支支吾吾，拿话搪塞，一直没有个说得过去的明确理由。

曾国藩逝世多年后，其子曾纪泽出钱请湘潭人王闿运写湘军志，王闿运大书特书湘军烧杀抢夺劣迹，惹得曾国荃火冒三丈，扬言要取王闿运项上人头，王闿运吓得毁掉志稿梓版，悄悄留下成印的志书，传诸后世。有人说王闿运早年投奔湘军老营，曾国藩见其大言炎炎，不着边际，置之不理，王闿运怀恨在心，趁机报复曾氏兄弟。有人赞扬王闿运有骨气，敢犯尊者讳，从而声名大振。敢犯尊者讳没错，问题是先拿尊者钱，再犯尊者讳，似乎有些邪乎。要么别拿尊者钱，自费撰志出书，犯谁的讳都是自己的事，否则拿起筷子吃人饭，放下筷子骂人娘，如此德行人品，又心存私怨，其笔底能否写出公正信史，恐怕也值得怀疑。

最重要的还是王闿运没能设身处地替曾氏兄弟着想，体谅湘军征战太平军的不易。湘军是曾国藩以个人名义招募的私家军，无国家制军固定粮饷，却要冒死为清廷出征，全靠曾国藩还有胡林翼东筹西措，勉强维持，欠饷属于常态。想想这些子弟兵舍家别业，来前线冲锋陷阵，又为的什么呢？无非富贵险中求，跟着曾氏兄弟，用命换取名利。还要命大，像曾家老六曾国华、老幺曾国葆和李续宜等数不胜数的将士，战死沙场，连渣滓都不是。就是说曾家兄弟内心深处是愧对这些子弟兵的，打下各地城池，包括攻破南京，要他们马上扔掉手里刀枪，啥都不捞点，净身出城，不忍心，也根本做不到，除非当初别招兵出征。再说，清廷花大钱供养八旗绿营，面对太平军，一触即溃，不得不发动汉臣办团练，又大多半途而废，唯湘军渐渐壮大，另派生出楚军和淮军，为清廷征战，挽救大清江山不倒，却不拨粮，不发饷，还要他们一个个正人君子，什么好处都不沾，情理上说得通吗？况太平军覆灭后，清廷拿不出钱裁撤湘军，弄不好会引起哗变，惹出大祸。故对湘军行为，两宫太后和主政大臣奕䜣假装糊涂，不哼不哈，就你王闿运高扬德帜，仗义执言，比清廷还英明，不可笑吗？

曾氏兄弟保住大清江山不倒，其余清廷已计较不了那么多，但对曾国荃火烧天王府，圣库财宝下落不明，还是有些耿耿于怀，几番明查暗察，皆无结果。至湘军裁撤得差不多，捻军因太平军残部加盟而壮大，搅得天翻地覆，朝野切盼李鸿章率未裁之淮军出战。谁知圣旨下来，竟命曾国藩领淮军讨捻，让李鸿章代理其两江总督，在后方筹粮办饷。虽说湘淮同源，毕竟淮军不是曾国藩亲手调教出来的，不像湘军用起来顺手，如此安排并非讨捻上策，曾李师生都觉得不可思议。直到恭亲王奕诉亲笔密信寄到李鸿章手上，嘱令调查天王府圣库，众人才恍然大悟，原来清廷把曾国藩从两江总督任上挪开，别有深意。

李鸿章当然不会去捅天国圣库的马蜂窝，想打马虎眼，或惹点什么事情，转移清廷注意，敷衍过去。为助老师平捻，李鸿章正在筹粮办饷，但战争刚过去，江南十室九空，粮饷从哪里来？只能向苏沪富户征集。吴江有个大商人殷兆钧，苏州半数缫丝生意都垄断在他手上，属厘金征收大户。殷兆钧仗着堂哥殷兆镛兵部侍郎的威势，没把吴江厘胥放在眼里，多次强行冲卡，拒交厘金。按察使带衙役赶往殷府，殷兆钧不由分说，唤出十多名打手，将几位乱棍打出。消息传到金陵，李鸿章函令刚到任苏州的巡抚丁日昌，抽调抚标营，赶赴吴江殷府，拿办殷兆钧，又逮捕数名抗厘恶商，一起关入臬司大牢。

朝中大臣得知两江厘巨税重，民怨沸腾，正好借题发挥，打发时光。其中尤以兵部侍郎殷兆镛最起劲，双脚跳得老高，弹劾李鸿章恃功朘民，横征暴敛，借公济私，委用之人品流太杂，猥琐太甚，伤风败俗。翁同龢之辈也不甘寂寞，随声附和，纷纷具折痛骂李鸿章。御史宋晋甚至咬牙切齿，劾咒李鸿章伤天害理，罪不容诛！李鸿章与丁日昌连殷府都敢动，殷兆镛心中恶气不出难受，原在情理之中，其他朝臣见不得曾李建功立业，妒火中烧，群起而攻之，也可理喻。唯一让人不解的是，朝廷态度也如此暧昧，竟将朝臣奏折抄发地方督抚，像要故意敲打李鸿章似的。

望着桌上堆得小山高的劾章抄件，李鸿章干脆停工罢厘，同时提笔反驳朝臣：非常时期，不采取非常手段，征税抽厘，谁保平捻成功？何不罢兵休战，任凭捻军猖狂肆虐？或与各朝臣对调，自己回京做清官，朝臣下来办差，看他们从哪里生财聚钱，养兵作战。过两天，又拟一折，说殷兆镛等人一闹，两江商户有恃无恐，更不把官府放在眼里，群起抗厘逃税，厘税抽取越发不易。为不耽误军情，还请皇上责成户部调拨粮饷，接济淮军，或命殷兆镛出京，筹粮办饷。朝廷用兵，本是兵部分内之事，殷兆镛身为兵部侍郎，不能只顾一旁指手画脚，口诛笔伐，也该尽点本分。

奏折发出后，李鸿章复抄一份，送往曾国藩驻节地临淮关。曾国藩正准备移驻徐州，就近指挥讨捻，见过李鸿章折抄稿，干脆留下不走了。他要配合学生，唱曲双簧，让朝廷体谅体谅外臣办差之艰辛。见前方将帅久无动静，朝廷咨问是何原因。曾国藩以无奈口气回奏道：军中粮短饷缺，将士饥肠辘辘，无力北进，只能暂驻皖北，捧着空腹，等候饥粮。这下两宫太后和恭亲王奕䜣慌了神，一边斥责殷兆镛等人信口雌黄，将好端端的讨捻大局搅成一锅粥，一边安抚李鸿章和曾国藩，该征粮办饷放手征粮办饷，该调兵遣将赶紧调兵遣将，至于天国圣库，暂时已管不得这么多，按下不表。

后曾国藩征战无功，清廷将师生俩对调，命学生接管淮军讨捻，让老师回任两江总督，为学生筹粮办饷。李鸿章赶往前线，得知任化邦和赖文光所领东捻集结于湖北安陆臼口镇一带，下令刘铭传的铭军和鲍超的霆军进发安陆，聚歼东捻。随即铭军由北而南，霆军由南而北，向东捻靠拢。东捻后退到尹隆河一带，严阵以待。

铭军先抵尹隆河。其时天刚蒙蒙亮，离两军约定进攻时间还差一个时辰。刘铭传想抢头功，没等鲍超率部赶到，便提前命令士兵扔下辎重，渡河进攻。捻军稍加抵抗，纷纷向后撤退。刘铭传挥师追出四五里，发现后路和左右两边冒出大队捻军，铭军深陷敌圈，阵脚大乱。此时鲍超率部如约来到阵前，知刘铭传想独吞战果，提前进攻，也不忙着参战，先站旁边看看热闹再说。直至铭军多员主将中弹身亡，刘铭传本人盔甲落地，狼狈逃命，鲍超才挥师敌后，发起突袭。捻军猝不及防，没法同时抗击两军，只得撤离战场，逃之夭夭。鲍超领军追出两里地，收兵回来，打扫战场，拿到刘铭传丢弃的盔甲。

尹隆河战报被送入徐州帅营，李鸿章气恼刘铭传急功冒进，损兵折将，庆幸鲍超按时率部出战，击退捻军，便拿过纸笔，准备奏明皇上，给鲍超请功领赏。鲍超亲兵送来刘铭传盔甲，气得李鸿章眼冒火星，抓过盔甲往地上狠狠摔去，又叫来刘铭传，一顿臭骂。本来鲍超及时出手救自己一命，刘铭传心存感激，还想着酬谢他，这下被激怒，上书朝廷，说尹漋河之战本可完胜捻军，因鲍超故意延时出兵，导致铭军孤军作战，让捻军钻了空子，乘虚脱逃。

明明是你刘铭传提前出兵抢独食，败于捻军，却反咬一口，把责任往别人身上推，鲍超不肯善罢甘休，也上折力争，大骂刘铭传忘恩负义。就这样，两人你一折，我一本，唇枪舌剑，打起笔墨官司来。朝廷没谁亲临战场，仅凭两人奏折，难断谁是谁非，责令李鸿章，尽快调查明白，回复朝廷，实行奖罚时好有依据。弄得李鸿章左不是，右也不是。说真话吧，得罪刘铭传，日后还得靠他上阵作战，战胜捻军；说假话吧，不仅对不起鲍超，老师那里也不好交代。苦思良久，想起复出湖北巡抚的曾国荃，上折说徐州离安陆太远，鞭长莫及，不像曾国荃人在湖北，让他就近调查尹漋河战役，获取真相不难。

折子递至京都，朝臣们没一个看得懂。李鸿章一向喜欢护犊子，淮军将领犯事，能盖尽量盖，能捂尽量捂，外人说都说不得。尹漋河之战，铭军失利，刘鲍两人公说公有理，婆说婆有理，皇上要李鸿章给个说法，他竟建议湘军旧帅曾国荃出面调查，不明摆着刘铭传会吃亏吗？莫不是李鸿章聪明一世糊涂一时？两宫和奕䜣也觉意外。让李鸿章调查尹漋河战役真相，本意无非照顾刘铭传，原因是惹恼铭军，开罪淮军，日后谁替朝廷平捻？至于湘军旧部霆军，本属待裁之师，有它不多，无它也不少，还得罪得起。不想李鸿章有便宜不占，硬要推给曾国荃，实在不可理喻。不过既然李鸿章让贤，就派曾国荃跑趟安陆好了。

　　曾国荃很快拿出调查结果，回奏皇上：尹漋河之战，鲍超对阵赖文光，刘铭传遭遇任化邦，赖弱任强，鲍超胜得可喜，刘铭传败得也不冤。原来霆军虽系湘军旧部，但大部分兵源来自川滇黔鄂，仅少部分为湖南兵勇，算不得湘军嫡系。正因不是嫡系，消灭太平军后，迟迟拿不到欠饷，没能及时裁撤，后因碰上捻军作乱，才勉强留下来征战。为欠饷之事，霆军还闹过哗变，差点惹出大乱，弄得曾氏兄弟很头疼，很被动，这下鲍刘闹别扭，正好开掉霆军。此为面上理由，还有不为人知的原因：曾国荃得还李鸿章一个大人情。李鸿章署理两江总督时捂住天国圣库盖子，曾国荃才得以复出鄂抚，这回正好借鲍刘之争，回报李鸿章。

　　见曾国荃湘军老帅，竟替淮军将领说话，鲍超气得卵泡泡都是火。一时怒火攻心，忧愤伤体，各伤皆发，口不能言，耳不能听，以至奄奄一息。也许意识到自己再也回不了战场，鲍超奏请遣散霆军三十二营，让弟兄们拿钱走人。李鸿章得知鲍超病情严重，无法带兵，便将霆军老弱病残裁去，留下精壮，编入淮军。霆军就这样退出战场，淡出人们视野。随着霆军裁撤，辉煌十多年、挽清廷于既倒的湘军完成自身使命，彻底退出历史舞台。

　　成事在人。战事也好，政事也罢，商事也不例外，都得由人去办，要想成事，必须处理好人际关系。李鸿章是曾国藩唯一关门弟子，曾国藩让他组建淮军，湘淮同源，曾李相承，属命运共同体，唇齿相依，互为因果。湘淮两军命运又与大清国运相连，两军统帅若犯傻，钩心斗角，两败俱伤，大清没任何好处，清廷也就能容忍曾李联手，湘淮抱团。湘淮并存时，曾氏在世日，淮军极力维护湘军，学生全力支持恩师。湘军裁撤，清廷让光杆司令曾国藩率淮军征战捻军，李鸿章二话不说，调兵给老师，甘居二线筹粮办饷，不打半点折扣。曾国藩死后，李鸿章总把"我老师"三个字挂在嘴边，维护老师声誉，继承老师事业，就如写给老师的挽联里所言：师事近三十年，薪尽火传。

孝父如忠君，李鸿章敬师如父，知恩图报，清廷看在眼里，认定李鸿章是个忠臣，才放手让他兴洋务，建海防，办外交。原来世间最大的人情世故全在于一个恩字，做人必须懂得知恩感恩，记恩报恩，无论父子恩情，夫妻恩爱，兄弟恩义，还是朋友恩惠，师生恩泽，君臣恩德，只要恩字常存心间，总会结善缘，获善果，成为人生赢家。

被需要的才是赢家

一百多年过去，依然不断有大量的人在研究、书写和阅读李鸿章，这确实是个耐人寻味的现象。李鸿章一生办了许多事情，誉满全球，亦谤满天下。有人说他是汉奸，有人说他是忠臣。有人说他是痞子，有人说他是君子。有人说他是卖国贼，有人说他是大英雄。有人说他是千古罪人，有人说他是晚清第一个吃螃蟹的人和近代化领袖人物。慈禧太后则说他是再造玄黄之人，没有李鸿章就没有大清。

那么李鸿章到底是什么人？谁能给予定评和定论，贴一个恰如其分的标签？其实标签并不重要，毕竟是非成败转头空，过去的已然过去，惟其留下的不死的精神遗产，很值得后人借鉴和继承。这份精神遗产可定义为三个字：被需要。李鸿章的一生总在被需要，不是在被需要的现场，就是在去往被需要的路上。正是被需要，让李鸿章超越自我，赋予其人生真正的意义，不断为后人所记忆，所推崇，一直活在今人的意识深处。

李鸿章二十四岁考中进士，后入翰林，晋协修。照常规路径，接下来可去六部做主事，提郎中，升京堂，往上便是侍郎、尚书，或入内廷当皇帝近臣，先侍读，再侍讲，再任内阁学士，假以时日，成为大学士，位极人臣，一切皆有可能。却逢太平军崛起两广，突破清军围追堵截，出湖南，过湖北，席卷江南，定都金陵，几度西征北伐。大清面临建国两百年来的最大危机，此时京师少一个寻章摘句歌功颂德的文臣，无关乎大局，江南多一个冲锋陷阵的勇士，可让大清多一分转危为安的希望。换言之，此时最需要李鸿章的，并非歌舞升平的京城，而是战火纷飞生灵涂炭的江南。李鸿章毫不犹豫，离京南下，来到君父和母亲妻小最需要他的原籍安徽，保家卫国，投入血与火的战斗。

在安徽长达六年的时间里，李鸿章由翰林变绿林，枪林弹雨，出生入死，因功从原来的七品协修，步步晋升至三品按察使衔。这并非实职，看上去一文不值，必要时却属重要台阶，若待在京师，没十年二十年，还熬不到这个品秩。但在刀头舔血的年代，没地盘，没班底，没队伍，跟人屁股后面，从南到北，从西到东，将安徽境内各府县来来回回跑个几遍，惶惶如丧家之犬，又何时是个头？其时湘军已进逼江西，渐成大势，李鸿章是其主帅曾国藩唯一关门弟子，西投老师，也许不失为上策。只是湘军阵营人才济济，要文有文，有武有武，多你不多，少你不少，又何必去锦上添花呢？

直到七千湘乡子弟兵惨败安徽三河战场，两位主将李续宾和曾国华双双战殁，湘军跌入低潮，曾国藩大病不起，生死难料，身边人才纷纷离去，李鸿章觉得正是老师最需要自己的时候，这才出现在湘军老营里。曾国藩惊喜不已，病好七分，拾起重整旗鼓迎战强敌的信心。

起初，湘军在湖南作战，借本土优势，打得很顺。过洞庭，至湖北，有鄂抚胡林翼支持，依然胜多败少。侯进赣入皖，人生地不熟，屡战屡败，连最能战的李续宾和曾国华所领湘乡子弟兵皆全军覆没。李鸿章是安徽人，熟悉当地风土人情，又浪战本土六年，跑遍每处山水城镇，正好以己之优势，填湖南蛮子曾国藩之不足。曾国藩性缓，凡事思前想后，难下决断。李鸿章明快果敢，面对复杂局面，往往能透过表象，一眼看到问题实质，师生正好互补，形成合力。故李鸿章入幕后，湘军数度出现政治和军事危机，师生一唱一和，四两拨千斤，轻松化解。又有胡林翼玉成，三人合谋，定下先取安庆，再三路进攻，收复金陵的大计。战略意图清晰化，湘军不再盲目冒进，而是步步为营，渐渐接近胜利目标。

三路进攻战略其实简单，即从正面、侧面和背面三路进逼金陵，最后扼死城里的太平军。正面有西路的曾国荃的吉字营，侧面有南路的左宗棠的楚军，唯背面东路还空缺在那里。恰遇上海官商派人来向已攻占安庆的湘军老营搬救兵，曾国藩物色湘军宿将征上海，以牵制苏沪太平军。上海华洋杂处，官商勾连，洋兵洋将与李秀成的太平军暗通款曲，你中有我，我中有你，局面非常复杂，湘军将领谈沪色变，没人敢应差。又到了老师和国家最需要自己的时候，李鸿章挺身而出，主动请战，组建淮军，沿江浩荡东进。进驻上海后，他先以雷霆手段，摆平苏沪官场和盘踞海岸的洋将，打退来势汹汹的太平军，继收复苏南，扫清金陵外围，助曾国荃破城建功。湘军完成历史使命，师老必裁，曾国藩奏留淮军，由李鸿章率领北上，征讨东西捻军，取得完胜。此时李鸿章四十五岁，授湖广总督，晋协办大学士，抵达普通汉臣难以企及的人生高峰。

面对战后百孔千疮的大清江山，李鸿章知道自己的事业远没结束。初入苏沪时，为赢得战争主动，购置和仿造洋枪洋炮洋舰，广泛接触洋使洋将洋商，李鸿章便清楚地意识到，闭关锁国已完全行不通，大清唯一出路就是放下天朝上国的架子，以令人咬牙切齿的列强为师，引西学，造西器，兴商贸，求富图强，创三千年未有之奇业。因属奇业，惯于寻章摘句的朝臣往往闭目塞听，不愿直面现实，一味抱残守缺。无人愿走出舒适区，突破旧传统，求富图强的大任自然而然落到李鸿章肩上。国家和民族的需要，李鸿章当仁不让，与各方旧势力斗智斗勇，兴洋务，建海军，办外交，尺水走尺船，纤夫样弓着腰背，以一己之力拖着老迈病弱的大清，艰难前行。

木秀于林，风必摧之。李鸿章事巨功高，又有淮军和海军在握，难免遭君臣忌惮，恨不得手刃之，至于设阻捣乱，更是家常便饭。1888年北洋海军成立后，正值西方军工发展迅猛，每隔一两年就会有更先进的舰炮以新替旧，李鸿章一次次奏请兑现海军年费，拨足购置款，以及时维修装备，更新舰炮，避免被世界海军发展落下太远。户部尚书翁同龢难忘早年曾李师徒参劾其兄之旧事，公报私怨，以种种借口卡海军脖子，该付的费不付，该拨的款不拨。故北洋海军自建立至甲午战争，长达六年时间没增加一艘军舰，更换一门舰炮，连锅炉生锈都没法维修。相反，日本瞅准这六年时间，看准北洋海军的软肋，有针对性地打造出一支新型海军。李鸿章办海防，重在一个防字，比如定远和镇远两艘看家舰，体量大，航速慢，宜守不宜攻。故日军于朝鲜启衅，李鸿章不愿出兵，命令丁汝昌尽力守护大清门户。翁同龢心知亲政不久的光绪急欲建功立威，摆脱慈禧控制，便怂恿其逼李鸿章出兵。翁同龢的如意算盘打得精：大清战胜日军，自己主战有功；日军打败大清，北洋海军和淮军覆灭，李鸿章成为光杆司令，正好奏斩其首，以报几十年前的家仇。

在光绪一再逼迫下，李鸿章来不及备战，勉强派海陆两军出阵。黄海战场上，北洋海军老舰体笨速慢，五分钟发射一枚炮弹，弹头还是炸弹发明前的旧式实心铁弹，日本海军的新型军舰体轻速快，舰炮一分钟可发射数十发炸弹，北洋海军落败，战前便已注定。陆军方面更不用说，日军军需、救治、抚恤诸项，完全按现代战争标准预备，淮军还是三十年前征讨太平军和捻军的旧体制，出兵时清廷不负责粮饷，得李鸿章一人筹措。败退朝鲜，回守辽东时，军需短缺，连寒衣和被褥都没有，仅光绪空口谕令，命就地征办。

东北一到秋后，天寒地冻，兔子都躲了起来，要淮军去哪里弄给养？加之日军入境后，光绪将李鸿章一撸到底，无职无权，将士不愿白白给无情无义的清廷送死，无心恋战，辽东很快失守。日军于是海陆并进，直逼北洋海军本部威海卫而来。威海卫防守严密，日军没法从海上正面进攻，只能打陆地主意。偏偏光绪临阵换帅，让翁党人物李秉衡任山东巡抚，以防丁汝昌投敌叛国。李秉衡上任伊始，便把荣成方向的守军抽走，调往莱州，保卫自己的大本营。日军自然很受用，轻松登陆荣成，从背后攻击北洋海军本部刘公岛。丁汝昌还派人向李秉衡求救，眼巴巴等他增援。也是李秉衡看在同朝为官份上，没与日军联手攻打刘公岛，已够给丁汝昌面子了，企望他把蓄意调开的兵力派回来对付日军，翁同龢那里怎么交代？

战争结局众所周知，北洋海军和淮军覆没，李秉衡如愿以偿，翁同龢更是比日本人还高兴，在日记里毫不含糊地记下自己的畅快心情。他又奏斩无军无权的李鸿章，因慈禧制止，才没得逞。日军兵临天津，随时可打进北京。光绪本以为打仗不过颁发几道圣旨而已，才听信老师翁同龢唆使，逼迫李鸿章出兵，这会儿听说日军会攻到北京来，就像咸丰末年（1861）英法联军攻打北京一样，顿时傻了眼，赶紧向慈禧太后认错，讨教避祸办法。慈禧能有啥办法？只得命李鸿章赴日求和。李鸿章本可推辞，让翁同龢渡海面谢日军为他报仇雪恨，却因太后需要自己，二话不说，穿上光绪赏还的一品官服，由儿子李经方搀扶，东渡日本马关，开始艰难的谈判历程。赔偿谈到三亿两白银，日本再也不肯让步，一个叫小山丰太郎的日本浪人为阻止和谈，给了李鸿章面部一枪，李鸿章才用这颗留在颊骨里的子弹，让日本少索一亿白银，以两亿赔款签订和约，日军撤走。回国后，李鸿章接受慈禧和光绪召对，不言悲，不说苦，只拿出血袍，交给两宫做纪念，颊骨里的弹头则自己留着，准备日后带进棺材。

一切复归平静，李鸿章已失去使用价值，光绪将起复给他的官职头衔全部拿走，还听信翁同龢等人挑拨，要取下李鸿章项上人头。又是慈禧出于女人特有的政治敏感，觉得风雨飘摇的大清不可能就此太平下去，还有用得着老臣的时候，再次护住李鸿章。没过几年，戊戌维新事发，维新人士制造帝（太）后冲突，密谋刺杀慈禧。慈禧察觉，软禁光绪，追杀维新人士。朝野乱嘈嘈，李鸿章觉得北京不可久留，请求外放。已训政执权的慈禧委其为两广总督，李鸿章兴冲冲南下广州，远避是非之地。谁知躲脱不是祸，是祸躲不脱，李鸿章以为天高皇帝远，可在广州过几天清静日子，谁知京师又有惊天大变。

原来光绪成事不足，败事有余，慈禧欲以载漪之子溥儁取而代之，遭洋使反对。载漪蒙骗慈禧，说义和团刀枪不入，可为我所用，灭洋兴清，其实真正目的是想借义和团镇压外国公使，如愿让儿子登基做皇帝。慈禧犹豫不决，载漪生怕煮熟的鸭子飞掉，弄了封假电报，说是各国洋兵已从天津出发，杀向北京，要灭后救帝，让光绪重回朝堂。昔维新党人谋害未遂，今洋人又要杀过来，慈禧惊恐万状，赶紧放义和团进城，攻打各国公使。果然引来八国联军，进占北京，慈禧携光绪西逃，途中电旨李鸿章北上议和。庚子国变不关李鸿章任何事，他本可借故或装病，不应旨令，留在广州作壁上观。与洋人议和，无非赔款割地，得背千古骂名。然京中无主，就如无主之家，路人随便入户，下瓦拆墙，没人与洋人议和，列强正好大卸八块，把中国瓜分掉。再者，慈禧放义和团进京，杀死洋使洋商，八国联军将慈禧列为首祸，非斩慈禧，决不退兵，只有李鸿章出面，才可能保慈禧性命。李鸿章二话不说，以近八旬老躯，北上与各国洋将洋使周旋，让他们放弃用慈禧偿命初衷，议和退兵。这是最艰难的谈判，时间又长，李鸿章元气耗尽，吐血而亡。东归途中的慈禧闻讯，大放悲声，知道此后有事，再也没人能挺身而出，给自己和国家了难，唯有眼睁睁看着大清灭亡。

这就是李鸿章，只要国家有难，太后有诏，总会不讲任何价钱，毫不犹豫出现在需要他的地方。"被需要"让其生命变得丰富饱满，人生价值得到最大化，不枉来世间走上这么一遭。梁启超曾说：敬李鸿章之才，惜李鸿章之识，悲李鸿章之遇。意思是李鸿章生不逢时，可敬更可惜可悲。其实恰恰相反，正是遭逢晚清激荡时代，得遇曾国藩、慈禧太后和恭亲王奕䜣等赏识、栽培和重用，加之天分高，素质好，又勤奋，又肯干，一辈子都在难事大事上磨砺，磨出坚韧的品格、不屈的意志，李鸿章才持之以恒，做出惊天伟业，利益当代，泽惠后世，至今为人所品读。

放眼望去，古今中外，没有绝对的好时代，也没有绝对的坏时代，全在于如何被时代所需要，在有限的属于自己的时空里，做过什么，留下什么。

生而为人，只要被需要，就是自己的好时代。

人才与事功

一

韩愈说，世有伯乐，然后有千里马。诚者斯言。你是好马，没人发现和认可，一辈子也成不了千里马。比如李鸿章，即使天纵英才，若非曾国藩看好，奏准朝廷，命其组建淮军，征发上海，从此一鸣惊人，先立军功，继兴洋务，又办外交，成为慈禧所谓再造玄黄之人，谁能先知先觉，提前猜出他是千里马，纵横天下，著史封侯？

深知伯乐之于千里马的重要性，故李鸿章成为淮军统帅、洋务领袖和外交重臣时，格外重视对人才的发掘和使用。事实也是，得人才者得天下，要建军功事功，没有足够的人才，又怎么打得开局面，成得了大气候？那么，怎么得人才？有一种很粗糙也很形象的说法，叫挖人才。意思有两层，一是人才如宝藏，埋于地下，只有挥锄深挖，才挖得出来；二是人才藏在人家那里，不肯示人，得想办法，下力气，给挖过来。李鸿章就是那个手握大锄的人，一旦有人才，不管藏在哪里，藏得多深，都会不遗余力，非挖到手不可。

安徽桐城有个叫程学启的家伙，自幼怙恃双失，靠养母带大。没人疼爱，缺食少穿，也就人矮个小，很不起眼。然逆境中过来的人，往往吃得苦，霸得蛮，筋强骨健。程学启自小胆大勇武，加入太平军后，能打硬仗恶仗，李鸿章浪战安徽时领教过他的厉害，心里想着日后自己建军，非想办法把这小子挖过来不可。后湘军围攻安庆，阻于程学启所守集贤关，李鸿章让人设计招降，从太平军阵营里挖他过来，为我所用，终将安庆拿下。

来自敌军阵营，又杀死过不少湘乡子弟兵，程学启不怎么受曾氏兄弟待见，尽管他为湘军屡立战功。至李鸿章组建淮军，第一时间找曾国藩把程学启给挖了过来，随征上海。正值冷兵器向热兵器过渡的特殊时期，李鸿章打造自己的洋枪队，交程学启统带，积累经验，再依样画葫芦，将整个淮军武装起来。士为知己者死，感于李鸿章知遇之恩，程学启打仗肯用命，很快成长为淮军第一悍将。尤其在上海保卫战和苏常战役，立下头功，升总兵，加提督衔，赏正一品封典。不幸的是嘉兴战役，他头部中弹，死于阵前，清廷追赠太子太保衔，谥忠烈。

三十年后的甲午战争，光绪命李鸿章增兵朝鲜，李鸿章苦于淮军老化，手下无将，迟迟下不了决心。在光绪一再逼迫下，他不得不派兵入朝，矮子里选高子，让叶志超为总指挥，结果兵败如山倒。李鸿章哀声长叹，若程学启还活着，由他统军对敌，也许朝鲜不至于轻易为日军所占，进而引狼入室，导致甲午惨败。

二

上海是李鸿章的福地，其一生军功、洋务和外交皆发轫于此。李鸿章与上海结缘，始于太平军威胁上海，钱鼎铭赴安庆搬救兵，曾国藩让李鸿章创建淮军东征。却不晓得向曾国藩借兵的主意出自一位高人，淮军驻沪后又是这位高人循循善诱，让李鸿章认清前路，找准人生的方向。此君便是苏州人冯桂芬。

冯桂芬官位不高学名高，自幼聪慧，居陋巷，处贫困，却发愤图强，深得乡民好评。平时沉默寡言，轻易不与人交，遇事则敢决断大疑，尚未出仕，已名满江南。时值林则徐抚苏，青睐素昧平生的冯桂芬，称其为百年仅见人才，收为学生，招入抚署读书。其时魏源也在林府中，两人相见恨晚，引为知己。道光二十年（1840）冯桂芬入京会试，高中榜眼，先后做过乡试副考官和正考官。咸丰三年（1853）受命回籍帮办团练，苏州沦陷，逃亡上海，主持中外会防局。身处官场军界，又南归十载，他与绿营、团练、洋人交往频繁，也就见多识广，深思熟虑之余，写成《校邠庐抗议》，倡导全面学习西方军事工业，主张农具织具等百工所需应多用机轮，资以治生，以重振中华。《校邠庐抗议》享誉朝野，冯桂芬也成为天下名士，令人景仰。

作为淮军统帅和江苏巡抚，李鸿章初至苏沪重地，外要征讨太平军，内要安抚百姓，还得与洋人纠缠，所谓军务政务洋务，样样要务，难免茫然无绪，不知该从何下手为好。冯桂芬点拨他，事有急务和要政之分，急务须快办即办，拖延不得，要政须重办大办，须深谋远虑，做通盘规划和长期打算，一步一步来。具体说打太平军是急务，却算不得要政，国家也好，苏沪也罢，应以夷务为第一要政，因为贼可灭，夷不可灭。道理也简单，一夷灭，百夷不俱灭也。一夷灭，代以一夷，仍不灭也。即使一夷为一夷所灭，而一夷弥强，还不如不灭也。一夷可言盛衰，不可就百夷而言。百夷绵延，此衰彼盛，此消彼长，夷务仍自若，想躲闪，躲闪不过，想回避，回避不了。

此观点早已写入《校邠庐抗议》。书中痛陈新的变局面前，大清官员因循守旧，不思进取，贪污贿赂公行，甘当富豪犬马。经济上横征暴敛，蠹国病商，鱼肉百姓。军事方面将殆兵懒，疏于训练，形同虚设，不堪一击。此乃国家积贫积弱，屡遭列强欺凌之根源，再不自强，只能越来越落后，直至亡国亡种。要说大清非天时地利物产不如他国，乃人实不如耳。人实不如不是天赋不如，是人自不如，不努力，不长进，不争气。天赋不如人，无法改变，人自不如才可耻可悲，必须知耻后勇，洗心革面，奋发图强。怎么奋发，如何图强？只有放下天朝上国的架子，向"蛮夷"学习，广译西书，吸纳西学，变通科举，培养人才，掌握西人有用知识，采用洋器和洋具，发展生产，提升国力。惟其如此，始则师而法之，继则比而齐之，终则驾而上之。

冯桂芬的驭夷之道，与魏源"师夷长技以制夷"思想源起流继，脉络相承，却又突破其船坚炮利的"长技"之论，由"技"归结为"学"，上升至学理层面，让李鸿章大开眼界，如饮醍醐。李鸿章对冯桂芬敬仰有加，决定委以江苏布政使，以襄助政务。这可是仅次于巡抚的实职肥缺，冯桂芬却没答应，另荐能人给李鸿章。李鸿章便纳冯桂芬入幕。名义上为幕僚，实则亦宾亦友亦师，相得益彰。

李鸿章幸运，先被老师曾国藩扶上马，再送一程，继遇高人冯桂芬指导，引西学，办制造，兴商贸，开创新局面。冯桂芬也如愿以偿，把从林则徐和魏源那里继承下来的思想，经由李鸿章，变成看得见摸得着的实业。

三

李鸿章能兑现冯桂芬的思想，全靠手下各路人才。军事方面不用多说，前面提到的程学启，还有更早进入淮军的刘铭传、张树声，都是了不起的英才，后来做到督抚大员，功高震世。这里且说两位洋务人才：丁日昌和盛宣怀。

此二人有个相同特点，就是功名不高，只有秀才身份。秀才当然也是才，但在举人进士扎堆的大清官场，确实显得有些寒碜。也许读书不拔尖的人，动手和实干能力反而强，两位落魄秀才竟在李鸿章手上成为洋务大功臣，名垂青史，气煞那些仅会读死书两榜高中的腐儒。

先说丁日昌。丁日昌与李鸿章曾一起在曾府做过幕僚，两人关系不错。因丁日昌是广东人，曾国藩派他赴粤操办厘金。操办厘金之余，丁日昌竟吃饱撑的，在市郊燕塘设立炮局，仿西洋大炮功能和炮弹原理，亲自设计监制成功短炸炮三十六尊，炮弹两千多颗，交给广东清军用于实战，杀伤力非常强，颇受欢迎。消息传到上海，李鸿章马上写信给老师，要调丁日昌来沪办炮弹。曾国藩不同意，说你把丁日昌要走，广东厘金交谁办去？李鸿章就跟老师磨，说能办厘金的人多的是，能制炮弹的到哪里找去？不是浪费人才么？又去信给丁日昌本人，诚邀来沪发展。丁日昌蠢蠢欲动，曾国藩只好放手。

丁日昌一到上海，李鸿章便让他组建洋炮局，与韩殿甲和李府洋幕马格里此前所建两局，合称上海洋炮三局。有广东积累的技术，丁日昌移花接木，成功造出十八磅和四十八磅开花炮，以及威力不错的短炸炮。炮弹源源不断送往前线，大大提升了淮军战力，对推动江苏战场胜利，可谓厥功至伟。

洋炮三局成立前，上海已有洋人所建制造厂。其中美商所属旗记铁厂，不仅造枪造炮，还修造轮船，规模可不小。正好美商要回国继承大额遗产，急于售厂走人，李鸿章上门收购，对方要价太高，只能作罢。恰巧上海海关有个叫唐廷植的通事（翻译），业余给租赁洋船运货的华商翻译合同和保单，收取译资五百两银，被同行以受贿罪告到县衙，问成死罪。唐母和唐廷植弟弟唐廷枢急了，找李鸿章求救。衙门认定的死罪，可不是想改变就改变得了的，李鸿章得知旗记铁厂的美商曾在唐家家乡广东办过厂子，还是唐母多年生意伙伴，给母子出主意，收购旗记铁厂，献给朝廷，为唐廷植赎罪。

人是感情动物，洋人也不例外。美商念唐母旧情，低价出手旗记铁厂，以成全唐家。就这样，李鸿章不花一两银子，旗记铁厂到手，还救出唐廷植，收编唐氏兄弟，可谓一举三得。接着李鸿章将枪炮三局与旗记铁厂合并，组建江南制造局，以丁日昌为督办，韩殿甲和容闳为会办。聘洋技师百名，中国匠师三百人，工人五千多人，除制造枪炮、弹药、水雷和大小机器，还制造和维修轮船，成为大清国规模最大、实力最强的军工制造企业，从而开启中国近代制造业和工业先河。后丁日昌历任江苏巡抚和福建巡抚，加总督衔，主持福州船政局，会办南洋海防，兼总理各国事务大臣。

再说盛宣怀。盛宣怀是盛康大儿子，江苏常州人。盛康入幕曾府时，曾把盛宣怀带在身边读书，李鸿章早就认识盛宣怀。盛宣怀早慧，小时便很聪明，遇事颇有主见。曾国藩派盛康赴鄂办理盐政，四川与淮北互争引地，即行盐供销区，双方长期相持不下，盛康不知如何是好，年纪不大的盛宣怀从旁建议：干脆让川淮两地并行，难题得以解决。此事在官场传为美谈，无人不晓盛康有个儿子聪明过人。聪明人脑袋好使，考场上却不一定吃得香。加之江南读书人多，千军万马争过独木桥，实属不易，盛宣怀考中秀才后，三次参加江南乡试，皆无奈落第，意颇怏怏。

为安慰儿子，盛康花钱给盛宣怀捐了个候补知县，冀其静心书斋，以图日后高中。盛宣怀已绝意科场，只想离开父亲覆翼，外出闯荡一番。盛康见留得住人，留不住心，介绍儿子去苏州入李鸿章抚幕。盛宣怀心高气傲，不愿仰仗父亲关系，想凭自己本事闯条路出来，北上山东，进了丁宝桢抚衙。丁宝桢是慈禧红人，政绩卓著，政声彰显，若能受其青睐和重用，说不定能混出点名堂。且山东比邻京畿，地处沿海，接触的不是高官，就是巨贾，容易增见识、长才干。盛宣怀看好丁宝桢，道理便在这里。

后李鸿章署理两江总督，需要人手，放出口风，要盛宣怀来入幕。盛宣怀知道江南比山东更有优势，但想着丁宝桢对自己不错，不好意思弃旧投新。李鸿章便给盛康写信，上海和天津是大清富国强军基地，年轻人想有出息，非往这两地跑不可，还暗示直隶总督曾国藩身体欠佳，日后天津也会成为他李鸿章的地盘。盛康为此专程赶到山东，跟儿子长谈，又恳求丁宝桢放盛宣怀一马。丁宝桢清楚李鸿章能耐比自己大，跟李鸿章干肯定比跟自己跑有出息，反过来劝盛宣怀投奔李鸿章。盛宣怀于是南下金陵两江总督府，李鸿章看好这小子，派往上海，办理赈务和洋务。李鸿章转任直隶总督后，津沪两地洋务皆在其掌控中，因盛宣怀办事能力强，让他身兼江南和直隶数职，样样干得有声有色。轮船招商局成立，盛宣怀任督办，经营客货海运江运。还主持兵备道台、海关监督，设立慈善机构，创办北洋大学堂。同时建铁路，开铁厂，办电报，兴邮政。

正是盛宣怀和丁日昌、唐廷枢等洋务干将共同努力，助李鸿章开创八百个第一，其中五百多个中国第一，两百多个亚洲第一。经事越多，能力越强，即使李鸿章失势，其他人主管洋务和政务，盛宣怀诸位依然得到重用，官至高位，功在千秋。

四

李鸿章培养人才的办法多。一是留在身边，亲手调教，交办具体事务，让你在事上磨。周馥等人就是这么磨出来的。二是外放任事，独挑重担，自己为自己负责。盛宣怀、唐廷枢等是例证。三是送出国门，接受西方教育，学有所成。比如詹天佑，原系曾国藩和李鸿章奏准赴美留学首批幼童，回国后无所事事，李鸿章召至天津，命给英国工程师金达做帮工程师，修过几条铁路，积累丰富经验后，独自修通首条中国人自主承建的京张铁路，成为"中国铁路之父"。再如刘步蟾、林泰曾、邓世昌等人，被李鸿章等大臣奏派欧洲学习或考察，回国后调入北洋海军，任总兵和军舰管带。

最便利的办法，还是大兴新式学校。李鸿章先后创办上海同文馆、江南制造局附设机械学校、北洋水师学堂、天津武备学堂、天津军医学堂、天津电报学校。这些学校培养的都是实用型人才，走出校门，便直接走上军事、洋务、外交等重要岗位，成为李鸿章创三千年未有之奇业的好手。北洋水师学堂和天津武备学堂还成为总统和总理摇篮，如毕业于北洋水师学堂的黎元洪，三任副总统，两任大总统；天津武备学堂冯国璋和曹锟都做过总统，段祺瑞则三造共和，留下赫赫名声。

甲午战争输给日本，淮军和北洋海军覆灭，李鸿章被削职为民，有人说洋务运动彻底失败。此说法很不准确。一是以上列举的经济、政治、军事人才，并没有因甲午战败而消失，洋务运动留下的制造、铁路、矿山、电报、银行、运输、商贸等各项事业依然在运转，洋务技术和人才仍在发挥不可磨灭的作用。故李鸿章逝世及清朝灭亡后，从南到北，从东到西，各行各业，有很多是其调教和培养出来的人才，掰着手指头都数不过来。老话说一朝天子一朝臣，臣子谁都做得来，并非无可替代。关系民生、军工的技术人才，则需传带继承，不是想换就换得掉的，故李鸿章和清朝不复存在，技术和人才还在代代相传，起着关键作用。诸如百年后的上海造船业就是江南制造局留下来的，当今世界五百强企业招商银行乃上海轮船招商局之遗产。

洋务事业的薪火相传，得益于李鸿章大量的人才储备。这个人才储备库里都是实用型人才。李鸿章选人用人标准很实在，就是能任事，把事交给你，你自己放手去干，并非给你个现成位置，让你玩权术，耍威风。弄权琢磨人，谋事琢磨事。谋事得真抓实干，干出看得见摸得着的实业，光嘴巴会说，笔杆能写，没啥用。出自李鸿章麾下的人才，少有两榜出身，大多没啥功名，有些甚至大字不识几个。要说读书毕竟是好事，可以让人越读越聪明，越明事理，越长见识。比如冯桂芬，榜眼出身，书读得好，又能以所学观照天下大势，点石成金，引导李鸿章干出惊天伟业。也有跟冯桂芬相反的读书人，竟然把脑子读坏，读成傻子。这些傻子不能任事，但见你做出事功，心里不舒服，便恶意中伤你，诽谤你。故李鸿章谋事越多，受到攻击也越多，誉满全球，谤满天下。

有一个叫刘锡鸿的，两榜出身，学富五车，却仿佛不食人间烟火，把自己读成笑柄。在李鸿章举荐下，郭嵩焘出任驻英公使，提名刘锡鸿为副使。可朝廷只赏刘锡鸿参赞职，刘锡鸿怪罪到郭嵩焘头上，处处与他作对。听说李鸿章筹办铁路，他便上折说铁路修通，将造成数万脚夫失业，沦为乱民，且中国险要尽失，一旦有变，洋人风驰电掣，朝夕可至。一句话，李鸿章热衷洋务，似为外国谋，非为我朝谋。李鸿章让唐廷枢开挖芦台至胥各庄三十五公里的运煤河，刘锡鸿又口诛笔伐，多次上折说李鸿章"跋扈不臣，俨然帝制"。其证据是外国报纸曾称，李相优待洋人，自视为中国之王，所谓挟洋自重，窥窃神器，诬蔑李鸿章想做皇帝。惹得慈禧火起，把刘锡鸿赶出北京。

还有位叫梁鼎芬的翰林编修，也是两榜出身，只因人微言轻，又无出人头地的捷径，便趁中法战争李鸿章遵旨主持和议，弹劾其六大可杀之罪。慈禧以妄劾罪将其连降五级，贬到太常寺去做司乐小官。梁很得意，自镌一方"年二十七罢官"小印，辞官出京，临行前付托妻子与写有"人生只有情难死"的风流才子文廷式，成为文之枕边人。这种无利可图却丢官去妻的烂事，若非愚钝，谁干得出来？

五

　　满腹经纶的傻子，哪怕状元榜眼出身，也不可能入李鸿章法眼，倒是丁日昌、盛宣怀、周馥这样仅有秀才身份的人，脑袋没读坏，正好任事。李鸿章看得准，功名低的人有个好处，眼界不高，愿意从小事做起，慢慢历练，历事越多，经验越丰富，办事能力越强，也越值得信任。由此可见，世无天生的千里马，是伯乐有眼光，发现马有潜力，提供广阔天地，任其纵横驰骋，锻炼腿力，增加勇气和意志，终成千里马。

　　举人出身的钱鼎铭，曾赴安庆乞兵，促成李鸿章组建淮军，后在李幕任事，手勤腿勤，肯动脑筋，一步步干到按察使、布政使，直至河南巡抚，成为封疆大吏。周馥仅有诸生（秀才）身份，跟随李鸿章四十年，负责记录誊写，上传下达，招兵买马，登账理财，征粮劝饷，办厘募捐，抗洪修堤，开矿筑路，什么都做过，也就没他不能做的，以至李鸿章离不开他，朝廷也少不了他。朝廷从来不缺死啃书本的庸人，口水爱国的狂人，缺的是肯干事会干事也干成事的实干家。正是周馥干事能力强，李鸿章死后，他失去靠山，清朝不但没让他靠边站，还把他提拔为巡抚，直至浙闽总督和两广总督。

鼎鼎大名的袁世凯更不用说，读书读到吐血，读得心灰意冷，在把脑子读坏前，干脆跑出书斋，去淮军阵营里当了兵。李鸿章见他胆大心细，肯吃苦，会办事，派他出使朝鲜，在与日本人的较量中屡占上风。甲午战争爆发，袁世凯使计逃回国，觐见李鸿章，取得天津小站训练新军机会。后又在李鸿章等人暗助下出任山东巡抚、直隶总督兼北洋大臣。他借辛亥革命大势，逼清帝溥仪退位，成为中华民国大总统。袁世凯身后名声不好，但他以和平方式改朝换代，又善待清室，比起以往王朝更替大开杀戒，血流成河，堪称智慧。

人事人事，事要人做，人更离不开事，无所事事，久而久之会成为废人。事在人为，人因事成，人活在世上，总得干点事。往小处说，得做事谋食，养活自己和家人。往大处说，可超越自我，为国家和民族作贡献。用进废退，手脚也好，脑袋也罢，闲置不用，久而久之，终会废掉。相反，人在事上磨，可磨出能力，磨出韧性，磨出坚强意志。有了能力、韧性和意志，再难再苦都不怕，自然能成事。

人能成事，创造价值，受人尊敬，脑袋里的多巴胺也会用快乐奖赏你，提升全身免疫力，让人活得健康长寿。看看一辈子专注技术的能干巧匠，或闲不下来的成功的高官或商人老板，大都活得长，道理就在这里。在普通人只能活四五十岁的一百多年前，李鸿章能活到七十九岁，就因一辈子都在埋头做事，创造价值，享受做事和创造的快乐，延年益寿。

因此，聪明人要选择有事可做的单位，跟随愿谋事的老板或领导。老板和领导要你多做事，别以为吃亏不合算，其实那是磨练的好机会，磨练出本事，能有所作为，占的可是大便宜。同样道理，老板和领导认可谁，看好谁，就要委以难事要事，用事成全他。别只给待遇，不交事做，那是谋害他，害的还是一辈子。

做官在于做事

有人说李鸿章拼命做官。此言没错，中国官本位传统久远，只有做了官，才能做成事。反过来，能够做事，才有官做，才可借官职官权官威，做更大的事，建功立业。李鸿章是如何创建非凡功业的呢？

一是争取做事平台。李鸿章在湘军督帅府当幕僚，参预军机，出谋划策，深得老师曾国藩器重。大树底下好乘凉，可李鸿章不愿做树下小草，更想独立出去，长成参天大树。太平军攻破清军江南大营，向东南扩张，上海官商派钱鼎铭去安庆搬救兵，李鸿章看到千载难逢的好机遇，说服老师曾国藩，下决心增援上海，取得组建淮军资格，率军进发上海，保沪平吴，为湘军收取金陵扫清外围。更重要的是上海海阔天高，除军务外，还有政务洋务，都是前所未有的大事业，可大有作为。李鸿章于是广罗人才，广结善缘，在稳定政局的同时，引西学，造机器，兴商贸，成为洋务运动领袖，开拓出一片前所未有的新天地。

太平军和捻军覆灭后，李鸿章因功晋协办大学士，任湖广总督。洋务重镇在津沪，湖广属内地，一时难有作为。也是天遂人愿，不久天津教案发生，朝廷调李鸿章北上接任老师的直隶总督，办理教案。教案结束，李鸿章立即把注意力转移到洋务上面来。天津位置特殊，不仅江南物产，海运北上至此转运京畿，且各国洋使洋商来华，也自天津登岸，西行入京。朝廷已在此设立北洋通商大臣，办理牛庄、天津、登州三口通商事务。其时北洋大臣系满员崇厚，归口总理衙门名下。总督是地方军政长官，没有洋务职能，李鸿章不便以直隶总督身份，狗拿耗子，去管北洋大臣的事，遂琢磨着怎么赶走崇厚，把他的位置挪到自己屁股下面。身为北洋大臣，崇厚没能处理好天津教案，法国军队差点就要西征北京，就像咸丰末年样。朝廷本要重罚崇厚，还是李鸿章说好话，才放过这小子。崇厚对李鸿章感激不尽，李鸿章给他出主意，代表朝廷出使巴黎，向法国政府道歉。于朝廷来说，可重修两国之好；于崇厚本人来说，可变罪臣为功臣，日后前途无量。说得崇厚蠢蠢欲动，请李鸿章奏请朝廷恩准，离津去了法国。崇厚前脚刚走，李鸿章后脚就通过恭亲王等重臣，以直隶总督兼北洋通商大臣的身份，以津沪为基地，大刀阔斧办起洋务来。

二是没钱巧办事。洋人为打开大清国门，屡犯屡胜，离不开坚船利炮。李鸿章早看到洋枪洋炮洋舰的作用，率军至上海后，很快办了三个枪炮厂。但比起洋商在上海所建军工企业，简直小巫见大巫。有家美国商人办的旗记铁厂，不仅造枪造炮，还可修造船舰，规模不小。正值老板要回国继承大额遗产，急于售厂走人，李鸿章做梦都想把铁厂收购到手，无奈对方要价太高，欲购不得，欲罢不能。恰好广东人唐廷植被人告发下狱，其母和弟弟唐廷枢到李鸿章门下喊冤叫屈。原来唐廷植是上海海关头牌翻译，业余给租赁洋船运货的华商翻译合同和保单，收取译资五百两银，遭同行嫉妒，以受贿罪告到上海县衙。海关翻译属朝廷职员，清律规定官吏受贿四百两银以上，足可问斩。

唐氏兄弟属难得的翻译和洋务人才，国家正在用人之际，李鸿章有心救援，只因理由不充分，不便强逼县衙放人。有人于是透露，旗记铁厂老板曾在广东办过厂子，是唐母多年生意伙伴。李鸿章心生一计，给唐母出主意，出资收购旗记铁厂，献给朝廷，为儿子赎罪。美商看唐母面子，低价出手铁厂，以成全唐家。这是对国家莫大贡献，李鸿章赶紧奏请朝廷，免去唐廷植死罪。就这样，他不花一两银子，白得旗记铁厂不说，又收获唐廷植、唐廷枢两员洋务干将，可谓两全其美。随后将原来枪炮三厂与旗记铁厂合并，组建江南制造局，制枪炮，造船舰，开创中国机器制造先河。江南制造局历经百年，至今还在发挥巨大作用，中国大型船舶百分之九十以上吨位皆出自该局。尤其由其分离出来的沪东中华造船厂，所承造的航空母舰已大功告成，顺利下水。

三是绕开阻力办新事。李鸿章出任直隶总督兼任北洋大臣后，奏调唐廷枢北上开办煤矿。大清实行洋务多年，机器制造、军民航运，以及家庭生火取暖，都离不开煤炭，光进口洋煤，不仅远水难解近渴，且价格昂贵，白银外流，危及大清财政，朝廷不得不准创中国首家大型机器掘煤企业——开平煤矿。机器功能强，产煤量大，靠驴拉人扛，效率太低，唐廷枢找李鸿章商量对策。李鸿章果敢拍板，修一条运煤铁路。那个年代，铁路在中国人眼里无异于洪水猛兽，修铁路罪同弑君灭国。此前英国人曾在上海修过一条吴淞铁路，朝臣闻知，大惊失色，以破坏风水，毁断龙脉，祖宗地下不宁为由，逼朝廷花二十八万两白银买下铁路，拆除丢弃海边了事。如今要在矿山上修建铁路，岂不冒犯天条？

得知开平煤矿要修运煤铁路，果然朝堂一片哗然，大骂李鸿章居心叵测，企图坏我大清江山。李鸿章不理会，让唐廷枢派人勘测路线，购置铁轨，待朝中骂声小下去，再次奏请修建新马路，只字不提铁路二字。慈禧见奏，心知李鸿章意图，也装糊涂，点头恩准。中国首条自办自营的唐胥铁路由此建成。待朝臣反应过来，大加挞伐时，李鸿章又提出架电线，办电报。朝廷未及批复，朝臣又来声讨电报，说电报会吸走中国人血气和灵魂，千万办不得。李鸿章另提出修筑津通铁路，即把铁轨从天津铺到通州，方便货物进出京城及官商兵民往来。这下朝廷又炸开了锅，说津通铁路一通，洋人随时可乘火车打进北京。李鸿章正好趁朝臣注意力转移，在津沪大办电报，南北千里，音讯瞬息可通。

四是借力发力办大事。天津有了铁路后，李鸿章还不满足，除请求西延修筑津通铁路外，还计划东展修建关东铁路，平时运货载客，战时输送兵力和粮饷，海陆联防，确保京畿安全。可朝臣不管这些，照样拿出千条万条不能修铁路的理由，其至说李鸿章坐拥海陆防军，一旦铁路直通京郊，随时可领兵入京，灭清自立。李鸿章没工夫跟朝臣打舌战，先给慈禧住处装上电灯和取暖锅炉，在她尝到洋玩意甜头时，趁机提出在西苑三海铺设窄轨，以方便太后临朝训政和游玩宫禁。慈禧好奇心起，点头同意。

得了慈禧的话，李鸿章立即放风给洋人。法国铁路公司为打开中国铁路建设市场，主动上门，请求免费承建西苑铁路。就这样，中方仅象征性出资六千两银子，值银近十万两的西苑铁路如期建成。火车宽敞平稳，比轿子强得多，慈禧天天乘坐火车出门，还把王公大臣一起叫到火车上，陪她游赏三海。铁路都修到慈禧宫门口，李鸿章要在直隶修铁路，谁再说铁路坏话，不会开罪慈禧么？铁路建设就这样被李鸿章一点点撕开缺口，渐渐在中国大地铺设开来。

五是为而不争，专注事功。李鸿章引西学，兴洋务，固海防，办外交，不仅创造八百项第一，同时也遭受八百多次弹劾，如果与朝臣争辩，哪还有时间和精力办事？他的经验是为而不争，你们爱骂骂去，爱咒咒去，我该干吗还干吗。只就事论事，上书皇上和太后，争取支持。李鸿章翰林出身，文笔极佳，一生不仅军功大，事功多，所著奏章、诗赋、家书、信函等也是汗牛充栋，共计两千八百万字。相当于一百部二十八万字的长篇小说。且都是李鸿章手执毛笔，用文言文写成的议论文，不是编故事。李鸿章办事无数，还留下这么多文字，简直就是奇迹。

在如此丰富的著述里，作者洋洋洒洒，状物，论势，议事，言理，明志，抒怀，无所不包，唯独难见与朝臣争长论短的无用文字。李鸿章一心办大事，大办事，把精力放在口舌之争上，多不值得。至于朝臣出于嫉妒或各种目的，血口喷人，恶意中伤，李鸿章全当耳旁风，反正我心光明，太后是个明白人，不会亏待我。故每每满朝杀李声起时，慈禧公然声称，李鸿章是再造玄黄之人，无鸿章，便无大清。此言并不夸张，没有李鸿章征沪平吴，北上讨伐东西二捻，大清无太平日子，没有李鸿章兴洋务、办外交，大清更不可能赢得同光中兴大好局面。

六是发现人才，为我所用。事在人为，没有人才，不可能成事。李鸿章用人，不看出身，不看关系，只看能耐。淮军第一大将程学启原是太平军干将，打仗勇猛且善用计谋，后因李鸿章运作，转投曾氏门下，为湘军攻克安庆，立下大功。可曾国藩和曾国荃对叛将不太信任，程学启感觉委屈，找李鸿章诉苦。李鸿章初创淮军，第一件事就是找老师曾国藩把程学启要过来，将最好的兵交给他带，最好的武器交他使用，信任有加。程学启感恩戴德，打仗更加卖命，为保卫上海，规复苏吴，立下头功。

李鸿章两榜出身，天子门生，但手下人才几乎没啥响亮功名。考功名需耗费大量时间精力，纸上谈兵，头头是道，务实时往往脱离实际，难得成事。兴洋务，固海防，办外交，都是前所未有的新事，经书里从无记载，书呆子往往做不来，相反，功名不高但精通世故者倒能信任。上面提到的唐氏兄弟皆无功名，却为李鸿章干出不少大事。丁日昌和盛宣怀考取过秀才后，再也考不上去，但很会办事，一个创办江南制造局，一个弄成轮船招商局，名垂千古。

袁世凯也无功名，李鸿章见他聪明有能耐，派驻朝鲜，几番与日本人过招，都没吃亏。甲午战败，李鸿章被撸去一切职务，翁同龢得势，不仅把持户部，还掌控军机处和总理衙门，一时势焰冲天。袁世凯投奔翁同龢门下，有人觉得袁世凯势利眼，李鸿章不以为意，相反说服恭亲王，把这小子提拔为直隶按察使，派往小站练兵。袁世凯出京前向李鸿章辞行，为自己跟翁同龢搅在一起，深表歉意。李鸿章没说甚，只暗示袁世凯，翁同龢德不配位，心胸狭隘格局小，爱权如命没能耐，别看暂时风光，终难有好结局，把时间和精力花在这种人身上，不如专心练好兵，手里握有足够本钱，国家才会离不开你。袁世凯深受启发，从此远离翁同龢，一头扎进小站，练成王牌军，再也没人敢小瞧。至于翁同龢，成事不足，败事有余，后果然被光绪踢开，死后连谥号都不给，成为天大笑柄。

身处晚清特殊环境，欲推进中国近代化，实现富国强军目标，其难度可想而知。可李鸿章迎难而上，做出彪炳史册的丰功伟绩，实在令人叹为观止。时代已大大进步，现在的年轻人若能拿出李鸿章十分之一的智慧和干劲，获取成功，自然并非难事。

求变与求富

一

左宗棠指挥清军战败阿古柏，收复新疆，俄国人仍占据伊犁，不肯撤兵。清廷遣左都御史崇厚赴俄谈判，签订《里瓦几亚条约》，许以多处通商、优惠征税、修筑铁路及永远占据伊犁。条约传回北京，举国哗然，清廷判崇厚斩立决，另派曾国藩之子曾纪泽赴俄重谈。俄国觉得清廷委崇厚谈判签约，回头又欲斩崇厚，属公然挑衅签约国行为，不放曾纪泽入境。清廷义愤填膺，令驻旌兰州陕甘总督府的左宗棠进军伊犁。左宗棠知道俄军不是阿古柏乌合之众，清军哪里打得过？一边携棺向哈密进发，以示死战决心，一边上书清廷，力劝设法重启和谈。清廷咽不下这口气，非战不可，还以李鸿章名义，电邀洋将戈登来华助战。

戈登原是英国工兵，咸丰末年英法联军进攻北京时就在军中，息战后南赴上海，绘制苏沪地图。上海华洋杂处，官民和洋商洋使出于自身安危考虑，集款成立洋枪队，抵抗太平军，守护上海。上海是个聚宝盆，太平军后期主帅李秀成垂涎已久，正加紧部署围攻。上海官商意识到洋枪队抵不过太平军，派人去安庆湘军老营向曾国藩讨救兵，曾国藩奏准李鸿章组建淮军，东征上海。李鸿章至沪伊始，便效法洋枪队，购置洋枪洋炮，武装淮军。同时笼络洋枪队首领美国人华尔，协助淮军打了好些胜仗。华尔战死，同样是美国人的副首领白齐文继任。白齐文是个反复无常的小人，竟以讨饷为名，带兵冲进上海道台银库抢夺银子，李鸿章设计把这小子除掉，以英国海军推荐的英国工兵戈登取而代之，且改名洋枪队为常胜军。戈登很会带兵，又敬仰李鸿章，淮军因常胜军配合，如虎添翼，连战连捷，不仅保住上海，还收复苏南，助曾国荃攻破南京，消灭太平军，结束江南长达十四年之久的战乱。常胜军完成历史使命，李鸿章将其撤销，已身为提督衔的戈登回国，受英皇器重，派驻埃及和印度等地维和。一晃过去十五年，中俄启衅，清廷想起戈登，电召返华，希望他重召常胜军旧部，助清军共战俄军，同时争取英法德美支持，给俄施压。

此时戈登身在印度，接到电旨，二话不说，越洋来到中国，自天津登岸，直奔北洋大臣衙署，拜见老上司李鸿章。曾在中国待过多年的戈登对清廷的昏庸再了解不过，也清楚中俄两国军队的实力差距，此行并非真想替大清带兵征战俄国，纯粹是冲着李鸿章来的。民间有戏谑之言，称世间有几种关系最铁：一起同过窗，一起扛过枪，一起逃过荒，一起分过赃，等等。阔别十五年，两位一起扛过枪的老战友重聚，自然格外亲切。李鸿章设宴招待戈登，戈登问中俄危机箭在弦上，一触即发，鸿帅主战还是主和。李鸿章模棱两可道，左宗棠陈兵哈密，清廷下决心一战，也不是没可能取胜。戈登认为左宗棠战胜阿古柏地方武装没问题，与俄军抗衡无异于鸡蛋往石头上碰。李鸿章说每次大清与列强发生摩擦，朝廷总会分成两派，一派主战，一派主和，争论不休。且主战者多为不用上战场的文臣，高扬爱国旗帜，谁主和就骂谁是卖国贼，让主和的武将底气不足，吱不得声。戈登问李鸿章到底想爱国，还是想卖国。李鸿章敷衍戈登，你是朝廷请到中国来的，还是先入京听从朝廷旨意吧。

戈登登陆后先拜见李鸿章，本属人之常情，朝廷却觉得两人有甚见不得人的勾当，竟起疑心，戈登入京后，对他不冷不热起来。戈登大感不解：清廷一封电令，本将应令来华，入京领命，你们爱理不理，到底啥意思？英法德美诸国公使提醒戈登，不该登岸就去见李鸿章。戈登说李鸿章乃本人老上司，途经天津，不登门拜访，说得过去吗？再说李鸿章是大清重臣，还怕本将拉他投靠英军，掉转枪口对付大清？公使们说，大清一向忌惮汉臣，李鸿章手握淮军和北洋水师，朝廷需要他领军固海防，又担心他图谋不轨，不得不防着点。德国公使还拿出一封电报，递给戈登。原来是德国总理俾斯麦发给戈登的，说清朝已难以为继，唯有李鸿章挺身而出，改朝换代，才可能拯救中国，希望戈登趁中俄危机，召回常胜军旧部，协助淮军，攻入北京，取代清朝，扶李鸿章登上总统宝座。

戈登深以为然，说堂堂大清，四万万官民，也就李鸿章心智健全，头脑清醒，知道中国不可能孤立于世界格局之外，务必结交西国，研习西技，译书制器，开矿采煤，修铁路，通电报，购铁甲，兴海军，以后发制人，后来居上，真正实现富国强军。中华地大物博，一旦富强，又肯与各国通好贸易，各国皆有利可图，本将军最爱鸿帅和中国，自会助他取代清朝皇帝，担当起振兴中国之大任。

返回天津，见到李鸿章后，戈登也不转弯子，拿出俾斯麦的电报，搁到李鸿章桌上，说中国要想真正实现富强，立于不败之地，与西国平起平坐，两宫靠不住，亲王靠不住，满汉大臣靠不住，唯有靠鸿帅自己。只要鸿帅点个头，开句口，末将立即行动，招募常胜军旧部，为鸿帅打先锋，开赴北京，攻下城门，冲进紫禁城，赶走光绪小皇帝，给鸿帅腾出金銮宝座。屋里空气几乎凝固，只听戈登流利的华语悠悠荡漾着，余音缭绕，经久不息。李鸿章微微合上双眼，菩萨样端坐几前，脑袋里却翻江倒海，掀起一阵阵滔天巨浪，无以自持。他努力控制着自己，故作镇定，以不至于失态。

接下来数天，各国公使应德国公使邀约，以调停中俄关系为由，离开北京，赶赴天津，走进北洋大臣衙署，明确表示，各国政府都愿不惜一切代价，支持李鸿章为中国前途着想，大胆站出来，取代大清，自立为帝，开创三千年未有之伟业。俄国公使也跑到天津，当李鸿章面信誓旦旦道，只要清廷逊位，由总督大人统治中国，他不仅促成曾纪泽入境俄国，坐到谈判桌上，还会设法说服俄皇放弃伊犁，与中国永久通好。

　　戈登和洋使频繁进出北洋衙署，让淮军和北洋水师将领闻到异样气息，借夜色掩护，悄悄来见李鸿章，说清朝已为强弩之末，国家内忧外患，能拯救和振兴中华者，非相国莫属，相国要将有将，要兵有兵，还有戈登可用，各国公使和海陆将军也愿助一臂之力，取代清朝，唾手可成啊。李鸿章老部下江西巡抚刘秉璋最有意思，寄来一面黄色军旗，中间夹一纸条道：黄旗可披帝体乎！原来五代时期，后汉大将郭威手握兵权，为隐帝刘承祐猜忌，意欲除之。郭威不甘就戮，悍然起兵，将士扯下黄旗披其身，后周政权由此而来。其时赵匡胤就在军中，多年后也旧戏重演，只不过改黄旗为黄袍，往身上一裹，取代后周，建立大宋王朝。

二

　　天津颇不平静，北京自然不可能无动于衷，君臣正慌作一团，生怕淮军和常胜军杀奔而来。那可不是二十年前的英法联军，花些银子就可退掉的。倒是慈禧还算冷静，一面命令荣禄，调动神机营，加紧京畿防卫，以防万一；一面派专差去天津问李鸿章，中俄该战还是该和，他若主和呢，说明不愿大清陷入战乱，仍是我大清忠臣；若主战呢，便有些难说，弄不好已在暗暗行动，只等中俄战事一开，便揭竿而起，杀向京城，大清将面临灭顶之灾。

专差到天津打一转，回到北京，拿出李鸿章奏折，呈给慈禧。慈禧展阅李折，顿时舒出一口憋了数天的气，脸上阴云渐渐散去。然后召见王公大臣，命依李鸿章所奏，改判崇厚无罪，命左宗棠速速撤离西北。主战派文臣觉得就这么败给主和派，挺没面子，还要争执，慈禧不耐烦道，要战你们自己招兵买马，领军出战。主战派这才闭上嘴巴，噤声无语。

见清廷拿出诚意，俄国果然放曾纪泽入境，重启谈判。经曾纪泽据理力争，俄国终于撤兵，归还伊犁，大清化险为夷，免去一劫，皆大欢喜。只有左宗棠不满，一边携棺东撤，一边嘴里骂骂咧咧。先骂已死去多年的曾国藩，教出李鸿章这种软骨头学生，一遇列强挑衅就缩头乌龟样，只知主和主和主和，害得自己上好棺材没派上用场，抬来抬去的，白费好多冤枉力气。还念了两句龚自珍的名诗：青山处处埋忠骨，何须马革裹尸还。此诗后面还有两句：落红不是无情物，化作春泥更护花。左宗棠觉得后两句也是好句，就是太柔软，有些妇人腔调，实在出不了口，还是留给主和派"惯犯"李鸿章去念为妥。

这段公案让许多人感慨，若李鸿章是郭威、赵匡胤或后来的袁世凯，大清提前三十年退出历史舞台，后面的甲午惨败和庚子国变也许不会发生，说不定中国早已真正实现富强，怪只怪李鸿章胆小怕事，眼见这么好的机会悄悄从手边溜掉，让国人多受那么多苦难。看来李鸿章注定只能成时势所造英雄，做不了造时势之英雄。在国人眼里，只有夺天下，做皇帝，改朝换代，才算造时势，才属造时势之英雄。

那李鸿章本人又是怎么想的呢？也许他觉得夺皇位容易，当皇帝或总统不难，难的在面临三千年未有之变局，创三千年未有之奇业，求富图强，振兴中华，尽快赶上欧美，立于不败之地。换言之，中国当务之急，不在于谁做皇帝，谁当总统，在于早日提升国力，改变被动挨打的局面，而励精图治，兴制造，修铁路，开煤矿，办电报，购军舰，就是在造看得见摸得着的时势，造皇帝或总统不一定造得来大时势。何况大清和太后对李家不薄，李门父子兄弟子侄受恩深厚，以怨报德，李鸿章做不出来，那会遭千人唾弃，万世诅咒。且无利不起早，洋人助你推翻清廷，肯定有所图谋，到时为其控制，当其傀儡，损害国家权益，陷百姓于水火，定难有好下场。

在惋惜李鸿章不能造时势的同时，还有人批评其只知引进西技西器，不能像后来的戊戌维新变法那样，进行制度建设，终致洋务运动以失败告终。有关洋务运动失败云云，多以甲午战败为标志，其时淮军打散，北洋海军覆灭，李鸿章削职去权，赋闲京师，不再有作为。这是把海防等同于洋务，以为海防失效，甲午惨败，晚清白搞了几十年洋务运动。其实洋务是洋务，海防是海防，并非一码事。甲午惨败，日本索走两亿多赔款，并没把大清铁路、电报、机器、矿山、商贸及大量洋务人才带走，津沪等各地的近代化生产仍在进行。比如江南制造局所辖江南船坞（1949年更名为江南造船厂）至今还在生产，航行于中国江海上的轮船，十艘里有九艘产自该造船厂，所造我国第三艘航空母舰（国产第二艘）已经下水。晚清洋务运动最大功德在于培养出大量技术人才，奠定中国近代工业基础。也因洋务运动打下坚实底子，技术和人才薪火相传，民国时期才可能生产大量枪炮衣被，送往抗战前线，赶走日军。1949年经产权改组，传统工业重新复活，工矿企业和军工生产遍布城乡。1990年代兴起改制浪潮，国企改革整合，制造业得到蓬勃发展，物质财富由短缺变成富余，道理在于国企里的技术和人才大转移，焕发出前所未有的生产活力，推动中国成为世界最大制造大国。

再以轮船招商局为例。这是1872年李鸿章以官督商办的方式，委派盛宣怀督管淞沪巨商朱其昂和朱其诏兄弟在上海创立的中国第一家近代轮船航运公司，从事客运和漕运等运输业务，在国内各大港口和日本、新加坡等处设立分局。首次采用股本制，最早核定资本为一百万两银子，后增至两百万两。为提振股民信心，李鸿章带头拿出五万两银子，购股一百份。招商局地址位于洋泾浜南永安街，挂牌那天，朱其诏当众出具刚印制而成还散发着油墨香味的股票，写好李鸿章名字，钤上印鉴，展示给在场股民，赢得阵阵掌声。这是盘古开天地以来中国人所持的第一张股票，正是这张股票掀开近代股份制企业崭新一页。

招商局经营有方，很快取代中国江海上的外资商船，陆续收购旗昌轮船公司等洋商航运企业，运输量大增，股民和清廷受益匪浅。为方便业务开展，公司架设了从洋泾浜招商局所在地至虹口码头的电话线，这是中国人自己架设的第一条专用电话线。继投资创办开平矿务局，此乃中国第一家大型机器开采煤矿企业，接下来，首创保税仓栈，组建保险招商局，成立中国通商银行，投创南洋公学（西安大学前身）。1951年轮船招商局改组为中国人民轮船公司，原香港招商局归其统管，保留招商局轮船股份有限公司名称。1987年创立招商银行，这是新中国第一家企业投资创办的股份制商业银行。

以晚清制造业、运输业和金融业为例，无非说明任何事物都有来龙去脉，今天中国现代化并非一夜间突然冒出来的，源头正是一百多年前的洋务运动，后经一代又一代中华儿女不断努力，才迎来今天的辉煌。饮水思源，今人没资格否定前人留下的丰厚遗产，认识历史更要遵循唯物史观，回溯历史现场，以历史情境和历史人物视角，感受当时条件下能做哪些事，能把事做到什么份上，且给后代留下些什么。

三

戊戌维新存续过一百零三天，共下达诏令一百一十多道，涉及教育、文化、经济、政治包括机构改革等方方面面。诏旨好拟，照抄欧美做法，一天下一道，不难做到，可要让它落地变现，别说一天一月一年，三年五年，甚至十年二十年，也不见得能成。毕竟中国封建社会已延续两千多年，清朝也有将近三百年历史，旧制旧规旧习旧思维早已定型固化，哪是那么容易改得过来的？且维新人物把宝全压在年轻光绪一个人身上，连慈禧和老臣们都不放在眼里，非扒开不可，企图一夜之间大功告成，改天换地，简直形同小孩过家家，难免显得幼稚。从来革命容易改革难，革命先把旧屋推倒，新屋怎么建，该建成啥样，可听之任之。改革是改旧立新，新旧并存，牵扯太多，哪能一蹴而就？当时维新人物没管这么多，以为凭满腔激情和逞匹夫之勇，就能成事，没经验，没耐心，更没足够智慧，不能从长计议。

戊戌维新前，康有为仅为工部六品主事，没资格入宫面圣，光绪曾让荣禄、翁同龢和廖寿恒、张荫桓与康有为面谈，先听听他求变图强良策。荣禄觉得赋闲贤良寺的李鸿章军政、洋务、外交经验最丰富，把他也叫到总署，参加会谈。会谈开始，康有为也不客气，就变法图强话题侃侃而谈，仿佛在老家广东讲学，当荣翁张李诸大臣为自己学生。内容并不新鲜，无非效仿西法，变革学制、官制、兵制，开启民智，促进生产，富国强军。

李鸿章听得很认真，心想光绪若有心求变，发挥康有为等新锐积极性，同时争取太后和大小臣工支持，上下齐心，稳中求进，再假以时日，持之以恒，或能见出成效。然听康有为口气，变法似乎简单易行，只要写几个策论，订几项章程，颁几道诏令，便可大功告成，至于谁来实施变法，六部靠不住，唯有撤销，另设机构。荣禄实在听不下去，打

断康有为道："什么都可变，唯祖宗之法不可变。"康有为
反驳道："祖宗之法以治祖宗之地也，今祖宗之地不能守，
祖宗之法何用？因时制宜，诚非得已，该变得变。"张荫桓
问道："六部尽撤，则例尽弃乎？"康有为道："今列国并
立，已非一统之世，中国法律官制，仍系一统之法，弱亡至
此，皆此物也，诚宜尽撤。"翁同龢道："变法为图强，图
强先求富，何以为富？"康有为道："日本纸币，法国印
花，印度田税，皆为生财上佳制度，以中国之大，制度既
变，富可比今十倍。"

唯李鸿章始终作旁观状，坐佛一般纹丝不动，不置可
否。听康有为此番畅谈，便知其脑袋灵光，中学厚实，又广
泛涉猎西学，通晓古今，学贯中西。这也是康有为最大本
钱，虽身处下僚，职卑人微，却敢小视堂上位高权重诸大
臣，包括恩师翁同龢，他目光里掩饰不住的狂傲，及急于扬
名立万的迫切。不言而喻，年轻激进的光绪仅凭康有为等新
进末僚满腔热血，企图求变图强，振作国运，只怕难上加
难。世事往往行难知易，说起来动听，做起来不一定好上
手。李鸿章体会最深，比如办铁路和电报，利国利民，好处
明摆在那里，不会损害朝臣任何实质性利益，这尚且争执了
十六七年，才修成第一条铁路，布下第一根电报线，试想改
革学制、官制和兵制之类，那是要端掉人家饭碗的事，哪是
说改就改得了的？

会谈结束后，李鸿章向慈禧禀报了问话的情况，将康
有为描绘成一介有傲气的书生。

李鸿章喜欢西学，西方思想家早就说过，任何制度都是观念、情感及风俗习惯所造成的产物，就如一个民族不能随意选择他们的头发和眼睛颜色一样，也没法随意选择自己民族的制度。道理简单，是时代和种族（民族）创造了制度，不是制度创造了时代和种族（民族）。任何制度都不是一朝一夕形成的，需千百年慢慢形成，同样改造它也需要相当长时间，急于求成，企图一夜工夫改过来，必然造成混乱甚至战争。且制度本身无所谓好坏，并没有所谓固定的优点，特定的历史条件下，对此民族有益的制度，并不一定对彼民族有益，甚至坏处多于好处。比如民主制度让美国获得发展和繁荣，却让西班牙人的美洲共和国陷入水深火热的混乱状态。清末袁世凯窃取了孙中山等人效法西方民主政体建立的中华民国的总统之职，实在玩不下去，又称帝改为中华帝国，83天后重又取消帝制。袁世凯也因此心力交瘁，寿终正寝，自此天下大乱，军阀混战。这已是十多年后的事，李鸿章早早认定戊戌维新好事会变坏事，不得不说他眼光厉害。

以此为例，不是说制度一成不变，不能改，改不了。是说千百年形成的制度，改革需要耐心，得假以时日，循序渐进，一步一步来。即使用暴力革命，打碎旧政府和旧制度，使社会面貌焕然一新，但当新人取代旧人登台，仍可能存在种种弊端。

这么说不是否定先贤们的努力，国家也好，个人也罢，应允许试错，从错中找到正确路径，走向成功。也许错就错在改革顺序的颠倒，制度既是人和时代的产物，应该先给时代注入新东西，通过改变生产生活方式和物质条件，进而改善旧观念，形成新理念，再以此为基础，通过微弱和不易察觉的方式，润物细无声，改进制度，使之深入人心。

与洋人争锋

一

　　太平天国后期，李秀成占领苏南浙北，觊觎上海。上海有多支军事力量，一是被太平军驱赶到上海的绿营和团勇，二是英法诸国所驻海陆洋兵，三是苏沪官商花钱雇佣的华洋常胜军。绿营和团勇人数不少，却形同散沙，毫无战斗力，否则也不会被太平军赶鸭子样，赶到上海躲起来。海陆洋军袖手旁观，一边跟苏沪官场保持联络，一边与李秀成暗通款曲，谁占上风跟谁玩。至于用钱堆起来的常胜军，虽拥有洋枪洋炮，毕竟规模有限，小仗小胜，大仗大败，一旦十几万太平军压过来，根本经不起打。

　　上海危在旦夕，市民惊恐万状，洋商华贾担心自家财产不保，前往中外会防局讨主意。中外会防局属民间组织，是英国驻华参赞巴夏礼在苏州学人冯桂芬协助下成立的，无

110

兵无将，无枪无炮，只是筹款劝粮，资助各股军事力量抗击太平军，以保护列强在沪利益和市民生命财产。太平军虎视眈眈，绿营和团勇靠不住，常胜军也不顶大用，冯桂芬便给避驻上海的江苏巡抚薛焕出主意，派人去安庆湘军老营讨救兵。湘军正盯着金陵城里的洪秀全，无兵可派，曾国藩让李鸿章组建淮军征发上海。

到沪伊始，李鸿章见识过常胜军的优势，赶紧凑银子，购置洋枪洋炮，组建自己的洋枪队，再花钱请洋教练帮助训练。又担心洋人多事，先签订协议，规定洋教练只能训练枪兵炮手，不能插手军务，指挥洋枪队。当时洋人没少跟中国人打交道，遇事难见主动提出签署协议的，即使被动签下协议，也视为废纸，不会自觉遵守。包括大清朝廷，有时候也不怎么把条约当回事，经常出尔反尔，闹出争端。李鸿章知道洋人重契约，丑话说在前头，洋人看在银子面上应承签字，如约履行，双方合作默契。

少数几个洋教官好对付，六千华洋雇佣兵组成的常胜军不动点心思，可不容易摆平。常胜军曾是沪上数支武装力量里最能战的，可等到淮军东征，在上海保卫战中打退太平军进攻后，这支雇佣军便显得有些不尴不尬。常胜军统领叫华尔，是个华籍美国人，还算讲规矩，协助淮军作战，表现出色，李鸿章比较满意。后华尔战死，也是美国人的副统领白齐文扶正。此人德行差，打仗不行，要钱却不择手段，李鸿章有心解散常胜军，好用砸常胜军的大银补充淮军给养。然请神容易送神难，英法美诸国军方和商界通过清廷给李鸿章施压，李鸿章投鼠忌器，暂时隐忍，留着常胜军。

时值曾国荃率吉字营孤军冒进，驻扎金陵城外的雨花台，被李秀成反包围，危在旦夕。朝廷命淮军北上，解救雨花台湘军，尽快攻克金陵。语气很严厉，大有李鸿章不出兵就出脑袋之意。曾国藩也传信，令淮军增援吉字营。只是口气里透出几分无奈和犹豫。李鸿章一眼看出，老师担心九弟曾国荃有失，恨不得淮军瞬间抵达雨花台，共击太平军，同时又不愿淮军插手金陵战场，去与九弟争抢克天京捉天王的首功。

朝廷命你赶快救援湘军，老师信里模棱两可，曾国荃只想独占首功，不愿他人染指金陵发横财，可让李鸿章犯起难来，不知派兵好，还是不派好。经冥思苦想，想起布政使吴煦和苏松粮道杨坊，平时没少给淮军添堵，李鸿章早有把两人换掉的意思，干脆要他俩督管白齐文，率常胜军救援雨花台。理由也充分，两人挂着常胜军督带和管带名头，有此职责。反正常胜军已烂在白齐文手里，留不留上海，无关大局，遵旨派往雨花台，能助湘军一臂之力，固然不赖，起不了作用，正好有个由头，解散了事，省得日后尾大不掉。同时他还可把吴煦和杨坊支开，空出布政使和苏松粮道两个位置，安排给信得过的人。

吴杨两人经营上海多年，要权有权，要势有势，要钱有钱，哪想离开这块风水宝地？自然十二个不甘愿。不甘愿归不甘愿，还不能违令不从。李鸿章系苏沪首长，又有圣旨在手，拒不听他派遣，自然没好果子吃。至于白齐文，任常胜军统领后，没啥拿得出手的战绩，意志消沉，信心不足。李鸿章便引诱他，说太平军从广西打到金陵，诸王所夺金银财宝何止成千上万，曾国荃冒死挺进雨花台，正是冲着诸王府去的，常胜军若能杀入金陵，正可与湘军平分秋色。再说常胜军属雇佣性质，不打仗就没粮饷，坐吃山空，结局只能是解散。

白齐文一下子来了劲，催促吴煦和杨坊快拨粮饷，好赶紧出兵。吴杨先是一味敷衍，见敷衍不过，干脆躲藏起来，避不见人。白齐文气急，下令关闭松江城门，领着数十名战士，赶往苏松粮道衙门，大有冲击银库强夺饷银之势。杨坊钻进地窖，被白齐文搜出来，一拳砸过去，正正当当砸在对方鼻梁上。杨坊惨叫一声，倒在地上，昏死过去。白齐文以为要了杨坊的命，一不做，二不休，带人冲入银库，打死守卒，抢走四万多两银子，准备领兵去投太平军。幸李鸿章亲兵营闻讯赶到，控制住常胜军，白齐文无法调动，携银去了海边，登上英军战舰，寻求海军提督迪佛立保护。

事情闹到这个地步，李鸿章正好做文章，先奏准朝廷，开掉严重渎职的吴煦和杨坊，改用自己的人接任布政使和苏松粮道。然后照会迪提督，声明常胜军违背圣命，拒不赴援金陵，罪不可恕，已决定将其解散，请提督大人和各国驻沪领事，尽快领走本国官兵，以免引起哗变，损害诸国声誉。常胜军本是英法美诸国插手大清军事的直接产物，迪佛立自然不愿轻易解散。李鸿章说不让解散也行，苏沪供养不起无用之师，只好停发常胜军粮饷，拜托迪提督和各国领事自行解决。迪佛立威胁道，若李鸿章固执己见，便发动京沪各国公使和领事，联名抗议，甚至不排除诉诸武力的可能。

花大钱供养几千雇佣兵，由洋人管带，英法美诸国都可干预，大清怎么睡得着觉？李鸿章说到做到，即停常胜军粮饷和各项费用。迪佛立颇觉吃惊，想不到李鸿章会动真格的。来华后没少接触大清官员，还没见谁敢在洋人面前如此强硬过。迪佛立大动肝火，欲诉诸武力，又担心面对两万多洋枪洋炮在手的虎狼淮军，占不到便宜，只好怂恿各国驻沪领事及记者，来抚衙给李鸿章施压。李鸿章不怕人多，当众表示，恢复常胜军粮饷也行，条件是交出白齐文。拒不交人，就请诸位登报声明，承认白齐文殴打清廷命官，抢走四万两库银，属合法行为，无须给予惩处。说得洋大人哑口无言，做不得声。李鸿章又提出白齐文戴罪之身，理该归案，请各位督促迪提督，交出凶犯，是死是活都行，反正活要见人，死要见尸。

李鸿章厉害就厉害在能抓住问题的关键，点到对方的软肋。各领事和记者们觉得李鸿章言之在理，走进英军大营，指责迪佛立，白齐文罪责难逃，留他何用？只有赶快交人，免得常胜军没吃没喝，闹起事来，不好收拾。迪佛立哭笑不得。原来白齐文为避风头，早离开英军大营，有说回了美国，有说降了太平军，还有说拿着迪佛立亲笔信上了北京，准备找英法美驻京公使游说清廷，恢复其常胜军统带职务。李鸿章不管白齐文去了哪里，公然跟各国驻沪领事摊牌，不交出白齐文，又要恢复常胜军粮饷，绝不可能。再怎么也得裁减常胜军。常胜军粮饷平均到人，是淮军将士的好几倍，可打起仗来，并不比淮军强，有时甚至差得多。耗费大，作用小，常胜军自然该裁，就算不全裁，也得裁掉多半。他又将白齐文事件的过程一五一十抖搂出去，各国记者觉得颇有新闻价值，写成大块文章，登到报上，一时洛阳纸贵，举世震惊。

迫于舆论和各方压力，迪佛立不得不与李鸿章坐下来，商量常胜军裁减事宜。唇枪舌剑，反复争辩，终于敲定《统带常胜军协议十六条》，规定常胜军裁汰至三千人，削减杂项开支及长夫名额；由英国人戈登任管带，李恒嵩为会同管带；不得私购军火；惩办士兵由中方做主；洋人不得干涉松江地方事务。

此系李鸿章首次与洋人交涉，签署中外协议，能有效维护中方利益，实不简单。自道光鸦片争端开始，清廷习惯接受洋人不平等条约，见此协议，惊讶之余，不得不对李鸿章刮目相看，交口称赞。

二

常胜军归戈登统领后，在征讨苏南太平军的大小战役中皆有出色表现。待李鸿章以招降方式计取苏州，无锡常州等地相继规复，苏省仅余金陵孤城未克，浙江也只湖州与平望数城还在太平军手里，戈登意识到常胜军已无存在价值，到了裁撤之时。

但英法美诸国视常胜军为手中王牌，从中作梗，戈登一时不知如何是好。李鸿章开导戈登，常胜军自组建以来，出过三任头领，华尔战死，再回不到父母身边，白齐文作恶多端，死活难料，如果戈登及时解散常胜军，可免步华尔和白齐文后尘，全身而退，图个善终。再说，太平军覆灭在即，湘淮两军裁撤势所必然，不可能永远留着常胜军。十多年战争下来，大清国库早已空空如也，大裁军时拿不出太多遣散费，只能撒胡椒面，各军随便打发点，常胜军若趁大裁军没开始，先走一步，可拿到足额遣散费，对官兵只有好处，没有坏处。

这是实情，戈登自然明白，心有所动。再说白齐文逃离上海后，投奔苏州城里的太平军。不久淮军围困苏州，这小子被戈登接出城，转入上海美国租界。美驻沪领事馆怕他再惹麻烦，遣往日本。淮军和平收复苏州，太平军侍王李世贤溃逃福建，白齐文闻知，自日本偷渡厦门，欲入李部。不想郭松林率军从江苏扑过来，堵截李世贤残军，将白齐文逮个正着。白齐文身份特殊，郭松林不知该杀该留，飞信请示李鸿章。按美中条约，美国公民在华犯事，得交美国法庭审判。白齐文屡屡触犯条规，至今没得到惩罚，就是受这不平等条约保护，这小子才有恃无恐，屡屡与淮军作对。

见到郭松林的信，李鸿章铺纸回复：白齐文乃美国公民，淮军无权处置，只能送他回苏州，再完璧归赵，转交美国人。只是厦门到苏州，一路山高水险，白齐文如此娇贵，不知吃不吃得消，经不经得住恶风浊浪。郭松林见复，心下嘀咕：白齐文恶狗一条，怎值得鸿帅如此垂怜，仿佛自己亲兄弟，担心路途艰险，怕他吃苦受累。要知平时说起白齐文，鸿帅总是恶声恶气，恨不得将他剥皮吃肉，这次忽然态度大变，简直让人不可思议。

也是郭松林脑袋转得快，心想厦苏之间山高水险，白齐文经不住恶风浊浪，就让他到恶风浊浪里去考验考验。于是带上亲兵，押着白齐文，取道浙江，往江苏方向赶。到得浙中兰溪，过渡时果遇恶风浊浪，一个浪头打过来，所乘船只顷刻倾覆，船上人全部落水。郭松林是湖南人，在湘江里泡大，再大风浪也没事，随行亲兵水性也都了得，处江海如履平地，翻船后没两下就从水里冒出来，两脚踩水，轻松上岸。唯白齐文稍懂水性，却锁着手脚，几经挣扎，渐渐沉入水底。待亲兵们重新入水，把他拖到沙滩上，早已咽气。

数天后，白齐文尸体被运到苏州，李鸿章将郭松林臭骂一顿，还关了两天禁闭，再悄悄把他打发回福建，继续追击太平军残部。然后具函美驻沪领事馆，详述白齐文死亡过程，将责任全部推给恶风浊浪。风浪无踪，没法追究，加之白齐文不争气，弄得美国人颜面扫地，他自寻死路，大家省心，也就无人为他说话，只能不了了之。

李鸿章又通知戈登送别白齐文。戈登赶到白齐文灵前，眼见棺材里水肿变形的面容，未免兔死狐悲。李鸿章也来祭奠死者，对戈登说，当初白齐文生龙活虎，英美法军方和驻沪领事馆极力怂恿他管带常胜军，给钱给枪给炮，只要白齐文肯听指使，愿替他们卖命，待今日人死身腐，即将入土，谁都不肯露面，前来送上一程。这些人为何如此冷酷无情？无非白齐文再不可能从棺材里爬起来，为其所用。

白齐文安葬入土后，李鸿章送戈登两样礼物。一样是开字营的战旗，说是开字营统领程学启战殁嘉兴时临终托付，这辈子能与戈登先生并肩作战，属最大荣幸，希望戈登能喜欢这面见证他无数辉煌战绩的旗帜。接任常胜军管带后，戈登率军从上海一路打到昆山、苏州和常州，历经大小数十仗，大部分时候都跟开字营打联手，他最佩服程学启的军事才能，视为中国军队战神，对他言听计从，彼此合作得非常默契和愉快。斯人已去，睹物思人，戈登悲喜交加。悲此生再不可能与程学启走到一起，喜心中英雄临死还念叨着自己，遗赠如此珍贵的礼物。戈登表示将军旗带回英国，永远珍藏。

另一样是一柄宝剑，原系李秀成佩剑，为郭松林所获，送李鸿章做生日礼物，李鸿章郑重转赠给戈登。戈登知道，没有李秀成，天国早已灭亡，李鸿章也没机会组建淮军，征发苏沪，成就功业。再说李秀成虽系清廷敌人，却是李鸿章最敬佩之英雄，能拥有其宝剑，荣幸之至。李鸿章对戈登说，鲜花赠美人，宝剑配英雄，鸿章不是英雄，唯秀成和戈登将军英勇盖世，才配得上世所罕见之宝剑。戈登接过宝剑，抽剑出鞘，瞄见剑刃熠熠寒光，剑身还有"李秀成"三字，激动无比。身为男人，谁不想做英雄，配宝剑？被李鸿章视为英雄，以英雄李秀成佩剑相赠，这是多么崇高的荣誉？戈登真想弯下高贵的膝盖，跪谢李鸿章。可他心里清楚，对方不需要自己跪谢，只需要自己裁撤常胜军，离开淮军，离开中国战场。

戈登很快写好裁撤常胜军的书面报告，呈递李鸿章。李鸿章开出十二万二千八百两英洋，交戈登做遣散费，另拨英洋六万两做月饷，以资奖励。常胜军就此裁撤。不过军中精华得以保留，如炮队、枪队、海上救生队，包括部分洋军官和帮同教习，以充实淮军战斗力。为表彰戈登，李鸿章奏准朝廷，赏戴花翎，赐穿黄马褂，授予提督章服世袭，以示荣宠。

李鸿章快刀斩乱麻，先灭灾星白齐文，再裁虎狼常胜军，各方好评如潮。曾国藩写信给李鸿章，称他驾驭洋将擒纵在手，有鞭挞龙蛇视若婴儿之风。朝廷最怕洋人惹是生非，李鸿章略施手腕，摆平洋将洋兵，消弭隐患于无形，免不了大加赞赏。

数年后天津疫病流行，望海楼教堂育婴堂病死三四十个弃婴，以至谣言风起，说婴儿是拐匪用洋人迷药诱拐，再送至育婴堂，育婴堂出钱接收，藏于地窖，诱污奸淫，采阴补阳，尔后挖眼剖心，配制西洋药剂。民众被激怒，乡绅集会孔庙，声讨教会，街头巷尾贴满挞伐洋教的檄文揭帖，反教情绪甚嚣尘上，人人仇恨满腔，围攻望海楼教堂，讨要说法。

驻津法国领事馆领事丰大业气急败坏，提着手枪闯进天津府衙，对知府张光藻连开数枪，所幸没有击中，张光藻捡回一条小命。丰大业又奔望海楼，举枪射击正在维持秩的天津知县刘杰，刘杰头一低，子弹击中其身后侄子，倒地身亡。民众被丰大业暴行激怒，齐声喊打，一拥而上，将丰大业扑翻在地，拳脚相加，砖石齐下，当场殴毙。民众还不解恨，又涌进教堂，一番打砸，再点上一把火。教堂陷入火海，民众又涌向法国领事馆，还有各国在津机构，又打又砸又烧，一时火光冲天，浓烟弥漫。

骚乱持续三个多小时，打死洋教士、洋商、洋官二十名，其中法国人十三名；殴杀中国教民三十多名；毁坏法国教堂和洋行四处；误毁英美两国讲书堂六处。列强军舰于是云集天津和烟台，准备登岸，攻打天津，进逼北京。朝廷一片恐慌，命直隶总督曾国藩离开保定督衙，赴津与洋人谈判。曾国藩到津后展开调查，得知所谓教堂将婴儿藏于地窖，挖眼剖心，配制西洋药剂之类，纯属无中生有，于是出台方案，提出惩治烧杀首恶，赔偿洋人损失，结果两头不讨好。洋人认定天津府县主官张光藻和刘杰是罪魁祸首，不杀二人决不罢休，中国官民认为曾国藩收了洋人大钱，才向着洋人，视其为大汉奸，朝野一片杀曾声。

案子再办不下去，清廷只好命李鸿章接管教案。李鸿章一边檄调多路淮军进驻近畿作为后盾，一边赶往天津，跟法英公使坐到谈判桌上。两位公使认定张光藻和刘杰指使民众围攻教堂，肆意作乱，李鸿章认为民众作乱是不明真相，受到蛊惑，意气使然，张刘身为天津府县长官，对津案态度积极、处理及时，刘杰还亲临案发现场，调查案子，力劝民众。此系有目共睹，无人不晓。两位公使仍坚持张光藻和刘杰为教案主谋，不杀此二人决不罢休。李鸿章这才亮出手里王炸：丰大业两次开枪射击天津知府张光藻和天津知县刘杰，现场打死刘杰侄儿，才激怒民众，酿成大祸，教案的罪魁祸首不是他人，正是丰大业。

曾国藩入津后，惑于汹汹舆情，与洋人数度争辩，竟忽略掉丰大业，李鸿章一上场，抛出丰大业，两位公使猝不及防，哑在那里，无言以对。把握住案情关键后，接下来就好办了，以一命抵一命原则，处决二十名闹事主犯，另二十五名从犯充军黑龙江，张光藻和刘杰亦在充军之列，保住脑袋；同时赔款四十九万两白银，重修教堂和讲堂。这与曾国藩原定方案差不多，只不过曾国藩谈不下来，李鸿章掐住问题要害，洋人不好再耍横，事情得到圆满解决。

这便是李鸿章不同于他人之处，遇事不会被表象迷惑，意气用事，而是透过现象，一眼看到本质，再顺着逻辑关联，直抵问题核心。其实洋人也是人，也懂人情世故，有做人处世基本原则，认可事情的前因后果，并非只知强词夺理，仗势要横。李鸿章更愿跟洋人打交道，多数洋人心里怎么想，口里就怎么说，手上就怎么做，只要觉得你有理，就会遵守承诺，按约行事。

三

但洋人有时也会仗势欺人，或是强行推销他们的商品或文化。国人往往不习惯洋人那套明火执仗的做法，历来谈洋色变，一见红发蓝眼的西洋鬼子，心里便发怵。自明末清初葡萄牙和荷兰诸国洋人及传教士西来，至晚清大量洋商洋兵纷纷涌入，朝廷和官民便手足无措，每每弄得焦头烂额，很是难堪。原因一言难尽，却有迹可循。先是秦一统天下，继汉武帝征服四夷，天朝上国唯我独尊观念从此根深蒂固于士大夫和民众心中，侯南宋以下中国日趋没落，官民依然不愿舍弃自高自大心态。

1793年英国特使马戛尔尼率团访华，不愿像各国贡使和传教士那样，双膝跪拜皇帝，说在英国国王面前都只行单膝下跪礼，绝不对别国君主施行高过本国君主的礼节，除非面对上帝。清廷不干，双方争执来争执去，最后乾隆恩准马戛尔尼行单膝下跪礼。觐见完毕，乾隆赐英吉利王敕书：鉴于你国倾心于中华文化，不远万里遣使前来叩见，词意恳切恭顺，深为嘉许，然要求派使长驻天朝，照管你国买卖，此与天朝体制不符，万万不行。西洋国家多，都遣使留居北京，破坏天朝制度，成何体统？你们诚心诚意，远道前来朝贡，贡品朕收纳，但天朝恩德和武威普及天下，且物阜民丰，富有四海，奇珍异宝司空见惯，故不需要你国货物，以后别再来贸易。

敕书说来说去，就两个意思：来进贡可以，派使长居京师和来人平等买卖决不行。但洋人漂洋过海，不远万里来到中国，就是看中你地广人多，跟你交易，互通有无，有大钱可赚，但挡住他们不上岸，不卸货，肯定不干。一方言义不言利，只要面子，不要里子；一方要与你平起平坐，互利互惠，无异鸡同鸭讲，狗与猫说，自然尿不到一壶里，弄得双方都难受。也是中国市场太大，洋人实在舍不得快到嘴边的肥肉，又别无他法，只好驾驶军舰，运来海军陆师，强驻沿海，威逼大清开放通商。

晃眼几十年过去，至咸丰末年，清廷被迫与英法签署条约，忍辱同意其派使入驻北京，加大通商范围。可咸丰帝实在咽不下这口气，待英法公使乘舰经大沽口进京换约时，默许僧格林沁炮轰洋舰，致洋使洋商死伤四百多人。君臣很得意，弹冠相庆，欢欣鼓舞。还没乐够，英法联军就攻入北京，咸丰帝出逃热河，死在那里，大清进入同治时代。

从历次华洋冲突可看出，大清君臣大多数人一方面傲慢自大，一方面又幼稚无知，这是长期闭关锁国的产物。傲慢自大又往往源于幼稚无知，以为世界仍停留在西汉时期：犯强汉者，虽远必诛。然强汉早已不复存在，面对经济、政治、军事和文化都强大旺盛的西洋，傲慢自大幼稚无知的清政府不堪一击，东南海岸和天津门户都守不住，更别说甚远诛。

消除愚昧和无知的办法无他，只有承认自己之不足，认识人家长处，虚心向人家学习。偏偏傲慢自大的大清君臣，抱残守缺，打死也不肯承认人家比自己强。所幸出了曾国藩、左宗棠、李鸿章这些汉臣，出于打仗需要，从关注洋枪洋炮洋舰开始，进而引起对西人西学西器的兴趣，产生改造大清的冲动。

李鸿章天性好奇务实。率淮军乘坐洋轮东发上海途中，有感于洋轮的先进实用，跟洋司机深入机舱，察看发动机，讨教蒸汽机原理。到上海后见着用洋枪洋炮武装起来的常胜军，立即组建自己的洋枪队，请洋教练训练士兵。又广泛接触洋将洋兵、洋使洋商、洋货洋器，进入租界近观洋人世界，了解洋人生活状态，又研习西学，熟悉西洋政治和文化。有了对洋人的深度认知，与对方沟通时才会少些隔膜和障碍，容易达成共识。李鸿章慢慢发现，大多数洋人不会拐弯，总是扁担进屋，直来直去。遇事摆到桌面上，不玩太极，吃亏也好，占便宜也罢，都放在明处，不屑于桌下做动作。彼此合作，先弄纸契约，白纸黑字写明双方权利和责任，然后依约而行。即使仗势欺人，明面上的道理得掰扯清楚，至少逻辑方面讲得通。

这正是李鸿章喜欢的人际交往方式，不像跟某些爱耍小聪明的中国人打交道，当面一套，背后一套。桌上你好我好，桌下钩心斗角。

体验过国人和洋人的不同，李鸿章更喜欢与洋人过招，有理争理，有利争利，不争闲气，不争一文不值的面子。对付白齐文这样的无赖，他先礼后兵，巧施手段把他做掉，美国人不仅不找你麻烦，还暗暗感谢你为他们踢掉一个障碍物。常胜军完成历史使命，当面跟戈登摊牌，晓之以理，动之以情，让他甘愿裁军，心里还敬你三分。

此后三十多年，李鸿章没少跟洋人较量，大清占理，他跟列强据理力争，尽量少吃亏；大清失理又失势，他也不惧不畏，跟洋人针锋相对，能为大清利益争一分是一分。即使甲午兵败，庚子国变，在洋人的枪口炮眼下谈判，也理直气壮，哪怕献出热血和老命，也要尽量减少损失，维护国体。故伊藤博文有言，李鸿章是唯一能跟列强一争高下的中国人。

李鸿章敢争善争，争得在理，洋人反而乐意与他打交道，而不待见其他闪烁其词遮遮掩掩的大臣。海洋时代，没谁能独立于世界之外，国家之间外交属于常态。外交关系其实是人的关系，得靠人来维持。人与人交往，最大成本不是金钱成本，不是时间成本，而是沟通成本。彼此认知和悟性不同频，智商和情商不在相同层面，沟通起来肯定费劲难受。

大清君臣往往自以为高明，一开始视洋人为外夷，不放在眼里。后被洋人打怕了，又畏洋如虎。洋人不怕大清，但一见大清君臣就头皮发麻，有事只好掉头去找李鸿章。相对而言，唯李鸿章有话听得明白，容易达成共识，可少费口水，少死脑细胞。

弱国与重臣

太平军席卷江南，李鸿章放弃看得见摸得着的现成前程，南下回安徽作战，除险中求富贵外，他还有一个愿望，就是保护合肥老家的母亲大人。李母可是个有故事的人。故事还得从李家爷爷说起。李爷爷系合肥磨店乡下农民，一生勤奋，攒下一份还算丰厚的家业，养育了几个儿子。有天早上，李爷爷跟往常一样，天没亮就起床，出门去地里干活。快到地头时，忽闻嘤嘤啼哭声传来，李爷爷左顾右盼，发现路边荆棘丛中放着只竹筐，筐里有个裹在襁褓中的婴儿。大清早的，谁家把婴儿扔到野外，不怕被狼叼走？李爷爷四处张望，没见人影，心里已明白几分。定是有人生下孩子，家穷养不大，知你李家有几口饭食，故意扔到你家地头，让你及时发现，给孩子一条生路。

李爷爷顾不得那么多，钻进荆棘丛里，凑近竹筐细瞧，原来是个女婴，正出着麻疹呢。善良的李爷爷提过篮子，直奔附近镇上，请郎中给女婴瞧过麻疹，用过药，再带回家中慢慢调理。女婴就这样成为李家一员。因为生过麻疹，脸上全是坑坑洼洼的麻点。可李爷爷并不嫌弃，视同己出，儿子有吃，不让麻女饿着，儿子有穿，不让麻女冻着。因是捡来的女孩，也懒得给她裹脚，让其自然生长，天天跟几个哥哥在外疯跑。不知不觉中，麻女长大成人，脚大手长，身高体壮，做起家务和农活来，又麻利，又精干，不比几位哥哥差。

渐渐麻女知道了自己身世，对李家充满感恩，无以为报，唯有一身力气，做起事来更加卖劲。比李家小儿李文安小不了太多，两人最玩得来，李文安白天上私塾，麻女早送晚接，夜里苦读，也陪在一旁，挑灯端水，殷勤得很。日子一长，两人渐生爱意，李爷爷看在眼里，干脆就汤下面，让文安娶了麻女，小两口恩恩爱爱，连续生下六子两女，二儿便是后来大名鼎鼎的李鸿章。

李文安需求取功名，身心全放在学业上，后又晋京考中进士，成为京官，妻子要操持田土家务，要教养八个子女，那份艰辛自不必说。京官清贫，李文安后来官至刑部五品郎中，依然没能力把妻儿接到京师一起居住，只召老大老二入京赶考。老大李翰章由拔贡朝考合格，派任湖南善化知县，后给湘军筹办粮饷，为曾国藩所器重。李鸿章学问好，由府学优贡至举人，再至进士，朝考改翰林院庶吉士，成为真正的天子门生。江南战火纷飞，兵连祸结，十室九空，李鸿章心系母亲安危，毅然南归征战，报效国家，保护母亲和妻女。

太平天国定都金陵后，无论北举，还是西征，都会先进攻安徽，李鸿章与敌军浪战多年，依然未能还合肥以安宁，于是带着老母和妻女，西迁南昌大哥湘军粮台。老母妻女有了安全保障，才投入老师曾国藩幕府，出谋划策，共抗太平军。遇上海危机，曾国藩奏举李鸿章组建淮军，东征苏沪，扫清金陵外围，助曾国荃攻克太平军大本营，结束江南长达十四年的战乱。北方还有捻军兴风作浪，李鸿章又统率淮军，与捻军作战，功成后晋升协办大学士兼湖广总督。赴任时，李鸿章把母亲接到武昌督署，一边忙公务，一边尽孝道。

天津教案发生，直隶总督曾国藩没法摆平洋人，朝廷派李鸿章替任直隶总督，至湖广总督衙署接防的正好是李家老大瀚章。李母年事已高，不愿随二儿北迁，继续留在武昌督署里养老。衙役便说，总督换防，总督娘没换，撤防的李总督是老太太儿子，接防的李总督还是老太太儿子。李母则开心道，他们换他们的防，我懒得换，仍原地驻防。李母八十三岁病逝于武昌督署，算是功德圆满。

数千年以来，中国皆以忠孝为传统，历朝选任人才，孝字属硬指标，孝道有亏，才大能强也不得录用。入仕做官，成为朝廷的人，亦不可忘记父母养育之恩，父母亡故，位再高，权再重，皆须赶紧离职，回家奔丧，守孝三年，名曰丁忧。意思是即使功高盖世，位极人臣，在父母面前还是普通人丁，以父母亡故为忧，谁贪恋权位，隐瞒至亲离世消息，不回乡丁忧，以欺君之罪论处。丁忧期间，不可娱乐和外出，须老老实实待在家中，为亡亲守灵，寄托哀思，或读书写字，三省吾身。守孝期未满，遇朝廷有事，急需用人，也得皇上亲自下旨召回，叫夺情起复。夺情就是为国家大事，夺去孝亲之情。由这重重的"夺"字，可见起复召回属迫不得已，轻易不可为之。事实也是历朝大臣丁忧，夺情起复并不常见，说明孝与忠同等重要，虽说有时忠孝不能两全，但忠孝相连，互为因果，无孝又哪来的忠？

正是出于忠孝观，华夏自古倡导以孝治国。彼此逻辑关系很清晰，一个人在家不能孝敬父母，别指望他入仕忠于君国。反之，懂得感恩，孝敬父母，一旦离家为官，也会自觉忠于朝廷，忠于国家。这种自觉性，非常合理地体现在李鸿章身上。李鸿章投笔从戎，保家卫国，忠孝皆在其中。协同曾氏兄弟保住大清江山后，他见国家积贫积弱，常遭外侮，大力引西学，兴洋务，建海军，办外交，目的只有一个，就是富国强军，让大清重新崛起。这是以实际行动践行忠字，并非口水爱国，舌头忠君。

也许有人会问，李鸿章签订那么多卖国条约，属公认的卖国贼，又作何解释？这不用解释，去了解李鸿章在何背景下签订的条约，条约内容是什么，便可得出自己的结论。大清入关后，朝廷睡觉都睁着眼睛，担心政权被人多势众的汉人颠覆，防汉如防川。延及晚清，西方列强突破海禁，出现在沿海一带，要与中国开展贸易，清廷能不心惊肉跳，严防死守？列强垂涎中国的庞大市场，又没法说服清廷开放，资本的贪婪本性使他们用洋枪洋炮轰开大清国门，逼签条约，享受入华贸易权利。综观中外条约内容，除战争损耗赔款、割让领土，其实更多的是互派公使，互相往来，平等贸易，商船可入哪些江海，洋货可往何处推销。当然，因贸易特权、中外产业发展不平衡，客观上的经济掠夺、商品倾销也是有的。

李鸿章率部抵达上海后，便购置洋枪洋炮，武装淮军，自此与洋器洋商洋将结下不解之缘。又受冯桂芬等有识之士影响，广泛涉猎西学西著，对洋科技洋政体洋法律洋文化及洋大人品性了如指掌，处理起涉外事务来，也就心中有数，不卑不亢，不像其他官员一见洋人就头皮发麻，两腿打颤。正如日本首相伊藤博文所言，李鸿章是中国唯一可与列强一争长短之人。欲争长短，需学识、智力和情商处于相同维度，油盐"可"进，若鸡同鸭讲，猫同狗戏，彼此没法尿到同一个壶子里，人家肯定不把你当回事。正是李鸿章好学肯钻，知行合一，心里底气足，才不怵洋人，跟洋人打交道颇有一手，朝廷委以重任，让他兼任北洋通商大臣和总理衙门大臣，哪里出现华洋冲突，发生争端，总是派他出面议和签约，让大清尽量少吃些亏。但弱国无外交，尤其输了理，甚至输掉战争，被迫做出让步，赔偿银子，在所难免。如若不然，与列强死磕到底，可能会被人家灭国灭种，再大卸八块瓜分掉。

李鸿章代表清廷与列强签订的条约多，这里仅以最著名的《马关条约》为例。《马关条约》是甲午惨败，李鸿章远赴日本马关，与日本政府签订的条约。甲午战争缘自中日朝鲜之争，当时国际公法已不认可藩属国旧例，李鸿章不愿过多干预朝鲜内政，与日本闹翻。正值光绪亲政后急欲建功立威，摆脱已撤帝迁居颐和园的慈禧的干预，逼令李鸿章增兵朝鲜。李鸿章创建海防，执掌北洋海军和淮军，花费军资无数，圣上钦命出兵，怎能抗旨？可李鸿章很为难，自己办海防，无论购置军舰，建筑炮台，主要重在一个防字，离开防区，贸然出港离境，毫无优势可言。加之翁同龢借帝师便利谋取户部尚书，克扣停拨两军（淮军和海军）军费与购置费，两军装备落伍，舰炮隔代，以李鸿章一人战日本一国，未开战胜败便已明朗。

可光绪不管这些，在翁同龢挑唆下，迫使李鸿章增兵朝鲜，最后引狼入室，辽东半岛和山东半岛相继失陷。要说日本针对大清备战多年，其实并无绝对胜算，开战后李鸿章多次与对方交涉停战，都得到积极响应。只是随着日军占领朝鲜，入境中国，再至攻占辽东，赔款也从三百万到六百万，逐渐上升到两千万。可翁同龢坚决反对，光绪也心存侥幸，拒不认同，非战胜日军不可。日军并非不可战胜，但不可能速战速胜，李鸿章建议朝廷迁都，下决心打持久战，拖垮日军。可光绪不愿离开北京舒适区，直待日军攻入山东半岛，淮军打散，北洋海军覆灭，北京危在旦夕，才吓得六神无主，急于求和，哪怕赔再多银子也只能承受。

要求和，自然不可能劳光绪大驾，或由帝师翁同龢代劳，还得李鸿章出面。李鸿章已被罢去一切职务，不可能穿着百姓衣帽面对日本政府，光绪恢复其直隶总督兼北洋大臣头衔，东渡日本马关，与伊藤博文对坐于谈判桌上。谈判内容主要为赔款和割地，日方开口便是四亿两白银，当时中国四亿人民，正好一人出一两。这明显带有侮辱性，李鸿章不可能认可。双方唇枪舌剑，日方让到三亿两。李鸿章仍不松口，日方再不肯让步，非此数不签约，不停战。他电告朝廷，反正银子不用光绪本人出，光绪一口应承，只要日军赶紧撤出中国境内。李鸿章不甘心，仍在据理力争。争到天黑，离场乘轿，回馆驿休息。快到馆驿时，有位日本浪人冲到轿旁，对着轿里的李鸿章砰地就是一枪。原来不少日本人反对停战，认为应打进北京，灭掉清朝，将中国收归日本，这才有浪人持枪行刺李鸿章之举。护警当场按住浪人，其余扈从一阵手忙脚乱，拥轿入馆，把满脸满身是血的李鸿章扶进卧室。所幸子弹击中左眼镜片后改变方向，穿入面部，嵌在颧骨里，不至于要命。日医做过止血和包扎，准备动刀取下弹头，李鸿章不同意，说这是日本给自己的大礼，却之不恭。

此事震惊世界，欧美各路记者闻风而至，李鸿章来者不拒，裹着厚厚纱布，忍着剧痛，让记者们分批入室采访，披露日军非法侵吞朝鲜，悍然进军大清的罪恶行径。自朝鲜争端以来，日本大造舆论，混淆视听，西方列强一致认为清军非法入朝，日军属正义之师，这下七十二岁高龄的李鸿章赴日和谈，惨遭日本浪人刺杀，险些送掉老命，西方记者出于同情，纷纷撰文谴责日本，弄得日方很被动，主动做出让步，一是无条件停战，二是将赔款减至两亿两。李鸿章松下一口气，觉得挨颗子弹，换取停战，让大清少出一亿白银，还挺合算的。多年后出访欧洲，还让西医用刚发明的X光照片，片子里的子弹清晰可见。

还有一个细节，即和议快成时，李鸿章又低三下四，请求伊藤再减些赔款，哪怕几十万两也行，算是打发给老朋友的路费。这几乎是在行乞，恐怕也只有李鸿章才拉得下这张老脸。要说大数字已定，多赔几十万，少赔几十万，意义不大，反正不用掏你李鸿章口袋。但李鸿章体谅大清不容易，能少出几个，尽量少出几个，若换作光绪，日方答应停战，多出几两少出几两，无所谓得很，反正崽卖爷田不心疼。李鸿章可不同，大清是自己和曾左等人用脑袋保下来的，又殚精竭虑，兴洋务，建海防，不就图个富国强军么？结果军未强，国未富，败给日军，赔偿巨款，若能再少出几个银子，心里也好受些。伊藤没有答应，却懂得这位老对手的苦心，不由心生敬意，说两人若交换位置，自己肯定没法取得李鸿章的成就，而让李鸿章管理先进的日本，日本会更强大。

回国后，李鸿章又被光绪一撸到底，褫去一切职务。翁同龢等人正好痛打落水狗，满朝一片喊杀声。光绪不念李鸿章议和退军的好处，只记恨其没能战胜日军为自己立威，真想亲手砍去其脑袋。还是慈禧出面，教训光绪和群臣，杀声渐止。慈禧还接见李鸿章，给予安抚。李鸿章也不多言，只说从日本带回两样宝贝，一样自己留着，一样献给太后。

慈禧问是何宝贝，李鸿章拿出包裹里的血袍，呈到慈禧面前。慈禧一见，不禁老泪纵横，又问另外那样宝贝是啥。李鸿章指指自己疤痕未去的面颊，说里面有颗弹头，价值上亿，老臣舍不得送人，还得自己留着，日后带进棺材。慈禧默然，心里说：保大清不亡的老臣相继凋零，余下一个李鸿章，这些人还要把他杀掉，老妪怎么能答应？

数年后庚子拳乱，八国联军打进北京，亡国在即，携光绪西逃途中的慈禧见没人能挽救大清，想起外任两广总督的李鸿章，电令其北上斡旋议和。和议成，联军退去，李鸿章心力交瘁，吐血而亡。慈禧闻知，觉得天旋地转，命清朝谥李鸿章以文忠，例赏丧银三千两，归葬合肥。

同处曾幕差别大

人没出息，往往喜欢推责于生不逢时。其实纵观古今，没有绝对的好时代，也没有绝对的坏时代，每个时代都有每个时代所需的人才，所谓时势造英雄，英雄还造时势呢。要说人才不得志，那不是生不逢时，是生不逢人，逢对了人，总有出头之日。若逢对了人，依然出不了头，那只能怪自己不中用，怪不得人家。

且以李鸿章与李元度为例。李元度系湖南平江人，比李鸿章大三岁，十八岁中秀才，二十二岁中举，之后六次参加会试，皆名落孙山，比左宗棠还惨。正值在籍丁母忧的曾国藩受命于危难之际，组建湘军，抵抗太平军，李元度转投曾门，做了幕僚。曾国藩一败湖南靖港，再败江西湖口，都是李元度及时出手，救下大帅老命。曾国藩自然也没亏待这位门生，将他一路保举至安徽徽宁太广道，且从文员改任将领，率军出阵。

时逢太平军内讧，永安五王死的死，逃的逃，仅剩天王洪秀全孤家寡人，独居金陵。陈玉成与李秀成崛起，攻破城外咸丰精心打造的清军南北两大营，湘军成为抵抗太平军唯一力量，咸丰不得不任命进驻安徽宿松的曾国藩为两江总督，集江南军政大权于一身。曾国藩不敢怠慢，移湘军老营至安徽祁门，就近调度水陆两师，围攻太平军重镇安庆，同时派李元度守徽州（今安徽黄山），鲍超驻宁国，以防堵东来劲敌。

李元度好友李鸿章也随湘军老营抵达祁门，发现环祁皆山，形同釜底，易攻难守，属军事死地，力劝老师移营他处，别待太平军打进来，白白受死。曾国藩不为所动，觉得不仅有李鲍两军扼制徽州和宁国，还有左宗棠练成楚军，进驻江西，把守南路，哪是太平军想打就打得进来的？谁知李元度好大喜功，违背主帅固城不出死命令，贸然开门接仗，以致一败涂地，徽州易手。鲍超也没守住宁国，城破兵溃。太平军趁着胜势，一路杀奔祁门而来，曾国藩意识到大事不妙，写好遗书，手执佩剑，只等城破，自裁殉国。多亏老营亲兵死守，加之鲍超收集残部，及时杀回来，太平军又急于西攻湘军湖北粮饷基地，忽弃祁门而去，曾国藩才死里逃生，侥幸捡回一条老命。

至于李元度，城失兵溃，死伤无数，自己却毫发无损。只因没脸回湘军老营面对大帅，在赣浙边境徘徊复徘徊，不知该往东，还是往西。浙江巡抚王有龄得知李元度走投无路，派人送上银两，欲延揽麾下，以派大用。李元度犹豫再三，决定先回趟祁门，见见旧主，试试口风。违令出阵失城，又游荡于外，经月才归，要曾国藩给好脸色，自然不可能，挨训讨骂，在所难免。谁知李元度有浙抚承诺在先，底气蛮足，话都没留一句，拍拍屁股，离开湘军老营，回了平江。恨得曾国藩咬牙切齿，命李鸿章代拟劾章，准备狠狠参李元度一把。

胜败乃兵家常事，李元度又两度救主，怎么也算湘军功臣，李鸿章觉得老师太过分，不肯拟稿。曾国藩正在气头上，说你不拟就不拟，老夫又不是不会写字，也可动手。李鸿章火气也不小，说老师非参李元度不可，令学生心寒，只好步其后尘，就食他处，没法侍奉老师左右。曾国藩怒道，就食何处是你自己的事，老夫管不了那么多。

覆水难收，李鸿章没法咽回出口的话，唯有卷了铺盖，乖乖走人。也没走远，就近去了南昌。李家大哥瀚章在南昌主办湘军粮台，至少不会让二弟鸿章饿肚皮。南昌离平江并不遥远，不久李鸿章得知，李元度比自己出息得多，已应王有龄疏调，募得数千平江勇，编练成军，挥师东进入浙，成为王有龄属下劲旅。平江勇舍得死，浙江藩库又丰盈，李元度要粮给粮，要饷给饷，连胜境内小股太平军，被王有龄保举为浙江布政使。布政使为一省二号人物，相当于现在的常务副省长，往上便是封疆大吏巡抚和总督。李元度很得意，自己在曾国藩眼里是根草，到了王有龄门下却成了宝，同时也证明自己不仅马下写得一手好文章，马上也能带兵打仗，且能打胜仗，曾大帅因一战之败，弃之不用，让他后悔去吧。

闲居南昌城里的李鸿章却很惋惜，觉得李元度太没眼光，以为替王有龄打几个小胜仗，升任重位，就多么了不起。他也不认真掂量掂量，当今天下，灭太平军者，非湘军不可，凭几千平江勇，外加王有龄麾下少量抚标兵，绝不可能成大气候。也就是说，偶尔打几个小胜仗并不重要，重要的是替谁打胜仗。替王有龄打胜仗，换得布政使重位，曾国藩一个劾折就可将你参掉。原因简单，时下湘军正围攻安庆，最忌身边人卖主求荣，涣散军心，李元度开此先例，做出坏榜样，其他人纷纷效颦，谁还铁心跟着你曾国藩干？至于朝廷，需要湘军挽救大清，决不可能因李元度而得罪曾国藩。

果然没过多久，曾国藩劾折呈入京师，朝廷为维护曾氏权威，稳定湘军，毫不留情罢掉李元度。又值太平军进攻湖北受挫，掉转头大举进击浙江，杭州城破，王有龄殉职，李元度如丧主之犬，灰溜溜潜回平江。好在曾李都是君子，事后曾国藩甚是过意不去，主动具函李元度，检讨自己做得过分，愧对湘军老人。李元度也自我反省，不该意气用事，脱离湘军，一错再错，以至自毁前程，终老平江。李元度腹有诗书，文笔了得，避居乡间时，著书立说，颇有建树，没白白浪费光阴。

倒是李鸿章吸取李元度教训，寄寓大哥粮台时，潜心读书写字，任凭各方大员踏破门槛，许以要位，皆毫不理会，风雨不动安如山。消息传到曾国藩耳里，比较李元度兵败弃城，见异思迁，募勇为他人效力，李鸿章负气出走，却身在江西心在皖，能抗拒各方诱惑，实在难能可贵。想想谁没有脾气？气头上做傻事，毕竟不是不可原谅。又念及学生在身边时，出谋划策，排忧解难，大有用处，自其离营南去，自己仿佛顿失臂膀，诸事不顺，还真有些不太习惯。于是主动寄信，嘘寒问暖，又叮嘱李瀚章，多关心抚慰二弟。也不好意思求学生即刻回营，只能留待日后慢慢来。李鸿章深受感动，赶紧复函，承认过错，请求老师谅解。

师生书信往来之际，胡林翼和郭嵩焘也不断劝说曾国藩，李鸿章如此大才，不赶紧召回老营，万一被人挖走，可没后悔药吃。回头又寄函鼓动李鸿章，要想出人头地，成就一番惊天大业，少不了合适台阶，这台阶就在曾大帅那里，别异想天开，指望他人。胡林翼乃湘军二号人物，郭嵩焘既是曾国藩门生，又系李鸿章同年进士，两人的话很起作用，曾李师徒也颇当回事，复合想法越来越迫切。不到一年时间，李鸿章就在老师诚邀下，打马北上，回到已移师东流的湘军老营，重新成为老师高参，共同规划近围安庆计谋，远图金陵方略。

不久湘军拿下安庆，曾国藩让学生组建淮军，领军东进，保卫上海，光复苏南。继而湘淮楚三军共同发力，收复金陵，歼灭太平军，结束江南十多年的战乱。曾国藩最懂持盈保泰，毅然裁撤湘军，以让朝廷安心。可国家不可能没有像样军队，于是奏留淮军，让李鸿章做自己替手，率军征讨捻军，坚固国防。正是老师扶上马，再送一程，李鸿章才得以武安邦，文治国，立军功，兴洋务，办外交，固海防，创三千年未有之奇业，影响百年。

同样与主帅闹翻，为何李元度一去不返，落得身败名裂，李鸿章却能及时回头，重获老师倚重，平步青云，成就千古大业？原因自然是多方面的。比如眼光不同，李鸿章着眼长远，不在乎一时之得失；李元度急于求成，只看眼前，因小失大。着眼点低，难免识不清时务，利令智昏。前面说过，清军南北两大营破败后，湘军成为消灭太平军唯一力量，咸丰都视曾国藩为挽救大清不二人选，李元度却为逃避徽州之败的责任，弃近求远，舍高就低，转投难堪大任的王有龄，实在太不明智。

造成二李眼界和境界不同的原因很多，与两人经历也不无关系。李元度虽只举人身份，会试屡屡受挫，可自从进入曾幕后，便随着湘军不断壮大，又救过主帅的命，几年工夫从一介布衣，一路高升至拥有按察使衔的道台。且文人带兵，颇受朝廷器重，不然投奔王有龄后，不可能小胜太平军便升任布政使。正是太顺利，李元度难免膨胀，以为自己多么了不得，就像当年马谡一样。马谡纸上谈兵，头头是道，诸葛亮一时轻信，委以重任，结果痛失街亭，只能挥泪斩马谡。李元度好大喜功，视打仗如作文，驻守徽州，违令出阵，差点害死主帅。想想曾国藩好不容易获得咸丰信任，受命总督两江，正准备大干一场，以报君恩，李元度唱这么一出，岂可轻饶？没要他小命，只把他参回老家，应该说还算客气。

反观李鸿章，虽说两榜高中，科考比李元度顺利，可离京南归后浪战多年，屡屡受挫，一事无成。先为团练大臣吕贤基和周天爵帮办团练，吕周一个战死，一个病殁。继入安徽巡抚李嘉端幕，又值太平军西征，安徽局面大乱，李嘉端丢官去职，李鸿章夹着尾巴逃回合肥老家，徒叹命运多舛。后受新任满员皖抚福济征召，转战安徽各地，因功步步擢至三品按察使衔，却要实职没实职，要地盘没地盘，要队伍没队伍，惶惶如丧家之犬。最后福济无功北去，李鸿章仿佛没娘崽，带着妻小东躲西藏，无所适从。直到投奔驻节江西建昌的湘军老营，才算找到归宿和靠山，心里踏实下来。不想移师祁门绝地，规劝老师另觅佳处，不受采纳，差点酿成千古之恨，才借代拟劾李奏章一事，发泄不满，以至师徒闹翻，出走建昌。好在师生情缘不断，心心相印，分手后反因距离的作用，彼此更加清楚地认识到对方价值之所在，复续前缘，重归于好。之后由老师奏建淮军，学生独立门户，如虎归山，步步走向辉煌。

有比较才有鉴别，也许李元度不争气，才让曾国藩更看重李鸿章，觉得其人才难得。还不是普通人才，而是文武全才，握笔能作文，拿枪能杀敌。孟子说君子有三乐，一是父母俱在，兄弟无故；二是仰不愧于天，俯不怍于人；三是得天下英才而教育之。君子以教育英才为乐事，唯一关门弟子是英才，把他培养出来，身为老师的曾国藩又何乐而不为？看来世间并无怀才不遇，只有不才不遇。如李元度才不足，即使贵人提携，烂泥样糊不上墙，只能白费人家力气。

也就是说，要想遇贵人，还得先增长自身才干。才堪大用，可提升自身人生层次，也能为贵人创造价值，共同成长，可谓两全其美。

当然，贵人与才人之间也要匹配。李元度与曾国藩属生死之交，但一个才小，一个才大，不在同一层面上，以至先合后分。反之才人才大，贵人才不够，也发挥不出才人的能量。吕贤基、李嘉端、福济几位，才识平平，没法给才能远远大过自己的李鸿章提供发挥空间，所起作用难免有限。当然并非毫无意义，安徽浪战六年，李鸿章增加了历练，坚强了意志，磨砺了心性，待来到曾国藩身边，师生惺惺相惜，才智同频，遇事不用多言，你提头，我知尾，彼此默契，心往一处想，劲往一处使，正好共谋大举。

高人遇高人，必能相互成就。

臣谋君计

有句话叫男人善用谋，女人喜用计。君臣似男女，君谋臣计，或臣谋君计，都不稀罕。主要看强弱，往往强者用谋，弱者用计。比如晚清臣强君弱，于是臣用谋，君用计，彼此互动，唱出一出出精彩对手戏。

且说咸丰初年，太平军广西起义，突破八旗与绿营等朝廷制军围追堵截，冲出两广，席卷湘鄂，后顺长江而下，杀奔赣皖苏浙而去。咸丰帝见势不妙，急令东南各省满汉大臣，就地组建团练，助征讨太平军。其时曾国藩正在湖南湘乡老家为母亲丁忧守制，第一个被授予地方团练大臣，就地招募乡勇，保乡卫国。

接到诏命，曾国藩迟迟没有动静。不是摆架子，是不愿把脑袋别在裤腰带上，去前线冲锋陷阵，换取不靠谱的军功。曾氏两榜（举人与进士）出身，继做翰林，入内阁，三十七岁成为二品侍郎，只等着升任尚书，晋级协办大学士甚至大学士，成为一品阁揆。曾氏人生目标明确，就是立德立功立言，做三不朽完人。为此，他崇尚理学，三省吾身，著书立说，勤奋得很，待哪天执掌实权，施行德政，三立便可齐全，不朽不再是奢望。岂料皇上一纸诏书，命募勇杀敌，曾国藩摊摊拿惯书本和笔管的两手，只能无奈苦笑。

笑意还没收回去，郭嵩焘到了门外。郭氏乃湖南湘阴人，生于1818年，小曾氏七岁，晚曾氏九年考中进士，系李鸿章同年（同年科考中榜）。咸丰年间当值南书房，后成为中国首任驻外公使。与曾国藩一样，此时郭嵩焘也丁忧在籍。湘阴离湘乡不远，听说曾国藩被任命为湖南团练大臣，却迟疑不出，郭嵩焘跋山涉水，专程前往曾府，劝其应诏。道理有如和尚头上的虱子，明摆在那里：有清以来，无论朝廷还是地方，军政实权皆掌控在满蒙君臣之手，汉员只能当当无关紧要的侍臣弄臣，做不起人，抬不起头，成不了事，今天下大乱，满蒙亲贵颛顸，八旗绿营腐朽，汉臣正好大显身手，何不顺势而为，创立千古奇功？

曾国藩心有所动，却仍迟疑不决，迈不动步子。郭嵩焘返回湘阴后，与同乡举人左宗棠说起曾国藩，左宗棠英雄所见略同，忙给曾国藩去信，怂恿其奉诏出山，别错过千载难逢的建功立业良机。曾国藩前思后想，左思右想，上思下想，脑袋想大一圈，终于下定决心，离乡至长沙建营，招勇练兵。见湘军初成，咸丰急令曾国藩出湘参战。曾国藩以湘军草创，不宜仓促用兵，拒不领旨，却大谈东南大势和战略方略，气得咸丰咬牙切齿，大骂曾侍郎不识抬举，藐视君威，把自己当成东南统帅，旨逼出战，否则君臣做到头了。曾国藩也倔，回折重申不能仓促用兵理由，末了毋庸商量道：与其将来毫无功绩，受大言欺君之罪，不如此时据实陈明，受畏葸不前之责。

天高皇帝远，咸丰无奈湖南蛮子何，只得任其留守湖南，照原规划练勇不止。直到湘军练得差不多，曾国藩才率军从湖南打到湖北，从湖北打到江西，屡战屡败，屡败屡战，屡战屡胜，简直势不可挡。东南鏖战未已，英法联军攻入北京，咸丰东逃热河病死，同治登基，慈安与慈禧俩太后垂帘，咸丰弟恭亲王奕䜣主理朝政。偏偏朝廷在太平天国首都金陵城外打造的南北两大营建了破，破了建，再建又破，湘军成为抗击太平军唯一力量。一时君惊臣恐，既需湘军抗敌，又担心前门驱虎，后门迎狼，曾国藩变成大清掘墓人。于是朝廷双管齐下，一方面在镇江及豫鲁鄂布置满蒙亲贵所领制军，以钳制湘军，另一方面提携湘军内部非湘乡籍将领，诸如新宁人刘长佑、江忠源，衡阳人彭玉麟，委以督抚带兵，制约曾氏兄弟。无奈刘长佑转战滇桂，江忠源战死庐州，彭玉麟不愿离开水师，曾氏一军独大，清廷一时没了主意。

太平军受挫于长江流域，转而开辟苏南与浙江战场，曾国藩奏调左宗棠招募湘勇，出击赣浙，又命李鸿章组建淮军，征发苏沪。朝廷顿时来了劲，一一照准。尤其仅有举人功名的左宗棠，没出道就赏加其四品京堂，率勇打上两仗，又提拔为浙江巡抚，继擢浙闽总督。短短两年间，一介布衣突窜至封疆大吏，恐怕有史以来绝无仅有。史家将此归功于左宗棠能打仗，朝廷急需大才独当一面。依鄙人看，这不过表层原因，主要还是朝廷担心湘军尾大不掉，另扶力量以抗衡之。后曾国荃攻克金陵，洪秀全已死，仅不见其子幼王洪天福贵，仓促间曾氏兄弟奏报称他焚于战火，竟被左宗棠抓住破绽，密奏说已逃出金陵。朝廷借此大做文章，痛责曾氏兄弟，同时公开左折，故意在曾左之间制造矛盾，挑拨是非，其用心不言自明。

照理，没曾国藩奏调募勇成军，左宗棠啥都不是，为何左氏以怨报德，做出此等不合情理之事来？史家认为左宗棠乃性情中人，公忠体国，有啥说啥。其实并没如此简单。左宗棠饱读诗书，深知鸟尽弓藏，兔死狗烹，一旦金陵城破，湘军必裁无疑，早在招募湘勇之初，他便别出心裁，自命楚军，独树一帜，以免太平军被消灭后，跟着湘军一起裁撤。时逢曾氏兄弟错报幼王洪天贵福死讯，左宗棠暗喜，赶紧向朝廷表忠心，示意自己姓左不姓曾，楚军不是湘军。从此曾左成为路人，两家再没互通过音讯。左宗棠自然没亏，虽得罪曾氏，却如愿以偿，保存部分楚军，开往西北，征讨回民起事，避免全裁命运。

曾国藩善于用谋，先借长江水势，由上而下，步步进逼东南。继扶左李两人，组建楚军和淮军，与湘军一道，三管齐下，包抄金陵，终成千古大功。反观清廷，对曾国藩始终存有戒心，既要靠他统军消灭太平军，又处处设防，用尽心计，没少使小聪明，做小动作。其实也怪不得清廷。清廷为满人所建，满人不足汉人百分之三，入主中原，一直底气不足。早期靠武力征服亿万汉人，坐稳江山后由武备改文治，八旗绿营渐渐腐化，失去战斗力，无论面对洋兵，还是迎战太平军，往往一触即溃，毫无用处，这才不得不起用汉臣组建团练，以民兵代替正规军作战。在有些满人眼里，汉人与洋人一样，非我族类，其心必异，即使如曾国藩受恩深重，对清廷充满感激，又只想做圣人，绝无霸王之志，他们也一点不放心，处处防备，时时敲打。这完全是一种弱君心态，因无安全感，才使小心计，要小名堂，以求自保。倒是曾国藩内心强大，不与清廷一般见识，一心图谋东南战场，最终消灭太平军，挽大清于既倒。

湘军大部裁撤后，余部随楚军开赴西北，所留淮军交由曾国藩统率，北上征讨捻军。虽说淮军出自湘军，用曾李师徒的话说，叫湘淮同源，然同源不同流，淮军毕竟是淮军，为李鸿章一手创建，为何不让其帅自统讨捻，非下旨交给曾国藩不可？明眼人一看便知，清廷又在要小聪明。用意明显，既要淮军出阵，又非拆开将帅不可，以免对朝廷构成威胁。结果可想而知，曾国藩指挥失灵，讨捻无功，朝廷不得不重新安排李鸿章北上，接统旧部，击败捻军。战争一结束，又故伎重演，调开李鸿章，南督湖广，以至将帅分离，互不相干，要你兴不起风，作不起浪。又担心湖广太清静，李鸿章无事生非，不时发派职分之外差遣，今天命查外省官员贪腐，明日令办异地教案，弄得他痛苦不堪。

李鸿章为何痛苦？皆因大志难酬。其大志不只是做大

官，揽大权，更是当此三千年未有之变局，建三千年未有之
大业。自当初率淮军踏进上海接触洋人洋器始，李鸿章就意
识到随着蒸汽机面世和普遍应用，海洋时代已赫然到来。于
是从自制洋枪洋炮入手，开始试办洋务，初见成效。消灭太
平军后，朝廷让曾国藩率淮军讨捻，所留两江总督由李鸿章
署理，李鸿章一边为曾国藩筹粮备饷，一边利用苏沪地利，
创办江南制造局、轮船招商局、金陵制造局等著名工商企
业，干得风生水起。谁知曾国藩无功而返，回任两江，李鸿
章北上接管淮军，继讨捻军。灭捻结束，曾国藩调任直隶，
两江总督最佳人选本属李鸿章，朝廷却把他调往湖广，另任
功绩、资历和能力平平的马新贻。

　　大清八大总督里，直隶近京，两江富庶，至关重要，
其余浙闽、两广、湖广、云贵、四川、陕甘位列其后。朝廷
如此用人，无非苏沪系李鸿章发祥地，根基太深，让他回任
两江，不易掌控，调用马新贻，无后顾之忧。更搞笑的是陕
甘已有楚军，平定回民起事，绰绰有余，朝廷明知李鸿章与
左宗棠尿不到一个壶里，还要派他北上，助左讨回。其用心
无非让李左掐架，朝廷好从中平衡，驾驭权臣。李鸿章没法
抗旨，只得找借口拖延。实在拖不下去，才率部分旧部，朝
西北缓行。走一步回头望一眼东南，但见青山隐隐水迢迢，
续办洋务希望越发渺茫，不免心灰意冷。走走停停，来到西
安，忽闻天津教案发生，中外震惊，李鸿章躲在帅帐里，不
传令，不用兵，只支着耳朵，聆听东来动静。果有马蹄声
急，得得而至，六百里加急驿马递上圣旨，说天津教案被直

隶总督曾国藩办砸，命李鸿章速速东进，给朝廷了难。李鸿章接旨毕，片刻不肯耽搁，招呼随员，快马加鞭，直奔天津方向而去。

到达天津，曾国藩让贤，南下重督两江，李鸿章出任直隶总督兼北洋大臣，快刀斩乱麻，办结教案。然后调度津沪能员，兴制造，修铁路，办电报，建海军，理外交，一忙就是二十五年，为大清开创同光中兴，成为首席阁揆，名重中外。木秀于林，风必摧之。见李鸿章一手掌军，一手执政，要风有风，要雨有雨，君臣不安，文武嫉妒，几乎无事不参，无时不劾。数十年下来，李鸿章开创中国八百多个第一（光江南制造局就贡献了一百多个第一），同时也遭弹劾八百多次。也怪不得朝臣，李鸿章坐拥海陆防军，掌握洋务，又与洋人打得火热，若居心叵测，取清而代之，不易如反掌么？不防着点怎么行？

幸好曾国藩已逝，朝廷少了一块心病。此外还有左宗棠，手握平息陕甘回变后数万楚军，亦难免令人忌惮。左宗棠正担心兵权旁落，忽闻新疆阿古柏闹独立，一下子来了劲，忙向朝廷奏请用兵，教训阿军。用兵说到底无非用钱，且不是小钱，是大钱。虽说李鸿章等兴办洋务以来，国家税收大增，但毕竟连续二三十年战乱，又有战争赔款，需花钱的地方太多，朝廷实在不愿再用兵打仗。况且李鸿章早就向朝廷建议，太平军与捻军破灭后，国家战略目标应及时从靖内寇，转为御外侮。换言之，大清最大敌人非国内暴民，而是来自海上的洋将洋兵。基于此，朝廷要务便是集中力量办海防，以免洋军轻易登岸，眨眼间杀进北京，重演咸丰末年京破君亡旧事。至于新疆偏远蛮荒，尽可以抚代剿，维持现有局面。

慈禧与奕䜣不是傻子，能不明白李鸿章说得有理？可还是觉得哪里不对劲，李鸿章越说海防重要，他们越认为他有啥不可告人之目的。又不好直接驳回，便下旨征求枢臣与疆吏意见，到底海防重要，还是疆防要紧。满朝都是人精，谁不知朝廷畏李更甚畏左？原因简单，淮军本来就比楚军势力大，再让李鸿章放手大办海防，集海陆两军于一手，日后谁驾驭得了他姓李的？倒不是慈禧和奕䜣神经过敏，只因言官词臣每每参劾李鸿章，都喜欢拿他拥兵自重说事。一次两次，叔嫂（奕䜣乃慈禧丈夫咸丰弟弟）可以不信，十次百次，还能闭眼塞耳，不当回事？还有李鸿章五十四五，正值野心勃勃犯上作乱最佳年龄。他又近在天津，欲图谋不轨，什么做不出来？相反，左宗棠大李鸿章十一岁，已奔七年龄，西入新疆耗上几载，待人过古稀，即使不战死或老死，意志也消磨得差不多，再不可能对朝廷构成威胁。

揣摩着慈禧与奕䜣心思，各大枢臣与疆吏纷纷上折，声称疆防重于海防。叔嫂还觉不够，又专旨命左宗棠表态。左宗棠做过浙闽总督，办过福州船政局，能不知海防重要？可他很矛盾，说弃海防于不顾吧，实在出不了口，也怕留下骂名。说疆防无关紧要吧，又担心楚军无用武之地，惨遭裁撤，树未倒而猢狲散。于是他眉头一皱，计上心来，复奏说疆防与海防并重。叔嫂也不好逼左宗棠说过头话，忸怩半天，下旨举全国之力，用兵新疆。顾此必失彼，海防只能暂时停办，留待左宗棠消灭阿军再说。左宗棠确实了得，以数千万银为代价，消灭阿古柏乌合之众，可谓功勋卓著。然伊犁及周边地区仍在俄国人手里，左宗棠虽有抬棺出征壮举，也不过做做样子，并没跟俄军动真格的，战也注定赢不了，毕竟俄军非阿军。后幸有曾国藩儿子曾纪泽出使俄国，争回伊犁及周边部分领土，平息危机。

史家回顾此段公案，喜欢纠缠于海防与疆防孰轻孰重，实在毫无意义。左宗棠很聪明，说疆防海防并重，其实说了等于没说。因为朝廷实力不够，银子用于海防，就得放弃疆防，银子用于疆防，就不得不暂时搁下海防，根本不可能同时两顾。倒是李鸿章敏于天下大势，认定海洋时代不同以往，朝廷最大威胁来自海上，不是陆地。此前英法联军轻易攻入北京，咸丰东逃，死于热河，此后庚子拳祸，八国联军平拳破京，慈禧与光绪化装出逃西安，便是明证。

可叹清廷弱势，不善用谋，只知使计，防范心理太重，防汉臣如防贼，每做重大决策，难免顾此失彼，陷于被动。不防范也不行，后来慈禧驾崩，袁世凯做大做强，清室只能逊位，退出历史舞台。此乃清廷死穴，早已命定，只要有人轻轻一点，就可置其于死地。曾国藩与李鸿章师徒都有点穴机会，只因出于对恩主的绝对忠诚，不愿出手，最后袁世凯伸出小小指头，轻轻一点，清室无声倒地。无奈袁世凯好景不长，谋得民国大总统后，又计玩君主立宪，最后在一片讨袁声中，寂然倒台去世。

人算不如天算。天是甚？天乃世界大势也。形势比人强，到头来人谋不如天谋，人计不如天计，谁也别想翻出老天爷掌心。

自谦与自黑

湘军一号人物曾国藩，曾说润芝之才胜我十倍。润芝乃胡林翼号。胡林翼是湖南益阳人，益阳人因曾氏此言，专门著书作文，论证胡林翼确实比曾国藩才高，不高十倍，至少也高五倍，"胡在曾上"，斯言不假。胡林翼志大才高，功勋卓著，史有定论，无须赘言，不然也不会与曾国藩、李鸿章、左宗棠并称晚清四大中兴名臣。

胡氏家学深厚，胡父胡达源为嘉庆朝探花，官至少詹事。也就是说胡林翼属官二代，不少朝中老臣皆系胡父同僚好友，用现在的话说，是看着胡林翼长大的。胡林翼也争气，道光年间举人进士连中，颇受朝中老臣赏识。至咸丰初年，太平军出广西，过湖南，杀向湖北时，任职贵州的胡林翼招募黔勇，毅然东击。其时湘军初成，曾国藩挥师北进，在胡林翼配合下，合击敌军，光复武昌。捷报传至京师，咸丰帝大喜，赏加曾国藩为湖北巡抚。朝中老臣不干了，附咸丰耳边说，曾国藩不过在籍挂名侍郎，登高一呼，万众响应，赫然成军，皇上再给巡抚实职，左手执军，右手掌政，于大清到底是好事还是坏事？

湘军取胜，咸丰只顾高兴，没往深处想，老臣轻轻一声嘀咕，皇帝如闻响雷，不觉心惊，暗自后悔。照大清惯例，臣子受朝廷提拔重用，会假意推辞一番，以示谦逊。曾国藩也一样，本来湘军要吃要喝，要枪要炮，急需地方实权筹办粮饷，想实职想得入梦，收到皇上委任，还得复折辞谢几句。咸丰见折，正好收回成命，另以兵部侍郎虚衔打发曾国藩，照老臣意思，将湖北巡抚另委胡林翼。

咸丰这么做，不是在曾胡两人之间制造矛盾么？换作他人，只怕早已由忌生恨，成为冤家对头。可曾胡二人没有中招。上任伊始，胡林翼便大力筹粮办饷，招兵买马，源源不断输送给湘军。时任湖广总督官文没啥才干，却因系满人，受咸丰信任，胡林翼极尽笼络之能事，取得官文信任，官文也乐得做甩手掌柜，胡林翼成为不是总督的总督，将两湖打造成湘军粮饷兵源基地。曾国藩这才免去后顾之忧，统领湘军，东进赣皖，取得一个又一个胜利。

又值金陵城外清军南北两大营被太平军攻破，两江总督何桂清绝城弃师，逃入上海租界，咸丰欲授胡林翼两江总督，让曾国藩替任湖北巡抚。胡林翼初闻欣喜不已，待冷静下来，觉得湘军已步步为营，进驻赣皖，让曾国藩巡抚湖北，对他不公不说，也不利于湘军顺江东进，势压金陵，于是主动函商军机大臣肃顺，力陈曾国藩总督两江之必要。事实是咸丰亲手打造的南北大营破灭后，湘军成为唯一消灭太平军的有生力量，经与肃顺反复权衡，不得不采纳胡林翼建议，任命曾国藩为两江总督。圣旨下达，胡林翼比曾国藩本人还高兴，继续躲在幕后，为前线湘军提供后勤保障。每逢曾国藩来函问兵事，胡林翼以三字答复：惟我任；问饷事，也是三个字：予我取。

除襟怀坦荡，任事干练，胡林翼还独具慧眼，善于发现人才，为我所用。在抚衙特辟宝善堂，专事天下才，将人才当宝贝，给予善待和优抚，该奏保奏保，该奖赏奖赏，决不会让属下干将流汗流血又流泪。有段时间，曾氏手下文武纷纷离开湘军老营，屁颠屁颠跑到湖北巡抚，进了宝善堂，曾国藩大为不解，胡林翼提醒他道："一军之帅以天下为己任没错，可身怀大才之人学成文武艺，千里来投，所为无非功名利禄四字，只有以众人之私，成一己之公，才能做出大业。"曾国藩幡然而悟，照胡林翼手段去做，各路人才又重新回归湘军老营。左宗棠才高脾气大，在湖南官场待不下去，北上武昌，投石问路，胡林翼觉得鄂抚衙门塘太小，力推他转投曾门。曾左有隙，左宗棠犹豫不决，胡林翼又给曾国藩去函，请他一定用好左宗棠。左宗棠入幕曾府不久，曾国藩便让他回湘募勇，出击赣浙，继而奏保其以四品京堂一跃而为浙江巡抚。

再说李元度徽州战败，先游走赣浙边界，后投奔他处，曾国藩实在气愤不过，命李鸿章代拟奏章，弹劾李元度。二李友好，李鸿章不肯，与老师闹翻，负气出走。胡林翼闻知，多次给李鸿章去函，谆谆告诫：单枪匹马，难成气候，只有回转曾幕，才能有大出息。又反复游说曾国藩，李鸿章才高名大，此处不留爷，自有留爷处，与其好了别人，何如放在自己身边，以委大用？曾国藩也有同感，李鸿章走后，仿佛失去左膀右臂，诸事不顺，主动给弟子去信，先把人稳住，静待其气消，再请回来。

可以说不是胡林翼助推，左宗棠能否成为左宗棠，李鸿章能否成为李鸿章，曾国藩能否湘淮楚三军在握，一举扑灭太平军，实在不好说。正是基于胡林翼的大恩大德，曾国藩才脱口说出"润芝之才胜我十倍"的话。每每学史至此，我就会对两位前贤油然而生敬意，至于孰高孰低，孰优孰劣，早被抛到脑后，觉得丝毫不重要。世上只有庸人，才会相互较劲，彼此诋毁，张飞不服马超，非争个你长我短不可。或自感底气不足，有意无意贬低别人，抬高自己，结果不过床底下放风筝，再高也高不到哪里去。贤者内心强大，站得高，看得远，用不着自我抬高，一旦有缘结识强者，相互惺惺相惜，由衷赞赏，其效果是抬举对方的同时，也提升了自己，共同高大起来。

由此可见，胡曾都是高人，根本不存在谁高谁低一说。曾国藩居京为官时，十年跃七级，若不高明，能把官做到如此份上？白手起家，创建湘军，追着太平军屁股，从湘江打到长江，从湖广打到两江，最后端掉洪秀全老巢，结束十多年战乱，挽大清于既倒，恐怕不是小才低能做得到的。也许有人会拿靖港与湖口之败说事，证明曾国藩打仗外行，都是属下将领拼死拼活，用无数尸体给他堆出盖世之功。我倒觉得这正是湘军之幸运，若曾国藩打仗行，只顾自己带兵冲锋陷阵，将领们无事可做，各自离去，还有后来之完胜吗？这让人想起韩信对刘邦的评价：不善于将兵，却善于将将。曾国藩有帅才，善于将将，不能将兵已无足轻重。胡林翼则有萧何风范，稳住两湖基地，不断提供饷械和兵源，曾国藩才得一门心思运筹帷幄，决胜千里。既然没人拿刘邦与萧何孰高孰低说事，还要凭曾国藩自谦语，说胡在曾上，胡氏泉下有知，只怕也不以为然。

曾国藩以自谦抬举战友，曾氏学生李鸿章则反过来，以自诬自损自黑方式，抬高慈禧和朝廷。李鸿章辩才了得，作文更是拿手好戏，千言奏折，倚马可待。写到得意处，冷不丁冒出一句：微臣不学无术。不学无术，还勉为其难，南征北战，开创洋务，办理外交，坚固海防，说明都是太后和皇上正确领导的结果。慈禧冰雪聪明，最懂李爱卿，见过李折，眉眼都是笑，出示给朝臣，想听几句恭维。朝臣最恨李鸿章军政独掌，好事做尽，来不及恭维慈禧，只顾奔走相告：李鸿章已公然承认不学无术。连梁启超后来撰写《李鸿章传》时，也忍不住端出此语，讥讽一番。真不明白博学如梁氏，是真不懂传主故意自黑，还是庚子大乱之际，热脸往冷屁股上贴，怂恿人家做总统，得不到理睬，才耿耿于怀，借此泄愤？

设若李鸿章不学无术不假，可他又是怎么两榜高中，入翰林，任编修的？还有，李折描述蒸汽机原理，比现今工科博士论文更严谨，更精当，也更形象，连洋人见过，都惊叹不已，算不算有学有术？有位叫毕德格的洋军官，在美国南北战争中当过骑兵，因精通汉语等多国语言，战争结束后受派来华做了驻津副领事。各国领事常往北洋衙署跑，毕德格遇见同样骑过马打过仗的李鸿章，便被其强大气场和人格魅力所吸引，毅然扔掉副领事铁饭碗，生生死死要给偶像做秘书。偏偏李鸿章也喜欢与洋人打交道，留下毕德格，有空让他用汉语给自己口念英法德俄等西语著作。一念念了二十多年，直到李鸿章签署完《辛丑条约》，含恨而逝，毕德格觉得独自活着没意思，也追随偶像而去。

李鸿章就是用耳朵从毕德格嘴里"听读"完八百多种西语原著，眼界大开，对欧美政治、经济、文化和游戏规则了然于心，办理外交和洋务时游刃有余，得心应手。华洋发生冲突，洋人跟大清官员交涉，无异于鸡同鸭讲，猫跟狗说，彼此没法沟通，不得不施以枪炮，不担心大清官员听不懂枪炮声。清廷也不急，反正有李鸿章擦屁股，与洋人周旋，化干戈为玉帛，以小代价解决大问题。时人有言："李鸿章怕慈禧，慈禧怕洋人，洋人怕李鸿章"，大体没假。

李鸿章不仅满腹经纶，且满腹欧美，能辩能写，还能办实事，集洋务、海防、外交于一身，创三千年未有之大业，却上折自黑不学无术，不有些意味吗？明明是看不惯朝臣只知念四书，写小楷，百无一用，才正话反说：你们不学富五车吗？怎么轮到国家有事，一个个缩头乌龟样，往背阴处躲，每次非得咱不学无术之徒站出来了难不可？你们学术学到哪里去啦？也有人认为李鸿章只知干活，除上折写信时就事论事，学术上毫无建树，说不学无术，并不冤枉。李鸿章有无学术，争辩不清，还是以徐桐为例，看看朝臣有些啥学术吧。

徐桐者，堂堂大学士也。学士且冠之以"大"，学术自然大了去了。道是某年秋天，新科举子复试，徐桐奉旨拟题，试帖诗题为"校理秘文"。谁知徐桐竟然将"秘"字"禾"旁写成"衣"旁，惹得考生忍俊不禁。白字先生怎么竟成了学术巨子？原来徐桐撰有理学大著，叫作《治平宝鉴》，罗织历朝历代母后当政得失，证明慈禧垂帘听政多么合情合理又合法。慈禧一高兴，让他做了帝师，后又步步擢拔到大学士高位。

这属学之范畴。徐桐术也厉害，厉害到令人咋舌。徐桐最恨洋人，满脑都是"尊王攘夷"四字，极力主张灭洋人，杀教民，也恨跟洋人打交道的大臣。恭亲王奕䜣主持总理各国事务衙门，跟李鸿章一样，热衷西学西器，有事没事喜欢与洋人往来，徐桐看不惯，背后骂他"六鬼子"，因为奕䜣是道光第六子。不幸徐府比邻各国公使馆，洋人老在眼前晃来晃去，徐桐气愤不过，恨不得抄起家伙赶走洋人。洋人不是想赶就赶得走的，徐桐无以为计，只好写副对联贴门上：望洋兴叹，与鬼为邻。俟戊戌维新失败，慈禧欲废光绪，立新君，无奈洋人看好光绪，反对废立，徐桐觉得驱洋机会在即，顿时活跃起来。

原来端郡王载漪是光绪堂哥，娶慈禧侄女为福晋，育有儿子名叫溥儁。徐桐琢磨，若立新君，慈禧侄孙溥儁机遇最大，于是跑到端王府，倒出肚里想法。载漪一下子来了神，寻思儿子做上皇帝，自己就是帝父，也不枉来人世一遭。唯一麻烦是洋人反对，慈禧又最怕洋人，只有把洋人赶出中国，才可能梦想成真。徐桐要的就是这个效果，告诉载漪，山东义和团刀枪不入，所向披靡，正向京畿杀奔而来，完全可借拳驱洋，让溥儁顺利上位。载漪茅塞顿开，极力蛊惑慈禧，说只要利用拳民，打压洋人，废立可成。慈禧信以为真，召溥儁入宫，立为大阿哥，实际就是储君。洋人公然反对，慈禧又犹豫起来。载漪生怕煮熟的鸭子飞掉，问计徐桐。徐桐说拳民也恨洋人，西进路上见洋杀洋，见教灭教，洋人正逼朝廷派兵征讨拳民，可趁此大做文章。

载漪心存妄念，脑筋转得飞快，迅速想出妙计，伪造洋人电报，说各国军舰已汇集津沽，洋将洋兵登岸西进，准备征讨拳民，捕慈禧，归政光绪，再替大清征税练兵，驻守山隘海关。慈禧气急，不管电报真伪，旨令拳民入城，围攻各国公使馆。总理衙门大臣袁昶和许景澄大惊失色，呈折反对，说春秋之义，不杀行人，追击洋人公使，有背公法。慈禧大怒，以主和罪下令逮捕袁许，交由徐桐儿子刑部侍郎徐承煜监斩。袁许受斩后，慈禧颁发懿旨，向十一国宣战。徐桐欢天喜地，亲迎拳民，见他们攻打公使馆和教堂辛苦，还出面送吃送喝。各国公使和教堂奋起自卫，拳民久攻不下。徐桐叫来拳民和参战清军头领问战，答曰洋人割教民妇阴，列阴门阵，以御枪炮，且以妇女猩红染额，炮不能中，枪不可击。徐桐恍然大悟，赶紧召集理学门生，研究阴门阵，欲以其人之道，还治其人之身。

这便是徐桐之术。此术灵不灵，史无详述，不得而知，只知载漪招来八国联军，拳民兵败如山，却不忘冲入徐府，劫掠一空，扬长而去。慈禧携光绪乔装出逃，载漪与溥儁也溜之大吉，徐桐年高脚迟，逃跑不及，只好以君辱臣死，拉着儿子徐承煜跳井殉国。谁知被家中女眷抢先跳井，井里填满尸体，徐桐落井后水不及踝，只得乖乖爬出来，让徐承煜系绳于廊下，父子各自爬到凳上，伸脖入套。眼睛闭上又睁开，望向儿子，意思父子同时动身，黄泉路上好有个照应。徐承煜说父亲先走一步，儿子随后即至，飞起一脚，踢掉父亲脚下凳子。没等人咽气，便松开自己脖上绳套，换掉官服，趁夜外逃，不幸落入联军之手。

再说慈禧西出京师后，电令两广总督李鸿章为直隶总督兼北洋大臣，着即北来求和。李鸿章明知替罪羊不好当，还是离粤北上，与八国据理力争，保住女主和光绪，避免国家被瓜分的命运。联军撤退，徐承煜被移交清廷，判斩立决，交由斩杀袁昶和许景澄的刽子手，手起刀落，让其追随乃父而去。

徐桐"学术"如此，怪不得李鸿章宁肯不学无术，宁肯被咒卖国贼，也不愿"有学有术"，丢人现眼，与徐桐之类朝臣相提并论。

慈禧与李鸿章

有一次美国《纽约时报》赫然刊出一则奇文，题为《李鸿章结婚了吗》，说执掌中国最高权力的慈禧太后与大清第一勋臣李鸿章秘密结婚，且正在旅顺港欢度蜜月。这自然是美国人无中生有，开国际玩笑。不过玩笑归玩笑，也许在西方人眼里，这一对清帝国最有影响的大人物，男才女貌，倒也匹配，以夫妻名义结为政治联盟，似乎顺理成章，未尝不可。

中国女人自古有三从四德规范。三从者，在家从父，出嫁从夫，夫死从子。慈禧可以从父亲惠征，从丈夫咸丰，从儿子同治，唯独不能从臣下李鸿章。何况清朝祖制，满汉官员通婚，须经朝廷批准，潜台词就是禁止通婚。故有清一朝，满汉官员几乎无通婚之例，民间破例者也少之亦少。这是清朝统治者生怕满蒙汉化，威胁大清政权，才自设藩篱，人为制造满汉对立，在婚姻问题上的一种体现。这是历朝历代罕见的怪现象。

这是题外话。此处不妨假设满汉藩篱撤销，慈禧也能放下太后尊贵身份，以一个普通女人的眼光，在当时汉人男人堆里任意挑选一位为夫，可以肯定李鸿章绝对会成为不二人选。这不完全是瞎扯，至少从感性和理性的角度，都还算说得通。

李鸿章与慈禧首次见面是1868年，这年李鸿章四十五岁，慈禧三十三岁。但李鸿章三个字，慈禧十多年前就已有所耳闻。那时李鸿章在老家安徽跟太平军浪战，翰林变绿林，声名远播，朝廷无人不晓。1856年还叙功赏加三品按察使衔，这是需咸丰帝恩准颁旨的。慈禧能识汉文，善书汉字，常代咸丰帝审阅奏章，草拟圣旨，说不定赏加李鸿章三品虚衔的圣命里还有慈禧笔迹哩。待李鸿章建淮军，征上海，晋升巡抚，享有专折奏事权，咸丰帝已然驾崩，进入两宫垂帘和亲王议政时代，慈禧对功臣大名更是了如指掌。时值同治初年，每有军政大事需颁发，先由恭亲王奕䜣领衔拟旨，再加盖慈安太后掌管的御赏印和慈禧代儿子同治帝掌管的同道堂印，方能生效。也就是说，至1868年李鸿章进京面圣，君臣早已通过奏章和圣旨往来，熟悉得不能再熟悉，只是未曾谋面而已。

自1853年李鸿章离开翰林院，南归安徽征讨太平军，至1868年功成返京，已过去整整十五年。十五年来，李鸿章把脑袋别在裤腰带上，与太平军恶战，从安徽撤退江西，从江西打回安徽，又创建淮军，征沪平吴，联手湘楚两军攻克南京，继灭东西捻军，成为大清名震天下的大功臣。此前太平军盘踞南京，离北京有不少距离，捻军活动范围则主要在北方，西捻甚至一度打到京畿一带，差点进入北京城，吓得君臣面如土色。为此朝廷遣亲王僧格林沁领大清王牌军蒙古骑兵讨捻，僧王兵败身死，另派曾国藩出马，依然无奈捻军何，最后把任务交给李鸿章。李鸿章不负厚望，独率淮军先败东捻，再把西捻灭掉，君臣才松了口气，睡了个安稳觉。朝廷没亏待李鸿章，晋其为协办大学士，补授湖广总督。

咸丰以降，大学士以文华殿、武英殿、体仁阁、文渊阁入衔，满汉各二人，另有协办大学士，满汉各一人，皆为文臣最高品衔。其时大清二品顶戴以上官员多达三百人，李鸿章脱颖而出，挤入六人组成的大学士行列，实在不简单。且才四十五岁，这个年龄位列三公又递补协揆者，大清开国以来仅此一人而已。大臣立功晋升封疆大吏，需入京请训，即接受皇帝召对。这是莫大君恩，不是谁想请就有请的。刚消灭西捻，李鸿章身处山东德州桑园前线帅营，正好就近北上入京。德州至京师，紧走慢走，也就十天半月行程，李鸿章却优哉游哉，足足走了二十多天。进京入住贤良寺，遍访奕䜣等王公大臣。奕䜣开导李鸿章，面圣时多磕头，少说话，还透露说有恩典可享。所谓恩典，就是紫禁城骑马，又称赏朝马。大清祖制，亲王、郡王有功，可赏紫禁城骑马，大臣六十五岁以上功高勋重者，也可享受此特殊待遇。李鸿章这个年龄获此恩典，又属破例。

这日凌晨，李鸿章早早赶到宫门口，爬上太监备好的高头大马，耳闻马蹄得得，一下下敲击着紫禁城沉厚的地砖，心情既激动，又有些复杂。自己道光年间中举，咸丰时期南征，同治时代北归请训，转瞬人生已过多半，虽说功成名就，总觉得使命还没完成，还有好多事情等着自己去做。见一回两宫实属不易，难道真像恭亲王所示，只磕头不说话？磕头谁不会？内战虽已结束，可大清积贫积弱，屡遭列强欺侮，磕头能磕出民富国强吗？动着心思，不觉到得养心殿前。下得马来，登上台阶，各王公大臣已候在殿门外。随即殿门打开，众臣鱼贯而入，依序班列。领班大臣奕䜣刚把李鸿章拉到自己旁边站好，同治小皇帝出现在丹墀之上，被太监扶到宝座里。众臣跪地呼毕万岁，遵同治谕示，平身站直。同治身后挂着薄薄的黄色纱帘，有声音自里面传出来，那是慈安太后，要众臣有事奏事。照例由奕䜣先奏，其他大臣补充，慈安回答几句，询问慈禧有何话说。平时朝政多由慈禧决断，今天没啥要务，也就不再啰嗦，只问了句："李鸿章来了没有啊？"

其实慈禧早注意到了李鸿章的存在。那道纱帘并不严实，不隔音，也不隔影，尤其从里往外，可把丹墀下的大臣看个清楚。李鸿章南人北相，高额隆鼻，尤其一米八五的大个子，人称云中鹤，与个头普遍不高的王公大臣站在一起，无异于鹤立鸡群。慈禧早闻李鸿章"云中鹤"雅称，但坐到帘后，往外瞧见一挺拔的身影高高突出于其他大臣之上，还是暗暗有些惊讶。要知道慈禧入宫十多年以来，眼里所见，大多是低头哈腰的委琐太监，以及唯唯诺诺的平庸大臣，像李鸿章如此高大英俊、气宇轩昂的伟男子并不多见。即使先夫咸丰在世时，尊为皇帝，威风凛凛，不可一世，毕竟不到一米六的个头，还瘸着腿，较之李鸿章，简直一个天上，一个地下，不可同日而语。况咸丰皇位来自祖上，不像李鸿章凭自身智勇和胆识，战败太平军，讨灭东西捻军，建功立业，其豪迈气质，更具男人风范。李鸿章军功盖世，却非一介莽夫，他诗文了得，写得一笔漂亮的书法，慈禧每次读其奏章，总是爱不释手。面对这样少见的高大英武之"男神"，能不让长年深居宫中的三十三岁慈禧心起微澜？

因盯着帘外的李鸿章出神，慈安侧首问询时，慈禧好一会儿都没反应过来。好在这天朝会没有太多要政和急务，慈禧略微迟疑，提了李鸿章名字。李鸿章应声出列，趴到地上，给皇上和两宫请安。慈安要李鸿章平身，慈禧开腔道："少荃来养心殿骑的马，还是走的路啊？"这又是明知故问。没你慈禧点头，谁敢骑马上朝？在场的大臣感到疑惑，李鸿章却意识到慈禧话里有话，重新趴到地上，答道："谢皇上和两宫太后恩典，微臣骑马上的朝。"慈禧道："知道为何赏你紫禁城骑马吗？"李鸿章道："皇上和两宫太后看得起。"慈禧笑笑道："不是看得起，是体谅你脚上长着鸡眼，走路不方便，准你以马代步。"

有大功才赏骑朝马，慈禧却拿鸡眼说事，无非提醒人，不要骄傲自大，你虽有功于大清，可不是有功就能享受这个特殊待遇，是朝廷格外开恩，高看一眼，你要知道轻重。同时也说明女主关怀备至，连你脚长鸡眼都放在心上，你更应感恩戴德。从慈禧听似简单随意的问话里，李鸿章意识到这位三十三岁的女主确实不同凡俗。事实也是，若系平凡女子，能有胆识联合慈安和奕䜣，扳倒老奸巨猾的八大臣，把皇权抓到手上吗？她还不只知道玩政变，更重要的是明世态、识时务，在奕䜣辅佐下，用人不疑，借湘淮将帅，击败太平军和东西捻军，结束十多年内乱，让大清重现生机。这比当初咸丰需要曾国藩镇压太平军，却连巡抚位置都舍不得施予，显得大气得多，也英明得多。说实话，不是两宫和奕䜣执掌军政，凭咸丰瞻前顾后首鼠两端的小家子做派，不敢放手发挥曾李师生的能量，只怕内战一时半会儿还结束不了，此刻君臣仍不得安宁。

李鸿章道过谢，慈禧又道："你是从德州桑园出发北上的吧？德州至京师，也就十天半月路程，你怎么走了二十多天？是不是不想看到咱呀？"这个罪名可不轻。李鸿章已顾不得奕䜣多磕头少说话的嘱托，大胆道："敬禀皇上和两宫太后，征讨西捻时微臣一直想不通，张宗禹兵出晋东后，为何一夜间便突破直隶，直逼京畿，似入无人之境。故趁此次北上，微臣格外留心，注意察访，才耽误了些时日。"慈禧道："都察访了些什么？"李鸿章道："察访各处防御设施。微臣发现直隶包括近畿一带，驿道废弛，营盘破败，兵站无兵，粮库无粮，几乎形同虚设。还有京师神机营，兵少将寡，不足一万人马，且军纪松弛，可谓一盘散沙。防御空虚如此，别说如狼似虎的捻军，即使一支稍有规模的地方武装，要打进京城，亦非难事。"

纱帘后一阵沉默。朝堂上众臣以为李鸿章多嘴多舌，惹恼慈禧，相互咬起耳朵来：李鸿章这小子，仗着立了些战功，为朝廷重用，便不知自己姓甚名谁，竟大言不惭，胆敢批评京畿防务，你到底是来请训呢，还是来训斥皇上和两宫？此时，李鸿章心里也没了底，暗怪自己没听奕䜣叮嘱，该磕头不磕头，不该多说却乱说。正准备趴地上磕头谢罪，只听慈禧咳一声，以亲切口气道："除京畿防务，李爱卿还有什么想法，也可当着君臣说来听听。"这下李鸿章又来了劲，也不往地上趴了，中气十足地把酝酿多时的想法全倒了出来："大清正面临三千年未有之变局，犹如逆水行舟，不进则退。退必落后，必挨打。要想不退，只有放下唯我独尊架子，大力倡导西学，研究西洋制造、艺业、工商、财用，开办机器局、轮船局、枪炮厂，建造轮船，开发矿藏，修筑公路，铺设铁路，以开掘利源，增添税赋，先富国，后强兵，再与西洋各国一争高下，在强国如林的世界大格局里占据一席之地。"

天下君主最在意的无非两样东西，一样安全，一样富强。两样都被李鸿章考虑到，明确提出来，实在难能可贵。反观满朝文武，脑袋里装的唯有升官发财四个字，为此极尽钻营吹拍之能事，有谁为朝廷安危和国家富强上过心？

有感于李鸿章的忠肝义胆，两天后慈禧又单独召见他，倾听其防务和富国强军具体想法。召见地点在养心殿西暖阁的三希堂。三希堂曾是乾隆书房。三希者，士希贤，贤希圣，圣希天是也，意即士人希望成为贤人，贤人希望成为圣人，圣人希望成为知天之人。乾隆借以自勉，也有自命不凡意味。希又与稀谐音近义，乾隆藏有三件稀世珍宝：王羲之《快雪时晴帖》，王献之《中秋帖》，王珣《伯远帖》，就挂在书房里，读书之余，玩赏不已，故三希又含"三稀"之义。慈禧在三希堂见李鸿章，意即他属稀有人才，以军功晋升高位，却文章一流，书法不俗，君臣在此召对，适得其所。

此次召对，李鸿章畅谈富国强军设想，可谓三希堂版"隆中对"。慈禧从此认定李鸿章，后让他离开湖广，北上担任直隶总督兼北洋通商大臣，放开手脚固海防，兴洋务，办外交，独力支撑起晚清江山。这是君臣一生的善缘，心气相通，相互成就。正是这份善缘，凡李鸿章奏办之事，慈禧能恩准尽量恩准，极少否决。有些事一时难下决断，李鸿章总会绕个圈子，作些铺垫，总有办法让她认可。遇棘手的外交事务，慈禧总先征求李鸿章看法，再让总理衙门遵办。洋使有事，也先去天津找李鸿章讨教，得了他的话，再进京补办手续。尤其华洋冲突，惹出是非，没法摆平，更得李鸿章出面交涉。也是李鸿章勤研西学，了解欧美经济、政治、文化和风情，以及洋人品性，遇事说得到点子上，洋人很信服，愿意配合。坊间曾流行一种说法：慈禧怕洋人，洋人怕李鸿章，李鸿章怕慈禧。

李鸿章又何曾怕过慈禧？怕的是壮志难酬，富国强军愿望无以实现，需要女主背后撑腰。他也就一辈子任劳任怨，凡所奏办大事，皆为富国强军。慈禧冰雪聪明，最懂李鸿章的良苦用心，倾全力支持。俟与大清同生死共存亡的曾国藩和左宗棠相继凋零，独留李鸿章于世间，慈禧更是倍加珍惜爱护。朝臣看不惯慈禧处处向着李鸿章，又不好说她不是，便找机会编排李鸿章，几乎无事不纠参。

只是李鸿章手握淮军和北洋海军，又哪是想整就整得垮的？除非把淮军和北洋海军灭掉。正值日本觊觎朝鲜，中日两国争端纷起，以翁同龢为代表的朝臣极力怂恿光绪，逼迫李鸿章出兵。朝臣心思不难理解：一是第一次鸦片战争以来，堂堂天朝上国没少遭列强欺侮，君臣忍气吞声，没地方发泄，若能拿小日本出口气，心里也好受些；二是李鸿章花费国帑，养淮军，创海军，是驴是马总得牵出来遛遛，侥幸把日本打败，众臣有主战之功，若败给日本，李鸿章输掉本钱，正好拿他开刀，取下其项上人头。

众臣动机昭彰，李鸿章心知肚明，却有苦难言。翁同龢借帝师便利，窃取户部尚书要职，以种种借口克扣军饷，停拨购置费，海陆两军建设被后来居上的日军甩下几条街，毫无胜算。况李鸿章固海防，重在一个防字，驻防迎战外敌，优势明显，贸然离开本土，出兵异域，以己之短，攻人之长，未战败局已定。唯有主和，大清或许可免遭大难。然光绪亲政不久，急于建功立威，又有翁同龢等人大造舆论，极力怂恿，退居颐和园的慈禧不便强行干预，李鸿章迫于各种压力，勉强出兵。

大敌当前，本应上下齐心，一至对外，朝臣却不断给李鸿章制造麻烦，派人潜伏天津和海陆两军中，搜集将帅所谓投敌证据，奏请光绪罢免主帅和海陆将领，责令戴罪立功。反观日本，举全国之力对华，军政一盘棋，官兵一条心，同仇敌忾，步步为营。李鸿章就这样"一人战两国"，外战日军，内战大清君臣，哪怕神仙下凡，也不可能取胜。最滑稽的还是甲午惨败，有些朝臣弹冠相庆，比日本人还高兴百倍：淮军和北洋海军不复存在，看你李鸿章拿什么自保脑袋？朝野一片杀声，光绪也因李鸿章坏掉自己建功扬威好事，恨不得寝其皮，食其肉。慈禧看在眼里，没让光绪胡来。又凭女人天生敏感，知道国家有难，朝臣没一个靠得住，还得留下李鸿章这个后手，为我所用。

果然，几年后庚子拳祸，八国联军打进北京，慈禧携光绪西逃，想起已起复两广总督的李鸿章，便电旨其北上与洋人议和，拯救大清。李鸿章二话不说，拱着年近八十的老躯，离开广州，赶往北京，舍着老命与洋人纠缠，保住大清国体和慈禧身家性命。签下和议，李鸿章吐出最后一口血，撒手西去。东返途中的慈禧闻知，大放悲声，把四十年前丈夫咸丰驾崩时没流完的眼泪，全都给了李鸿章。

太后的绕指柔

　　凭借天生丽质，慈禧入宫做了咸丰皇帝的妃子，为其生下唯一皇子载淳，晋封懿贵妃，后载淳继位，又被尊为慈禧太后。世人印象里，慈禧不过靠脸蛋吃饭而已，殊不知她偏偏还有双绵柔白嫩的美手。手是女人的第二面容，慈禧的美手却成了她的第一面容。正是用这双非同等闲的美手，慈禧才能在男人堆里执掌晚清朝政近五十年，而非依赖那可餐美色。毕竟容颜易逝，就如诗里所说："最是人间留不住，朱颜辞镜花辞树。"手上功夫则不然，随着时间的推移，历练的丰富，会越来越娴熟，越来越老到。

　　作为满族女子，慈禧的母语自然是满语。可她父亲惠征汉语好，做过二十年翻译满汉奏章、文书、笔录、档案的笔帖式，后又携妻小外放地方道员，聪慧的慈禧耳濡目染，潜移默化，学会说汉语，识汉字。进宫后又勤练书法，写得一笔好字，在满女扎堆的清宫里已属特例，不可多得。咸丰因此很欣赏慈禧，忙不过来时，常让她代批奏折，草拟诏书。久而久之，慈禧渐渐领会皇权运作的诀窍，且谁是贤臣，谁是良帅，谁是能吏，谁是俗儒，皆了然于心，为日后掌权理政练就了过硬的基本功。

1860年9月，英法联军进逼北京，三十岁的咸丰带着慈安（时为皇后）和慈禧（时为懿贵妃），以及肃顺等一批亲信，匆忙逃出北京，奔赴热河，留下六弟恭亲王奕䜣跟列强谈判求和。奕䜣费尽周折，来年8月与洋人签下《北京条约》，联军撤出北京。不久咸丰驾崩，留下遗旨：一是立六岁的载淳为太子，继承大统；二是托肃顺等八人为顾命大臣，辅佐载淳；三是拿出两枚闲章，其中一枚刻有"御赏"二字，赐予慈安，一枚刻有"同道堂"三字，赐予载淳，载淳年幼，交慈禧代管。且明确规定：下发朝旨，必先由顾命大臣拟定，再在旨首加盖御赏印，旨末加盖同道堂印，方能生效。

也怪载淳太小，没法接掌皇权，咸丰才想出这么一招，由慈安代表后权，载淳（实为慈禧）代表帝权，八大臣代表相权，三方共治，维持平衡，确保大清江山永固不衰。明眼人看得出，这份遗嘱把一个重要角色排除在了皇权之外，这便是恭亲王奕䜣。试想，若非奕䜣留京与洋人斡旋，达成和议，联军不撤走，大清还存续得下去吗？奕䜣有大功于清，咸丰却不让他接近皇权，实在有些不厚道。何况还是自己同父异母的弟弟，其亲情即使不好比之于慈安和慈禧，至少较之肃顺等八大臣，兄弟情更胜一筹。

　　道光皇帝有九子，前三子早夭，五子出继宫外，七八九子晚生，到道光驾崩前，继位者只两人可选择，一位是二十岁的四子奕讠宁，另一位是十八岁的六子奕䜣。除小两岁外，奕䜣外貌、骑射和才情都比奕讠宁强，朝廷上下无不看好奕䜣。然奕讠宁比奕䜣更有心机。父子出猎，奕䜣百发百中，满载而归，奕讠宁屡发屡失，一无所获。道光问原因，奕讠宁说春天万物萌动，禽兽有孕，不忍杀生。道光病中召见兄弟俩，奕䜣口若悬河，大谈治国方略，奕讠宁只是心疼父皇病体，跪地泣涕。道光感动不已，终立奕讠宁为储，成为后来的咸丰皇帝。

　　正是咸丰忌惮奕䜣，才挖空心思，设计出三方共治方案，以防奕䜣染指皇权，鸠占鹊巢。可咸丰偏偏低估了慈禧的能量，或说低估了她那双绵柔白嫩的美手，不仅写得出一笔好字，还能化百炼钢为绕指柔，调摆男人世界。据说咸丰临终前，肃顺曾力劝其效仿汉武帝，把慈禧拿掉，以绝后患。汉武帝晚年宠爱钩弋夫人，爱屋及乌，立其为自己所生小儿弗陵为储君。弗陵八岁那年，汉武帝寿终正寝，临死前担心母壮子少，皇权旁落，狠下心肠来，赐死钩弋夫人，同时托孤给忠臣霍光，成功完成权力交接。也许肃顺早看出慈禧手腕厉害，才给咸丰出此主意。可咸丰没有采纳，以为凭借三方共治遗旨，有慈安的后权和八大臣的相权双重制约，慈禧仅代同治保管同道堂印，没法偷天换日。何况同治是慈禧亲生儿子，她怎么也得维护儿子地位，不担心她把儿子怎么样。

岂料咸丰刚刚驾崩，载淳即位伊始，三方共治格局就出现了重大裂痕。其时慈安二十四岁，慈禧二十六岁，肃顺等八大臣不仅年长得多，且都是老谋深算的权臣，自然不把两位年轻寡妇放在眼里，企图让相权僭越慈安的后权和慈禧代理的帝权。两宫起了杀心，可手无寸铁，又怎么斗得过老奸臣滑的八大臣？两宫想到了二十八岁的恭亲王奕䜣。奕䜣被咸丰三方共治遗嘱边缘化，自然心怀不满，与两宫一拍即合。咸丰陵寝位于京郊，其梓宫需移送回京，两宫太后以同治年幼体弱为由，母子三人走小道先行，让肃顺诸臣护送梓宫经大道后归，双方相差四天时间抵京。正是这四天时间差，让两宫和奕䜣从容准备，凭御赏和同道堂俩印，借同治名义下达圣旨，以迅雷不及掩耳之势，解除入京后脚跟未稳的肃顺等八大臣的职务，抓捕到案，砍头的砍头，下狱的下狱，充军的充军。

这就是惊心动魄的辛酉政变，二宫垂帘、亲王议政的格局由此形成。君臣三人，慈禧和奕䜣热衷政治，才华出众。慈安对治国理政兴趣不大，每每召对大臣，多问些家长里短。慈禧关注点则在军政要务上，且能说到要害之处。故朝政主要由慈禧和奕䜣说了算，慈安只不过随声附和，例行公事，在圣旨前头盖盖御赏印。待到慈安驾崩，奕䜣在甲申易枢权变中出局，朝政也就归于慈禧一人之手。

慈禧能执掌晚清近五十年，得益于其特殊的身份。作为咸丰皇后，慈安名分一直比慈禧高，名义上还是同治嫡母。但同治毕竟由慈禧亲生，于皇室来说，没有皇子的慈安自然没慈禧贡献大，慈禧实际上比慈安更荣耀。慈安不愿与慈禧争锋，除对政治兴趣不大外，恐怕也因同治非由己出，干脆任慈禧折腾，自己做个旁观者，乐得清闲。还有颁发圣旨时，慈安先盖御赏印，慈禧后盖同道堂印，无异于慈禧最后说了算，就像当今地方和部门议事，一把手最后表态，一锤定音。慈禧又颇有手腕，善于恩威并施，皇族、朝臣和外将也就无不折服。诸如奕䜣，尽管身为亲王，又聪明又干练，也不敢违逆慈禧，只能以议政大臣身份，听命调遣，专心服务大清。至于倭仁、李鸿藻与翁同龢之流，高居大学士和尚书重位，又有帝师之尊，在慈禧眼里，也不过侍臣和弄臣而已，要他们圆就圆，要他们扁就扁。

朝臣行走于紫禁城，动动嘴皮，写写奏折，谁都能信任，要固江山，建海防，兴实业，办外交，求富图强，还真离不开曾国藩、李鸿章和左宗棠这些能臣。也因此，慈禧心里最在乎的人是曾李左他们，而非倭仁、李鸿藻、翁同龢此等侍臣和弄臣。然侍臣和弄臣亦不可少，自有其存在价值。曾李左诸臣干出大事，成就大业，难免功高震主，令人不安，慈禧正好动用身边侍臣和弄臣，不时挥棍舞棒，敲打敲打，震慑震慑，以维持雌威。

由此可见，慈禧驭臣尤其驾驭汉臣，其手段之高妙，明显胜过丈夫咸丰。大清入关后，忌惮汉臣带兵，军权一直掌握在满员手里。到太平军席卷江南，老化腐朽的八旗和绿营清兵不堪一击，咸丰不得不委任汉臣主办团练，迎战太平军。其中以曾国藩所创湘军最出色，渐渐成为抗击太平军的唯一主力。可咸丰害怕湘军壮大，不好节制，对曾国藩又笼络又打压，弄得君臣都很难受。待咸丰病死热河，两宫听政，慈禧大权在握，一改咸丰忸怩故态，在恭亲王奕䜣和醇亲王奕譞先后辅佐下，大胆起用曾国藩、胡林翼、左宗棠、李鸿章等汉臣汉帅，先平定太平军，继消灭捻军，后开创洋务运动、筹建海防、打理外交，实现同光中兴。

至此慈禧声望已远超道光咸丰二帝，无人敢挑战其权威。让当世和后人诟病的是同治皇帝驾崩，后继无人，朝臣看好奕䜣的十六岁长子载澄，慈禧断然否决，迎奕譞三岁多的儿子载湉入宫继位，这便是光绪皇帝。慈禧为何选择载湉，而放弃快成年的载澄？众所周知，载湉母亲婉贞是慈禧同胞妹妹。换言之，慈禧既是载湉伯母，又是姨妈，与载澄则无血缘关系。更重要的还是同治成年亲政后，慈禧与慈安两宫太后已卷帘放权，让少不更事的载湉坐上皇位，又可垂帘听政，重执皇权，满足权力欲。

说慈禧贪权恋栈，别无异议，但事情远非如此简单。同治以来，恭亲王奕䜣以其非凡才干，辅助两宫，控制朝政，稳定天下。然相见易得好，久处难为人，日子一长，两宫垂帘和亲王议政格局难免出现裂痕。真让载澄继位，背后又站着奕䜣，两宫定然失势，晚景堪忧。再说同治生长于宫中，由慈禧亲自抚育成人，仍冥顽不化，荒诞不经，亲政后，窘于国库空虚，命大臣报效（捐款）修葺圆明园，因无人响应，一怒之下，竟将满朝王公大臣全部罢免，慈禧不得不出面调停，挽回乱局。自己亲生儿子尚且如此，冷不丁从外面弄个不知底细的快成年的宗亲少年进宫，无惧无畏，无法无天，一旦惹出什么事，谁来收拾烂摊子？

可见，慈禧选三岁多的载湉继位，不能说完全没有道理。事实上，光绪入宫后，慈禧对他的教育还算比较成功。光绪知书达理，性情内敛，比堂兄同治要强得多。故光绪成年亲政后，慈禧放心撤帘，移居颐和园。光绪帝位来自慈禧，又在她身边长大，犹如大树底下的小苗，好不容易等到大树移走，自然急于建功扬威，以便坐稳皇帝宝座。恰逢日军侵略朝鲜，翁同龢看透学生心思，挑唆光绪，逼迫淮军和北洋海军出兵，迎战日军，遭至甲午惨败。堂堂大清败给蕞尔小日本，君臣深受刺激，光绪又想借康有为和梁启超等年轻学子变法图强。这自然没错。但康梁起于底层，毫无政治经验，以为仅凭满腔热忱，发一堆变法圣旨，即可大功告成。也不想想权力得对权力来源负责，光绪皇权由慈禧赏赐，佐光绪变法，首先应争取慈禧支持，这些人却反视慈禧为变法障碍，怂恿光绪绕开慈禧，自行其是。甚至制造有后无帝、有帝无后的论调和气氛，策划行刺慈禧之愚蠢行径，被慈禧察觉，重新收回皇权，软禁光绪于瀛台，百日维新失败，康梁脚踩西瓜皮，溜之大吉，留下六君子慷慨赴死。

光绪失势，载漪溥儁父子觉得有戏，煽动慈禧利用所谓刀枪不入的义和团，打压反对废光绪立溥儁的洋人，引发庚子国变。要说甲午战败和百日维新，慈禧身处颐和园，主要责任在光绪及其近臣，庚子国变则在很大程度上是慈禧受小人愚弄，惊恐之下，昏头昏脑出昏招，给国家带来大灾大难，是其执政近五十年的最大败笔和耻辱。然细思量，又非慈禧一时头脑发热，实属天朝上国心理的多年累积体现在慈禧个人身上，最终被仇洋情绪的导火索点燃，引爆惊天巨雷，致使大清山崩地裂，差点亡国灭种。

这声巨雷几乎陷国家于万劫不复，君臣自然也付出惨重代价。出逃西安途中，慈禧想起一个人来，这便是已外放两广与庚子国变毫不相干的李鸿章。斯人不出，谁拯大清？慈禧电旨李鸿章，北上议和。和议成，国体得以保全，年近八十的李鸿章吐血而亡，慈禧痛定思痛，回京后首推君主立宪制。可惜为时已晚，宪政还没完成，慈禧与光绪同时驾崩，帝国最后一抹回光返照消逝，袁世凯建立北洋。

大帅惊鸿一跳

曾国藩与长沙城外靖港的故事早已耳熟能详，尽人皆知。事起于1851年1月，洪秀全发动金田起义，很快打出广西，一路过境潇湘，攻克武昌，顺江东下，席卷整个江南，于1853年3月定都天京。洪秀全并没就此罢休，又发动北伐和西征。1854年初，西征军逆湘江而上，回攻湖南，正值曾国藩组建的湘勇初练成军，奉诏抵御太平军。经周密部署，曾国藩调动主力，出兵湘潭，自己则坐镇长沙，遥控指挥，力争首战成功。曾国藩本是京官，身兼多部侍郎，两年前因母亲逝世，回乡丁忧。不料太平军起事，兵锋所至，各地绿营兵纷纷溃败，咸丰皇帝屎急挖茅厕，诏令各地督办团练，助征讨太平军。他自然也没放过在湘乡老家守孝的曾国藩，颁旨"夺情"出山，就近练勇讨敌。

清廷以孝治国，父母逝世，位再高，权再重，都得回家丁忧，除非情况特殊，才夺亲情，奉国事。创办团练，招兵买马，购枪置炮，先得筹饷募粮，曾国藩一个在职侍郎，在湘官势力范围内夺食，肯定不容易，也就一千个不甘愿，一万个不答应，迟迟没有动静。却禁不住咸丰三令五申，左宗棠、郭嵩焘等乡党故旧一再游说鼓动，只好拜别老父，出山帮咸丰"挖茅厕"。果然不出所料，他很快与湖南官场闹翻，结下梁子，湘官一个个恨他恨得咬牙切齿。所幸有咸丰背后撑腰，有亲戚朋友、同年乡党力助，终于练成水陆两师。正准备大干一场，恰逢西征太平军进入湘北一带，曾国藩一番运筹帷幄，移主力于湘潭，欲重创敌军。

该调的兵调走，该遣的将遣出，曾国藩高坐大营，只等首战告捷，向朝廷表功，也让湖南官场见识见识自己的能耐。此时大营里来了一个商人，名叫彭嘉玉。原来太平军进入湘北后，长沙黑云压城城欲摧，富商担心巨财难留，官吏害怕脑袋不保，一个个惶惶不可终日。尤其城北七十里处的靖港，系西征太平军的粮草基地，重兵驻守，随时都有可能扑过来，攻破长沙城墙。时值湘潭会战在即，不知彭嘉玉从哪儿得知，靖港太平军倾巢而出，尽数开往湘潭，势在必得，心下琢磨着，若湘勇乘虚而入，占据靖港，长沙便可保无虞。彭嘉玉跟长沙城里官吏和商客一说，大家觉得有理，怂恿他入团练大营献计献策。彭嘉玉与曾国藩不熟，可他外甥章寿麟在曾府为幕，正好通过他接近大帅。偏偏章寿麟受命增援湘潭，即将成行，不便去见曾国藩，只好将舅父介绍给同为幕僚的李元度。李元度是湖南平江人，举人出身，满腹经纶，为曾国藩所器重，聘入幕府，襄赞军务。也是觉得彭嘉玉言之在理，李元度也没细想，带他去见曾国藩。曾国藩开始还犹豫，禁不住彭嘉玉花言巧语，心里慢慢松动起来，暗忖若能亲率湘勇取胜靖港，不仅可摧毁敌军粮草基地，还可鼓舞士气，声援湘潭争夺战，亦能提升主帅声望，威服部众，又何乐而不为？

就这样，曾国藩一时头脑发热，登上帅船，率领五营湘勇，直扑靖港。倒是李元度忽然多了个心眼，拦住就要开拔湘潭的章寿麟，问他懂不懂水性。章寿麟就是长沙人，从小在湘江里泡大，水性自然了得。李元度对他说，受贵舅父蛊惑，曾大帅贸然出兵靖港，万一有失，如何是好？吓得章寿麟两腿发软，问该怎么办。李元度说事已至此，只能听天由命，拉章寿麟上了帅船后面的战船，顺风顺水，往靖港方向驶去。

正是江南四月天，战船一路浩荡开往靖港，发现敌营静悄悄，曾国藩才感觉有些不妙。作为粮草基地，太平军不可能弃营而去，无兵把守，内中只怕有诈。于是赶紧下令，停船待命，可已经来不及。原来曾国藩所练水师船大帆宽，又遇西南风劲吹，战船根本刹不住，往太平军水边营垒直撞过去。躲在营垒后面的太平军将士看个真切，待湘勇战船挨近，抛出铁钩，死死扣住，尔后矢石直下，湘勇们鬼哭狼嚎，纷纷落水身亡。没落水的，奋力冲到岸边，也经不住伏军一顿乱砍猛刺，只有招架之功，毫无还手之力。曾国藩只好离船登陆，挥舞利剑督阵，企图挽回颓势。谁知太平军越战越勇，湘勇招架不住，逃命要紧，抱头鼠窜。曾国藩一急，抓过帅旗，往地上一插，大喝道："过旗者斩！"同时高扬利剑，砍死数名溃散下来的逃兵。其他败勇见状，不愿受死，绕过帅旗，逃往别处，曾国藩剑长莫及，只得大呼："天灭我也，天灭我也！"呼声未落，敌军已冲过来，李元度等人拉住曾国藩，往已掉过头的帅船上奔去。幸好风向突转，太平军战船追赶不及，帅船得以脱逃。

可曾国藩不愿回长沙。为办团练，筹粮饷，他与长沙城里大官小吏闹得生冤死仇，人家正等着看热闹，就这么人不人，鬼不鬼，回去遭人白眼，受人嘲笑，脖子上的老脸往哪儿搁？何况身为团练大臣，竟两耳生蛆，听信商人馊主意，也不多动动脑子，只顾把太平军当孩童，贸然出兵，损兵折将，咸丰皇帝那里也没法交代。曾国藩越想越懊恼，越想越悲哀，越想越害怕，趁旁边人不注意，跑到船边，纵身一跳，投入水里。

众人全都傻了眼，愣在那里，一时没反应过来。还是后面战船上的章寿麟眼尖，连衣服都来不及脱下，扑通一声，跃入水中，迎住顺流下浮的曾国藩，双手一伸，将对方死死抱在怀里，往船边直拽。曾国藩口中喊："别管我，让我去死"，挣扎着要见阎王。挣扎半天也没挣脱，回头望望，见是章寿麟，惊愕道："我派你带人增援湘潭，怎么到了靖港？"也是章寿麟机灵，随口编造道："湘勇大败湘潭长毛（太平军），寿麟赶来报喜，见大帅落水，顾不得太多，入水相救。"曾国藩心头一喜，暗想：靖港虽败，湘潭取胜，也算给自己争回些许面子。于是老实起来，不再要死要活，配合章寿麟，爬上帅船，捡回一条小命。有意思的是，章寿麟随口编造的假话，后来竟然成为事实，曾国藩领着残兵败将刚至长沙，湘潭大胜的捷报便传将过来。曾国藩破涕而笑，心想：幸亏章寿麟及时出现在靖港，不然自己死得也太不值当了。

这就是曾国藩初战兵败靖港投水的真实故事。故事很有名，略悉晚清史的读者都知道。虽说故事不虚，却怎么看也不像偶然发生，倒像彭嘉玉几个精心策划而成。再回顾一下故事发生经过：彭嘉玉欲经外甥章寿麟献计曾国藩，章寿麟已领命增援湘潭，不便露面，让李元度带其舅父去见大帅。后曾国藩听信彭嘉玉，领兵出击靖港，李元度担心有失，没让章寿麟去湘潭，拉他上了赴靖港的战船。果然曾国藩靖港兵败，一时书生气短，投水觅死，章寿麟及时出现，入水施救，挽回大帅小命。失败乃成功之母，后曾国藩吸取教训，指挥湘军，紧贴太平军尾巴，下湘江，出洞庭，入长江，再借浩荡水势，一路进逼金陵，十年后收复南京，封侯拜相，也挽清廷于既倒。章寿麟为此自诩："援一人以援天下，功在大局不浅。"意思是靖港之役，他救的不止曾国藩一人，也是大清天下。也有人嘲讽章寿麟："凭君莫话艰难事，侥得侥失皆天意。"认为曾国藩大难不死，大清气数未尽，皆是上天意思，非你章寿麟之功。

吊诡的是，曾国藩大权在握后，手下幕僚如左宗棠、李鸿章、沈葆桢等，一个个受其保举，身居要职，建功立业，成为晚清举足轻重的大人物，湘军元老章寿麟却仅在主公辖区内谋得小小知县一个。李元度运气稍好，做到四品道员，可后来也因战事失利，又处置不当，与曾国藩闹翻，没混出大名堂。章李官运如此，才识不如左李沈几位，是主要原因，另外只怕与彭嘉玉献计致靖港兵败，也不无关系。设想当初不是章李两人，彭嘉玉也没法接触曾国藩，献上馊主意，或曾国藩贸然出兵靖港前，章李从旁提醒，也不至于初战兵败，狼狈不堪。也就是说，靖港之败，章李两人于曾国藩有救命之恩，同时也有大过，难免让人记恨。都说谋事在人，成事在天，人事纷繁，半随天意半在人，大体没错。

不过我最想说的，还不是章寿麟与李元度两人的官运，而是靖港兵败，于曾国藩和湘军具有不可忽略的重大意义。曾国藩毕竟是文人，文人都有文人的短板，就是自视过高，自以为是，自不量力，曾国藩也难以幸免。曾国藩性缓，天分平平，秀才考了一次又一次，皆名落孙山。然天道酬勤，因耐得住青灯黄卷，经没日没夜地苦读，后终于开窍，过完秀才一关，便一通百通，举人、进士、翰林，一路顺风，可谓朝为田舍郎，暮登天子堂。翰林散馆，更是十年七迁，连跃十级，升任二品侍郎。

有些史家老喜欢拿旧时六部与当今部省相比，认为各部尚书相当于正部，侍郎相当于副部，其实大谬不然。晚清各部尚书大都有大学士或协办大学士衔，不是一品，也是从一品。硬要与当今官品比附，一品和从一品怎么也属正国级和副国级。也就是说，二品侍郎即使比不得副国级，算正部也绰绰有余。事实是侍郎外派地方，至少也有巡抚实职，而地方巡抚入京，能做侍郎，已很不错。咸丰末年，薛焕以江苏巡抚署理两江总督，后以头品顶戴任南洋通商事务大臣，入京后做的便只是礼部侍郎，相当于曾国藩离京前的级别。朝廷总共六部，曾国藩三十六岁加礼部侍郎衔，三十八岁授礼部侍郎，之后又做过另外四部侍郎，若非丁忧回籍，升任尚书不在话下。也就是说，曾国藩尽管崇尚理学，不断反省自己，立志谦虚谨慎，戒骄戒躁，可毕竟仕途畅达，官运亨通，做过天子近臣，没人能把他骨子里的自信和骄傲消除掉。加之组建湘军得手，雄踞一方，想要曾国藩不自我膨胀，只怕难上加难。正是自我膨胀，感觉太好，他才不知天高地厚，听信彭嘉玉忽悠，亲领五营新勇，直奔靖港，差点出师未捷身先死，留下千古遗憾。

所幸靖港之败，让曾国藩看到自己的不足之处，这就是韩信对刘邦的评价"善于将将，不善于将兵"。善于将将是帅才，善于将兵是将才，古往今来，善于将将，又善将兵者，毕竟不多。纵观晚清几十年，也就出身曾幕的李鸿章与左宗棠两人，既可坐镇帅营，调兵遣将，又能跃马阵前，直接指挥作战，其他人包括曾氏兄弟，或能帅，或能将，皆不可兼而能之。靖港之败让曾国藩知道自己能帅不能将，从此便一心做好湘军统帅，不再以帅代将，亲自挥师上阵。人贵有自知之明，明就明在知己所能，也知己所不能。知己不能将兵，干脆放下架子，尊重手下将领，放手让他们发挥才干，带好每一个兵，打好每一场仗，决不越俎代庖，捆绑其手脚，拖拽其后腿。知己能将将，就全心做好三军统帅，规划全局，运筹帷幄，要粮给粮，要饷给饷，要枪给枪，要炮给炮。有人立功，表功奖赏，让人觉得有盼头；有人有过，记过惩处，让人改过自新，另立新功。

曾国藩真该感谢靖港之败，使其一下子认清自己，在后来的戎马生涯中，不断反省，自我纠错，才指挥湘淮楚三军，横扫江南，消灭太平军，挽救摇摇欲坠的清廷。假设靖港侥幸取胜，曾国藩自我感觉良好，盲目自信，看不清自己短板，一味蛮干瞎搞，在后来残酷的战争环境中，能不能率领湘军，度过一劫又一劫，取得最后胜利，实在难以逆料。

由此可见，曾国藩初战靖港，惊鸿一跳，绝对是好事，而不是坏事。换言之，靖港之跳造就了曾国藩，靖港之役成全了湘军。从另外的角度说，靖港是曾国藩福地，也是大清福地，亦不为过矣。

唯先生知我

左宗棠少年得志，十五岁府试中秀才，二十岁乡试中举人，自号今亮。今亮者，今时之诸葛亮也，可见何其自负。尤其见着大自己一岁的曾国藩，此时连秀才都不是，那种优越感自不必说。不想一年后曾国藩考上秀才，隔年连中举人，继进京会试失利，二度再试高中，成为天子门生。反观左宗棠以举人身份六年三次参加会试，皆名落孙山，此后绝意科场，郁闷不已。多年后曾国藩以二品侍郎身份练成湘军，追击太平军，出湘经鄂过赣，打到安徽，在湘抚为幕的左宗棠受人排挤，东下投奔故人。左宗棠一向觉得自己比曾国藩高明，若非湖南官场待不下去，又哪会降下身段，舍近求远，就食湘军老营？

其时李鸿章也在老师幕府里。不得已面对功名高过自己的曾国藩，左宗棠本来心里就烦，又遇见同样两榜出身的李鸿章，更是气不打一处来，恨不得施以老拳，揍这小子一顿。无奈李鸿章牛高马大，又比自己小十一岁，动起手来左宗棠占不着上风，便怂恿也无功名的彭玉麟去找李鸿章岔子。李鸿章系曾国藩唯一关门弟子，师生走得近，彭玉麟看着不舒服，经不起左宗棠挑唆，还真寻借口跟李鸿章干了一架，左宗棠坐山观虎斗，开心得不得了。

曾国藩比谁都了解左宗棠，此君咽不下屡屡会试不中这口气，总想出人头地，以弥补人生缺憾。不过左宗棠口气大，本事也大，曾国藩知人善任，奏调其回湘募勇，征讨赣浙太平军。左宗棠募得数千湘勇，东进路上，高扬楚军旗号，以有别于湘军。湖南乃荆楚之地，以楚军为帜，倒也不错，只是湘人受湘军主帅奏派募得湘勇，本该归于湘军麾下，左宗棠别出心裁，玩小把戏，无非不甘屈膝于曾国藩人下，欲独立门户，与其平起平坐。也是曾国藩胸襟开阔，不仅不计较左宗棠的狂悖，还接连奏保其一升浙江巡抚，再升浙闽总督，晋级之神速，且直达封疆大吏高位，有清以来，无人能出其右。

楚军成军不久，曾国藩又奏派李鸿章组建淮军，征发苏沪。与湘楚难分不同，淮军将帅和兵源皆属皖人，名正言顺。但李鸿章反复强调湘淮同源，淮军出自湘军，随时听从大帅曾老师调度。淮军抵沪后，连战连捷，不仅保住上海，又出击苏南，围攻苏州。自古吴越一体，苏杭并称，淮楚二军同时征战苏浙两地，彼此难免暗里较劲，欲争高下。左宗棠好胜心又强，谁都不放在眼里，对进士翰林出身者更是嗤之以鼻，身边僚属武将，功名大都在举人之下，鲜见高过主帅者。包括悍将蒋益澧和负责粮饷的胡雪岩，啥功名都没有，更是看着顺眼，相处顺心，使用顺手。偏偏那李鸿章两榜出身，竟也能带兵打仗，所创淮军征战苏南，所向披靡。尤其用计离间贼酋，智获苏州，功胜武取，令两宫称善，朝野叹服。

相反，楚军磕磕碰碰，没几仗打得利索。富阳之战耗掉半年时间，兵临杭州城下，又为太平军听王陈炳文所阻，猛攻三月，损兵折将，不见丝毫功效。左宗棠便想效法李鸿章，派蔡元隆入城招降陈炳文。蔡元隆原是太平军会王，驻守沪北太仓，李鸿章弟弟李鹤章攻打太仓时，吃过其诈降大亏，身负重伤，几乎性命不保。太仓城破，蔡元隆纠集残部，辗转南下浙江，遭遇楚军，投降左宗棠。左宗棠明知蔡元隆是李家兄弟死敌，却偏要重用此降将，拨出八营兵勇归其统领，充当楚军主力，助蒋益澧围攻杭州。杭州久攻不下，蔡元隆若能以旧时会王身份，到听王陈炳文面前现身说法，促其献城出降，少丢些人命，岂不功德无量？

这不过是左宗棠一厢情愿，陈炳文根本不买蔡元隆的账。劝降未果，强攻又不得要领，左宗棠正心烦意躁，又有朝旨下达，由李鸿章兼管浙西军政，嘱楚军妥为配合。显然是朝廷见楚军久攻杭城不下，失去耐心，让淮军涉足浙西。这不是对左宗棠和楚军莫大侮辱么？朝廷真势利，淮军多打几个胜仗，先期收复苏州，楚军稍处下风，就厚淮薄楚。浙江本属楚军地盘，又岂容他人染指？左宗棠暴跳如雷，扬手北指，咬牙切齿道："好你个李鸿章，真是小人得志，竟敢太岁头上动土，欺侮起今亮来啦！"

其实李鸿章并不愿染指浙江军政，接到朝旨后，左右为难，服从不是，不服从也不是。自己乃江苏巡抚，上左宗棠地盘瞎掺和，不要被他记恨一辈子？然朝廷不会考虑你的难处，只道苏州无锡规复后，苏南仅余常州及周边零星小县，指日可下，浙江方面杭州、余杭、湖州、嘉兴诸城及浙西大部分城镇仍为敌军所控，让淮军南援浙境，可缓解楚军压力，否则楚军一直这样耗下去，不知何时才算完。李鸿章不好得罪朝廷，只得派兵南移，攻克嘉兴，直逼湖州城下。左宗棠闻讯，又妒又忧又喜。妒淮军节节胜利，楚军却仍被太平军阻于杭州城外；忧淮军嘉兴在手，一旦攻破湖州，必会来争杭州，到时他左宗棠老脸没地方可搁；喜湖州受困于淮军，陈炳文失去北援，给楚军进攻杭州创造了绝佳机会。左宗棠心生一计，授胡雪岩入城去会陈炳文，一番密议，陈炳文再无顾虑，愿配合左宗棠行事。

夜里号炮一声，杭州东西南北四个方向炮火连天，枪声大作。对峙两个时辰，东西南三路楚军将士趁着浓浓硝烟，架设云梯，往杭州城里翻越。城里守军稍作抵抗，纷纷扔下堡垒，转身逃逸。楚军也不追赶，眼睁睁看着大队守军奔往北门，鱼贯而出。北门外守将蔡元隆心领神会，令战士们退避数里。又不能闲着，下令朝天施放空枪空炮，乍听打得蛮激烈，其实在给太平军开枪鸣炮送行。与此同时，余杭城内太平军也一夜跑光，城头插上楚军旗帜。已基本廓清的苏南一夜之间冒出十多万太平军，李鸿章甚觉蹊跷，派密探一打听，方知是左宗棠耍的名堂。换言之，杭州和余杭等处太平军撤离时几乎没有伤亡，说明没受到任何攻击和抵抗。试想，楚军已将两城围得水泄不通，敌军插翅难飞，突然全部逸出，楚军躲哪儿去啦？

左宗棠大开杭余两城北门，私放太平军出城，其用意非常明显，就是搅乱苏沪局面，陷淮军于被动。李鸿章冷静分析敌情，调兵遣将，围堵太平军，同时拟稿参劾左宗棠。稿成准备付邮，又觉事已至此，跟左宗棠闹翻，大可不必，遂压下劾稿，只写信透露给老师曾国藩。曾国藩以和为贵，不予追究，反而奏加左宗棠太子少保衔，赐黄马褂。

左宗棠不待见进士翰林，每每走到一起，总报之以白眼，面对举人秀才或啥都不是者，则青眼有加。唯独一人功名高过自己，也能善待之。这便是福建人沈葆桢，系李鸿章同年进士，也曾入过曾国藩幕府。左宗棠为何不鄙薄沈葆桢？这与林则徐有关。林则徐虎门销烟，英国以此为借口发动第一次鸦片战争，他被道光皇帝贬往新疆，却成为官民心目中的大英雄。后大英雄离疆回闽，途经长沙，不会高官，不见巨贾，却派人赶往湘阴柳庄，把正在鞭牛屁股的满腹经世大才左宗棠叫到泊于湘江边的官船上，彻夜长谈，倍加激励。有感于大英雄知遇之恩，后左宗棠在湘军老营见着沈葆桢，因他是林则徐外甥和女婿，爱屋及乌，引为知己。至湘淮楚三军合力讨伐太平军，李鸿章在苏沪大兴洋务，左宗棠也奏办福州船政局，筹划轮船制造。值西北回民起事，朝廷委以陕甘总督征讨，左宗棠奏保丁忧在籍的沈葆桢出任福州船政大臣。

沈葆桢很干练，将福州船政局经营得有声有色，与上海江南制造局齐名，合称制造"两局"。又在局内设船政学堂，培养出刘步蟾、林泰曾、邓世昌等海军大才，被李鸿章奏派欧洲游学，归国后成为北洋海军干将。从另外角度说，没有左宗棠和沈葆桢的福州船政局及其船政学堂，也就没有北洋海军，没有李鸿章的海防事业。至阿古柏新疆作乱，左宗棠主张讨阿以固疆防，李鸿章则在天津筹办海防，两防都离不开大银，朝廷只能顾一头，拿不定主意，交由朝臣外吏讨论，一时众说纷纭，有说疆防重要的，有说海防不可废的。朝廷瞻前顾后，把皮球往李左两人怀里踢。李鸿章上折说海防重要，沿海尤其天津离北京近在咫尺，海防不固，一旦有事，洋兵朝夕可至，就像咸丰末年样。左宗棠圆滑，说疆防海防并重，过后又说新疆不稳，俄国陈兵于疆，再借道蒙古，同时进军，北京危矣。清廷吓得不轻，最后决定停建海防，集中财力，交左宗棠入疆征讨阿古柏。

估计主政的慈禧和恭亲王地理知识欠缺，听左宗棠说俄兵可从西北直达北京，吓得跟什么似的，殊不知海洋时代到来，俄国若入侵中国，首选定是东北方向，以便水陆并进。由此可见，于国家和朝廷安全而言，海防重要性更甚于疆防。这并非猜测，后来俄国没少在东北搅局，日军也大打出手，东北几乎没平静过。当然，左宗棠出兵新疆，征讨阿古柏也很有必要，毕竟稳固疆防，解除后顾之忧，大清才可腾出手来办其他事情。李鸿章站海防，说海防重要，等到左宗棠出兵新疆，还是全力支持，要将给将，要兵给兵，要饷给饷。

左宗棠拳打脚踢，消灭阿古柏，疆防问题还是没彻底解决，伊犁还在俄军手里。满臣崇厚代表皇上赴俄谈判，糊糊涂涂签下俄国永占伊犁条款，举国哗然，朝廷判崇厚斩立决，另遣曾纪泽入俄重谈。俄国认为崇厚刚签完约，回头清廷就要斩他，是对签约国的挑衅，不仅不让曾纪泽入境，还增兵伊犁，摆出开战架势。清廷君臣义愤填膺，喊战声一片。喊战者都是不用出战者，只喊不做。当国者光喊不行，还得招兵筹饷，派人领兵。派谁好呢？楚军驻留西北，要派自然得派已回驻兰州的左宗棠领兵出关。朝廷旨问左宗棠，该战还是该和。言战等同爱国，言和无异于卖国，左宗棠不愿留千古骂名于后世，明知俄军凶狠，清军不是敌手，也不肯说出那个令人反感的"和"字，想烂脑袋，想出两句话，回给朝廷：先折之以议论，委婉而用机；次决之以战阵，坚忍以求胜。

这就是左宗棠，会打仗，还会说话，又是议论，又是战阵，就如此前疆防海防并重论调一样。至于到底是议是战，怎么议，怎么战，你朝廷看着办吧。朝臣轻易不愿放过左宗棠，非怂恿朝廷逼其出阵不可。左宗棠无奈，只得让人抬口大棺材，自兰州出发，走走停停，出关往伊犁方向挪去。征讨阿古柏时为何没带棺材，是当时军情紧急，来不及准备吗？显然不是。阿古柏乃乌合之众，左宗棠有绝对取胜把握，没必要抬棺浪费人力。俄军不同，武器先进，财大气粗，与其开战，唯有死路一条，先备副棺材，免得届时丢尸荒野，被野狼叼得不知去向。此举令朝臣备受鼓舞，又是写诗，又是吟赋，视左宗棠为战神，吹得上了天。理由也充分，左宗棠抱定死战决心，死而后生，一定能横扫俄军如卷席，夺回伊犁无异于探囊取物。

当国者慈禧和恭亲王没这么乐观，派人去天津找李鸿章问计。李鸿章本不愿掺和伊犁之事，又怕国家遭殃，才建议朝廷：一改判崇厚无罪，二命左宗棠撤回关内，促成曾纪泽进入俄境，重启谈判。朝廷照办，崇厚捡回老命，左宗棠东返，一路大骂李鸿章坏他好事，害得上等棺材没能派上用场。俄国见大清拿出诚意，接纳曾纪泽，经曾纪泽据理力争，俄国答应归还伊犁给中国，一场没必要的战争才消弭于无形。

纵观左李之争，所争不过细枝末节，大方面如强军富国，彼此心气相通，英雄所见略同。早年楚淮两军虽有摩擦，但目的一致，就是协同湘军，共同发力，消灭太平军。继会讨捻军，两人德州桑园计议，敲定征讨方案，配合默契。疆防与海防，并无谁对谁错之分，只有孰先孰后之别，暂时放下海防，全力支持楚军平定阿古柏，可谓千秋功业。至于伊犁和战争议，左宗棠抬棺出关，大造声势，无非引起李鸿章关注，主和给自己解困，只是嘴上不承认而已。正是两人心和面不和，明争暗无争，故左宗棠逝世后，李鸿章挽道：周旋三十年，和而不同，矜而不争，唯先生知我；焜耀九重诏，文以治内，武以治外，为天下惜公。

挽联一出，朝野竞相传阅，赞叹有加。君臣感慨：世人只晓李左之争，不见李左之和，更不明白正因李左同时存在，才将曾文正公未竟之业发扬光大，大清才有同光中兴局面。也是李鸿章最懂左宗棠，以上联之"知"字，下联之"惜"字，准确道出两人真实关系，可谓心心相知，惺惺相惜。既然李左相知相惜，为何左宗棠还要骂李鸿章？骂李还觉不过瘾，又破嗓大骂其师曾国藩。前面说过，左宗棠为曾氏同龄人，自觉智识远在曾氏之上，偏偏造化弄人，左宗棠止步举人，再无进步，相反曾国藩看上去好像天分平平，考取秀才后，却一路凯歌高奏，直至咸丰近臣，十年连跃十级，官晋二品大员。至曾国藩回乡创建湘军，左宗棠虽有湖南抚衙从幕历练，依然啥都不是，不得不转入曾府，才由曾国藩举荐回乡幕勇，另树楚军旗帜，入浙讨贼，得展大志。消灭太平军后，湘楚两军撤并，没人再想得起楚军，每每提及左宗棠，不说楚军鼻祖，只道湘军老人。换言之，左宗棠折腾来折腾去，纵使出将入相，功高盖世，却依然只能算曾国藩腋下人物，至死没能从曾氏身后阴影里走出来。

至于李鸿章，小左宗棠十一岁，虽系曾国藩学生，俟上海告急，便创立淮军，脱离老师，独立门户。李鸿章不忘根本，口口声声湘淮同源，淮出于湘，然湘淮毕竟有别，从没人会将湘淮混为一谈。尤其湘楚撤并之际，淮军稍作裁减，又因讨捻需要，重新壮大，盖过湘军。可怜左宗棠身为湘人，幕得湘勇，另号楚军，以区别于曾氏湘军，不想还是甩不掉一个"湘"字。李鸿章不忌讳湘淮渊源，却没人误淮为湘，且淮军后来居上，存续时间远远超过湘军，朝野上下说到曾李二人与湘淮二军，总是一视同仁，相提并论，不会厚此薄彼。

这也许正是左宗棠心头隐痛，说又说不出口，怪又不知怪谁，只得找些其他借口，破口大骂曾李师徒，以解心头之妒。骂骂咧咧了一辈子，直至人死声消，才终于作罢，止住骂声。

翁同龢把政

一

德国人海靖在非洲打过仗，做过公使，后改驻中国，以其军人目光，看出胶州湾乃泊舰驻军的好地方，遂跑到总署（总理衙门），向翁同龢提出租借胶州湾。

甲午战败后，翁同龢成为最大赢家，不仅主理户部，把持军机，还做上总署汉领班大臣。总署满领班庆亲王奕劻是个甩手掌柜，署务全由翁同龢料理。都说李鸿章办外交有手段，翁同龢最不服气，觉得那不过磨磨嘴皮的差事，不信自己嘴皮两张，比李鸿章两张嘴皮差到哪里去。直到跟洋人正面交锋，事涉国家利益，才意识到跟洋人磨嘴皮，不同于给光绪念经史，背诗词，常常话到嘴边，说出来不是，咽回去也不是，纠结得很。

这日海靖又跑进总署，死缠烂打，揪住胶州湾不放，扬言再不答应租借，就开着军舰硬闯。翁同龢支支吾吾，借口内急，出门溜走，留下张荫桓，独自面对海靖。张荫桓办外交多年，知道无充足理由，派军舰硬闯他国海湾，不容于国际舆论，海靖不过口里喊喊，不可能真采取实际行动。可也不好得罪人家，唯有温言敷衍。

正遇袁世凯在小站训练新军，奏请枪炮购置款，翁同龢怕他吃回扣，提出由总署经办。钱在翁同龢手里，袁世凯无奈其何，只要求购买德国枪炮，质量可靠。翁同龢托人与德商洽谈，拿出清单，言明照单付款，三月内可发货至天津。翁同龢以清廉自诩，担心插手枪炮购置，遭人猜忌，请奕劻审核清单，好多道挡箭牌。奕劻拿不准，找张荫桓商量。张荫桓觉得德货价格太贵，不如英美枪炮质优价廉，转与英美军火商接触，谈妥价格，准备付款。德商心有不甘，请海靖帮忙要回生意。海靖跑到总署，以军火之事为由，指手画脚，大吼大叫。

吼够叫够，海靖撂下狠话，扬长而去。过两天再上门，又一番吵闹。如是数次，诸臣答应退掉英美生意，改购德国枪炮。海靖又提出大额赔偿，说总署食言，德商预付的定金被厂家当违约金扣掉，损失惨重。还带着参赞、秘书和翻译，气势汹汹，跑进总署，强索赔偿款。翁同龢胆战心惊，点头哈腰，请坐端茶。海靖高声道：庆王哪去啦？怎么不出来见本使？再不出赔偿款，咱电令敝国驻沪舰队北上，进攻胶州湾。张荫桓端出万国公法，说德国文明之邦，不会行此违法无理行径。海靖道：公法母法，不如枪法炮法，老子驻非多年，都是用枪炮说话，枪炮所向，无不服服帖帖，乖乖听命。又说提租借是给大清面子，依咱在非洲的做法，舰到炮到，指哪是哪，懒得照会总署。海靖越说越激昂，站起身来，颐指气使，狂笑不止。

翁同龢鼓足勇气，开口辩驳，却蚊子样声细如丝。海靖尖了耳朵，没听清翁同龢嘤嘤啥，正要发作，忽传庆王爷驾到。奕劻身服团龙大褂，后跟十数随从官弁，气势烜赫，一拥而入。翁同龢几位起身肃立，三位德人却端坐椅上，视若无睹。见有洋人，奕劻脑袋蔫下来，碎步移到海靖座前，鞠躬打拱，再向参赞和秘书点头示媚。海靖又摇唇鼓舌，哇啦哇啦，大放厥词。奕劻哭丧着老脸，诉说清廷困难，无以满足德国要求，还请多多包涵。海靖拍案而起，指天画地，厉声训斥。奕劻与翁同龢面面相觑，赧然汗下，唇舌嗫嚅，不敢搭腔。海靖喷够，参赞接着上阵，信口开河，声震屋宇，全无众堂官置喙余地。

张荫桓实在看不下去，出衙去贤良寺请李鸿章。甲午战后李鸿章被削去一切职务，仅留文华殿大学士虚衔，翁同龢为戏弄老对手，奏任为总理衙门行走，意思是给自己当跟班。李鸿章知道翁同龢的小心眼，待在贤良寺，拒不当班。这天张荫桓到寺说，奕劻和翁同龢脑袋都快被海靖扭下来当皮球踢，实在有失国体，有丧国格，还请相国动步，前往维护大清颜面。李鸿章说，君暗臣昏，颜面早已扫地，还有啥可维护的？张荫桓又叙述几句海靖大闹总署原因，奕劻堂堂亲王，翁同龢两朝帝师，竟被洋人当崽骂，当孙斥，实在可怜，相国再不出面，洋人都要上房揭瓦了。

二

李鸿章出门上轿，儿子李经述手托翎顶，洋幕毕德格提只洋皮箱，环侍左右，由张荫桓前头引道，直奔总署。总署离贤良寺不远，不一会儿轿至署门外，张荫桓扶李鸿章出轿，李经述与毕德格跟上，穿过门廊，登堂入室。海靖还在咆哮，忽见门外晃进一个长长身影，扭头望将过去。长影背对天光，看不清其面目，只觉有股英气直逼而至。海靖心里一怔，快出口的污言恶语被舌头卷了回去。但见长影移入大堂，缓挪数步，即止不前，杵在那里，横眉扫向海靖。海靖认出李鸿章来。

李鸿章与美国总统格兰特、德国首相俾斯麦被誉为十九世纪世界三大伟人，海靖爷爷给俾斯麦做家仆时，闻知李鸿章大名，多次给孙子提及过，海靖来华后曾代俾相和爷爷至贤良寺拜访，对这位叱咤风云数十年的英雄敬仰有加。此刻英雄出现在堂上，海靖趋步而前，鞠躬致意，笑语问安。参赞和秘书也过来行大礼。李鸿章弯弯腰，从容坐到张荫桓搬来的太师椅上，问海靖贵庚几何。回说二十九。李鸿章说，正好与老夫孙子同龄。上年老夫出访贵国，受到德皇盛情款待，又会晤前首相俾斯麦先生，喝过祖君现磨咖啡。祖君与老夫年龄相仿，告知因俾相关照，孙子在非洲做公使，名叫海靖。想不到老夫回国不久，海使就到了中国，还亲自登门拜访，真给老夫面子。

嘴上说着，李鸿章目光定在海靖脸上，海靖心生惶恐，无言以对。奕劻、翁同龢及众堂官也愣怔着，没有吭声。李鸿章抬手摸摸头上瓜皮小帽，李经述会意，前挪半步，将手中翎顶戴到父亲头上。李鸿章扶扶翎顶，手臂一展，搭向椅子扶手。李经述上前来脱父亲身上便袍，毕德格则打开皮箱，拿出叠得方方正正的五爪蟒袍抖开，往李鸿章臂上套去。套到肘部，李鸿章咳一声，毕德格停止动作，俯身太师椅旁，不进不退，木偶一般。只听李鸿章慢条斯理道："海使瞧清楚，在座各位大臣，不是你爷爷辈，便是你父亲辈，你怎能如此没教养，放肆失礼呢？"海靖红着脸辩道："不是本使失礼，是总署失信，承诺进购德造枪炮，后又悔约另找他国，致使德商损失惨重，托本使与总署评理。外交和商贸以诚信为本，总署不遵契约，如何取信各国？"李鸿章道："遵守契约没错，请问总署与德商所签契约在哪里？把契约拿出来，总署不愿履约，老夫自掏腰包，赔偿损失。"

无理也气壮的海靖哑在那里，才想起总署不过嘴上承诺德商进购德造枪炮，并无文字依据，确实算不上真正契约。奕劻与翁同龢闻言，也猛然意识到，原来海靖空口无凭，一直没有实据在手。庸人与高手的区别就在这里，张荫桓赴贤良寺说到海靖胡闹缘由，李鸿章一听便明白事情要害在哪，奕翁却懵懵懂懂，仿佛蒙住两眼的驴子，被海靖鞭着绕了两个月磨盘，绕得晕头转向，绕得没有一点脾气。

海靖气焰全消。李鸿章抬高手臂，配合毕德格穿好蟒袍，长身玉立，拉拉袍领，甩甩宽袖，来回踱两步，说德国要租借胶州湾，总署不答应，海使扬言调舰运兵北上，以枪炮强租。且问德国能运兵多少？俾相与老夫论兵，说一国兵不在多，五万足够。德国地窄人少，只招得到养得起五万兵，吾国地大人众，招养三五百万，不在话下。德国能把五万兵都运到中国来吗？即使都运来，中国以数百万清兵，自能对付五万德军。海使也许要问，北洋覆灭，中国哪来这么多兵？告诉你吧，北洋仅为中国庞大军队之一，还有多军驻扎各地，总数何止百万。目下朝廷又在创建武卫军，装备先进，战力超强，出征或许不足，守土绝对有余。

海靖再不敢争执，只低头听训。奕劻与翁同龢重负尽释，扬眉吐气，开言嬉笑。李鸿章坐回椅子，放低声音道："海使可能不服，中国甲午惨败给日本，怎能抗衡德军？老夫告诉你，甲午大战并非中国败给日本，是老夫一人败给日本。老夫为何落败？因好手不敌两双，老夫要战日本，还要战中国，叫一人战两国。战前老夫极力主和，俟中国强盛，有取胜把握，再与日本决战，朝臣不同意，非借日军之力把北洋军和老夫整垮不可。为确保日本战胜北洋，击败老夫，朝臣明招暗招阴招使尽，开战前停购船炮，阻止和议，开战后压粮扣饷，参帅劾将，唯恐北洋与老夫不能败给日军。试想不是中日两国联手共同对付老夫，假老夫以时日，先富民，继强国，再兴军，区区日本一国，能是老夫对手吗？"

说得满堂喝彩，唯翁同龢无地自容，脸上一阵白，一阵红，低下脑袋，回避众堂官的目光。李鸿章缓缓起身，由毕德格和李经述左右拱护，迈开长腿，朝门外走去。几位洋人不自觉站起来，移步恭送出门。奕劻诸公也离座来到堂外，望着李鸿章钻入轿里，恍然远去。留下翁同龢一人，心灰暗，意茫然，坐不是，站不是，想李鸿章仅为行走，竟目无本领班，信口开河，大放厥词，真是岂有此理！海靖也不中用，平时趾高气扬，眼睛长在额头上，一见姓李的便夹紧尾巴，大气不敢出，不知李鸿章身上煞气从何而来，能镇住不可一世的洋人。

在洋人面前，翁同龢是脓包，对付李鸿章却颇有手段，通过光绪把他逐出贤良寺，叫他远离总署，没法干预外务。同时警告紫禁城周边租屋，不得租给卖国贼。还是三十多里外圆明园旁有善缘庵主，心生同情，答应李家暂栖。

三

李鸿章遭受排挤，难得现身总署，海靖比翁同龢还高兴，又盯上胶州湾，琢磨着早啃下来。值曹州出现匪股，洗劫官府民房，捣毁德国教堂，杀死两名传教士。海靖借机发难，以"剿匪"为名，调舰派兵，登陆青岛，占领炮台和港口，强租胶州湾。俄法英诸国公使跟着学样，纷纷上总署吵闹。翁同龢敌不过洋使轮番轰炸，屈从所逼，俄国拿下旅顺和大连，法国占去广州湾，英国租走威海卫、九龙和香港。

甲午战后日本割据台湾，毕竟付出不少代价，而德俄法英不放一枪、不施一炮，轻松进占中国领地，不显得清廷更加无能么？从前翁同龢骂李鸿章卖国，声音震天响，而今以帝师把政，主持军机与总署，卖起国来竟如此大方利索，不自掌嘴巴么？只是御史言官皆为翁门学生，一个个装聋作哑，缄口不声。也有未进过翁门者，呈折参劾翁同龢。光绪倚翁师傅为干城，以为他比李鸿章中用，谁知局面弄得更糟，让自己颜面扫地。

察觉光绪不满，翁同龢生怕大位不保，琢磨如何挽回颓势，重获主子欢心。逢新进工部主事康有为作《救国三策》，翁同龢觉得不仅属救国之策，更是自己的救命稻草，要康有为赶紧进呈。无奈康有为无专折奏事权，只能请工部堂官代奏。堂官们觉得康策出语耿直，议论放肆，不予理睬。康有为心灰意冷，卷好铺盖，准备出京另谋出路。翁同龢极力挽留，说正托人保举，即有佳音下来。保片很快递入宫中，说康有为学问淹长，才气豪迈，谙熟西法，具有肝胆，眼下时局艰难，皇上正宜破格召对，用其所长，共振清室。光绪见保，问翁同龢，康有为才能如何？翁同龢说，康有为才能强老臣百倍。

要说翁同龢可非凡辈，咸丰状元，同光帝师，主持户部、军机和总署，一向自视甚高，认为普天之下，学问也好，才干也罢，无人可出其右，连李鸿章文武双全，功高元勋，都不放在眼里，常讽其不学无术。因此师生相处二十多年，光绪只见翁师傅贬损人家，抬高自己，从未见其贬低自己，抬高他人，不想康有为初出茅庐，啥都不是，竟受其如此抬举，实在令人意外。翁同龢又趁机称赞康有为的《救国三策》及新著《日本变政考》《俄彼德变政记》，勾出光绪好奇心，索去细读，倍加赞赏。康有为深受鼓舞，大声疾呼："宗社存亡之机，在于今日；皇上图存与否，在于此时。伏惟皇上乾键独断，宣示天下，以维新更始，上下一心，尽革旧弊，采臣民之舆论，取万国之良法，或可图强，则宗社幸甚，天下幸甚！"

说得光绪热血沸腾，非进行一场颠覆性变革不可。康有为又献《请告天祖誓群臣以变法定国是折》，光绪激情澎湃，下诏宣布推行新政。又觉老人靠不住，新事非新人来办不可，于是起用康有为、黄遵宪、谭嗣同、张元济、梁启超等名宦新秀，运作变法。身边聚拢年轻鲜活的维新党人，光绪对翁同龢之类年迈昏庸老臣越发看不顺眼，准备召康有为入值毓庆宫，给予帝师恩遇。翁同龢深知头上光环和手中权力，皆出自帝师身份，一旦被康有为取代，自己什么都不是。怪只怪康有为小人得志，过河拆桥，于是状告其勾搭南海老乡张荫桓，与李鸿章暗通款曲，用心险恶。目的无非拿李鸿章刺激光绪，赶走康有为。

光绪不为所惑，翁同龢又呈上康有为所撰《孔子改制考》一书，说此著玷污千年孔教，妖言惑众，必乱朝纲，必毁人伦。原来，康有为认为维新变法重在改教，改教无非改儒教，只有重新定论甚至颠覆孔儒教义，才能彻底改变教制，造就适合时代需求之新人，以达到维新变法目的。试想翁同龢靠孔教两榜高中，当上帝师，风光占尽，若把孔教改得面目全非，自己饭碗岂不砸个粉碎？

讵料翁同龢不仅没能离间光绪与康有为，相反将学生彻底激怒。翁同龢把政多年，花言巧语，蛊惑朝廷，逼迫北洋防军与日决战，兵败如山，割地赔款。罢去李鸿章，一手把持军机和总署，外交连连失守，德踞胶澳，俄租旅大，法赁广州湾，英索威海与九龙，致使天怒人怨。为挽回面子，他力推康有为，欲借变法新事往自己脸上贴金，重树权威。康梁诸新人大刀阔斧，干得正欢，他转而又大泼冷水，说康有为坏话，不是出尔反尔，自掌嘴巴么？新恨旧恼叠加一处，光绪终于失控，夺过《孔子改制考》，直扇翁同龢老脸。旋即下旨革职，逐回原籍，永不叙用。还觉不够，又责成地方官府，严加管束，不让其乱说乱动。

可怜李鸿章功高勋重，名震中外，位显权大，拥兵自雄，而翁同龢手无寸铁，仅凭笔头一支，舌刀一把，先借东洋灭数万海陆防军，继夺其直隶总督和北洋大臣要职，仅留个文华殿大学士空衔在顶，夹尾入京，伴食总署，想想于其多么解气，何等明快！谁知半路冒出个康有为，呈数篇文论，发几番空言，便逗得光绪团团转，再也瞧不起朝夕相处数十年的师傅，恩断情绝，扫地出门，打回原形。翁同龢想不通，郁郁寡欢，没几年便含悲而逝，挺尸常熟祖屋。朝廷得报，装傻卖痴，无一两丧银，连谥号都不给。

四

翁同龢在朝四十多年，做了三件事：笼络君臣，谋位揽权，整垮李鸿章。三件事全都出于私心，没一件是小事，都如愿做成，不能不说能量够大。人家君子报仇，十年不晚，翁同龢报仇，四十年不晚，不得不令人惊叹。

四十多年前，翁同龢哥哥翁同书主政安徽，丧城绝师，影响恶劣，曾国藩为整肃江南官场，全力抗击太平军，让李鸿章代拟奏折纠劾，翁同书解京下狱，翁同龢怀恨在心，用一生力气爬官揽权，终报大仇。想不到自己竟败给初入朝堂无权无势的一介书生康有为，为情同父子的光绪所弃，颇具戏剧性。

人有私心，不足为奇，但身为国家重臣，翁同龢一辈子活在私心里，为一己私心不惜误国误民。反观李鸿章，立战功，成事功，包括忍辱签署所谓卖国条约，哪一样不是出于公心？公心可鉴，在位时不在乎翁同龢及其弟子们捣乱使坏，该干吗干吗。丢官去职，无权无势，依然虎威不减，走到哪里都气场满满，连洋使都敬服三分。戊戌变法失败，慈禧追杀维新人士，预谋废光绪，立他人，朝臣躲躲闪闪，支支吾吾，只李鸿章公然反对废立，出面营救维新人士，为国家未来留些希望。

最有意思的还是李鸿章外放两广总督，临行前入宫请训，慈禧批评他祖护康梁，无异康党。换作他人，早吓得屁滚尿流，跪地求饶，李鸿章却慨然答曰："老臣冷眼旁观百日维新，静室思忖，祖宗旧法果能富民强国，大清之强久矣，何待今日？主张变法图强即为康党，臣无可逃，何也？臣崇西学，办洋务，大半辈子所为，正是康党所倡。"

慈禧沉默良久，又说："你不是康党，为何康党维护皇帝，你也随声附和，与本宫作斗？"李鸿章说："老臣岂敢与太后作斗？只是太后欲废皇上，无可厚非，可立要立得在人，不然会坏大事。"慈禧再拿康党说事："康梁唯恐天下不乱，朝臣各怀鬼胎，一门心思盼本宫早死，让皇帝执政，好浑水摸鱼，各取所需。你不同于他人，深为皇帝忌恨，不行废立，哪天本宫老死，你还有好下场不成？"

这已不再像君臣召对，倒似老友交心。李鸿章非常坦然，说："老臣活一天算一天，待太后老死，老臣骨头已可做鼓槌，供人击鼓传花。至于皇上忌恨，老臣岂敢心存怨愤？要怨也只能怨翁同龢借帝师便利，屡进谗言，误君误臣，误国误民。至于反对废立，非为皇上计，亦非为太后计，乃为大清计，为天下苍生计也。"

此语句句出于公心，不杂半点私念，慈禧听得出来，自是心存感激。

人就是这样，只要私心作怪，定然行为委琐，举止龌龊，成为彻头彻尾的小人小丑，就像翁同龢一样。李鸿章心底无私天地宽，堂堂正正做人，大大方方做事，无所畏惧，敢说敢当，实乃令人敬服之伟男子大丈夫。

袁世凯读书

曾国藩与李鸿章师徒，外加慈禧太后，都属羊，分别生于1811年、1823年和1835年。因三人开创晚清同光中兴，人称"三阳（羊）开泰"。其实还有一"羊"，那就是比慈禧太后小两轮，生于1859年的袁世凯。

袁世凯崛起于朝鲜，中日甲午战争期间，施计从日军眼皮底下逃脱，回国受李鸿章青睐，获得天津小站训练新军的机会，趁清末新政，推行近代化改革，最后逼清帝逊位，和平推翻清朝，成为中华民国大总统。此系众所周知之大事，无须赘言。这里要说的是，袁世凯从小就是个有故事的人，且故事奇异，颇令人玩味。

袁世凯是河南项城人。项城袁家属书香门第与官宦世家，道光年间出了个袁甲三，两榜高中，花十余年时间，做到五品给事中。时值太平天国起义，咸丰皇帝委工部左侍郎吕贤基为安徽团练大臣，率袁甲三及李鸿章几位南下招兵买马，讨伐太平军。回皖没多久吕贤基战死，袁甲三转战皖豫，与河南老乡武陟人毛昶熙联手，多次大败太平军。十年后袁甲三病故，袁部归属毛昶熙，继续活跃于豫皖一带。毛昶熙很识时务，金陵一光复，迅速自解兵权，将手下人马统统交给蒙古亲王僧格林沁，携家眷返回北京，深受两宫太后和恭亲王信任，从此官运亨通，荣登工部和兵部尚书要位。袁甲三是项城袁家顶梁柱，顶梁柱一倒，袁家眼见即将败落，毛昶熙将袁甲三几位侄儿送入淮军大营，得到李鸿章关照，算是后继有人。

为报答毛家恩德，袁家将袁甲三侄孙女袁让嫁给毛昶熙大儿为妻。岂料婚期将至，毛子不幸暴病身亡，毛昶熙不得不忍悲退婚。袁家很失落。与毛家联姻，除报答毛家，更是为寻求靠山，振兴袁家，偏偏毛子命短，竹篮打水一场空。谁知袁让初衷不改，抱着未婚夫灵牌，毅然来到京城，走进毛家，天天吃斋念佛，超度亡灵。毛昶熙一直没能从丧子之痛里解脱出来，这个未婚便寡居的媳妇的到来，给了他极大安慰，把她既当媳妇，又当女儿，疼爱有加。毛家上下也格外敬重袁让，连对袁家都高看一等。事情一传十，十传百，传入宫里，慈禧太后联想自己夫死子少，独守空房，不禁鼻子一酸，大哭一场，而后专门颁旨，旌表毛家媳妇袁让，命在武陟大建贞节牌坊。

这于袁家和毛家来说，可是天大的荣耀。人心都是肉长的，毛昶熙觉得欠这个寡居儿媳太多，老想着如何回报她及袁家的恩情，问袁让有何诉求，尽管提出来。从本质上说，人是动物，跟其他动物一样没法完全超越趋利避害的本能，只不过趋避方式更多样，有直接和间接之分，有短期和长远之别。袁让并非木头，自然也有诉求，否则凭啥要为未见过面的亡灵及毫无实质内容的空洞的媳妇名分，搭上花一样的年华和一辈子的生命？原来几位投入淮军的袁家男儿资质平平，没太大出息，不足以振兴袁家，还须另选子弟，加以好好培养，再借毛家势力，以图重新崛起。这便是袁让肚里想法，不会明确透露给毛昶熙，只道自己独在异乡，每每想起项城袁家的亲人，难免辛酸苦楚。此乃人之常情，毛昶熙倒也能理解，给袁让出主意，项城老家若有她喜欢的弟妹，可派人接到京城来为她做伴，定能一解思亲之苦。

一语说中袁让心思。袁让有个弟弟叫袁世凯，聪明乖巧，讨人欢心。三岁看小，七岁看老，袁世凯虽才几岁，袁让便已看出其坯子不错，好好调教，日后重振袁家，颇有希望。袁让说了袁世凯名字。毛昶熙二话不说，派出家丁，赶往河南项城，把袁世凯接到北京，陪伴姐姐。又请名师，教其读书。袁世凯肯用功，但对舞枪弄棒更感兴趣，毛府都成了他的练兵场。毛昶熙也不阻拦，想着世道大变，光知寻章摘句读死书，不见得有啥出息，这小子对刀枪感兴趣，尽管由着他去，弄不好日后能派上用场。

然科考功名毕竟属正途，袁世凯稍长懂事后，自觉放下枪棒，潜心读书作文。只是一边读四书五经，一边忍不住搜罗兵书战策，读得津津有味，立志学万人敌。且口出狂言：三军不可夺帅，俺若得十万兵，便可横行于天下。又想，十万兵并非想得就可得，还须先博取功名，出将入相，才能执掌兵权，拥兵自雄。于是他又重拾经书典籍，没日没夜攻读，直读到口吐鲜血，晕死过去。做足准备，走出毛家，参加科考，却名落孙山。一怒之下，袁世凯将诗文付之一炬，愤然道："大丈夫当效命疆场，安内攘外，焉能龊龊久困于笔砚间，自误光阴耶！"

见袁世凯失去科考信心，毛昶熙也不赶鸭子上架，与儿媳袁让商量，让袁世凯步几位叔叔后尘，进了淮军大营。其时中日争锋于朝鲜，李鸿章派淮军提督吴兆有领兵赴朝。正值寒季，途中为河水所阻，官兵试水，觉得太凉，犹豫着不敢下水，袁世凯二话不说，脱掉鞋袜，挽了裤腿，大步涉水而过。贫家子弟做到这点不难，袁世凯乃大户人家出身，能做到如此确实不简单，连统领吴兆有都暗暗赞赏。入朝后才知日军已先至，正煽风点火，制造出王宫政变事件。吴兆有不知所措，袁世凯言明利害，先照会日本与各国使节，继率两千淮军开赴王宫，勒令日兵撤离。日兵不从，朝淮军开枪射击，吴兆有担心国王安全，举棋不定。袁世凯觉得日兵攻占王宫，目的无非驱王别立，亲日远华，不可轻饶。吴兆有仍无表示。袁世凯急道："当断不断，反受其乱，错过良机，坏我大事，后悔莫及矣！只好世凯豁出去，有罪在我，不用吴督担责。"说罢，挥师冲向宫门。吴兆有见已无退路，令余部投入战斗。一番激烈对攻，日军人少势单，落入下风，不得不丢下无数死尸，仓惶撤走。淮军占领王宫，然国王已不知所终，袁世凯四处搜寻，终于从景佑宫救出国王，恢复局势。

事发旧历甲申年，史称"甲申之役"。日本制朝阴谋破灭，大清在朝益权得到有效维护。其时袁世凯才二十五岁，关键时刻挺身而出，扶危定倾，令人刮目相看。且有勇又有谋，事先照会各国，事后巧于斡旋，赢得各方支持。此后袁世凯留在朝鲜，成为大清驻朝使臣。无人嫉妒是庸才，袁世凯行动果敢，办事得力，难免遭同行嫉恨排挤，渡海回国。途经天津，拜访李鸿章，李鸿章见小子长得像其叔爷爷袁甲三，念及当年与袁甲三同归江南征战的旧情，把袁世凯召入幕府，协助自己固海防、兴洋务、办外交。再说毛袁两家关系众所周知，李鸿章可通过袁世凯，加深与兵部尚书和总理衙门大臣毛昶熙的关系，以成就事功。

至于袁世凯，投奔李鸿章，无非想做实事，谋出路。李鸿章阅人无数，觉得人光聪明还不够，先没安排事给袁世凯，要他沉下心来，好好读些书。袁世凯不以为然，问：相国要学生读书，学生读啥书好呢？李鸿章说，世间书籍千千万万，够你读的。他让袁世凯拜于式枚为师，说别人学富五车，于式枚六车七车不止，随他读书，定会大有长进。

于式枚乃广西贺县（今广西贺州）人，少年得志，十五岁考取举人，十六岁高中进士，旋选翰林院庶吉士，继擢兵部六品主事，新近被李鸿章请调至津，办文理事。袁世凯读书曾读到吐血，再不愿接触书本，只因不好忤逆李鸿章，才去见于式枚。于式枚懂李鸿章意思，袁世凯年少气盛，还需用书本磨磨棱角，锤炼心志，方可担当大任。便叫着袁世凯字号道："慰亭想读什么书？"袁世凯说："学生听老师的。"于式枚道："给你找一批理学与西学之类书籍，慢慢研读，长了本领，日后好逐中原鹿，吞胡天骄。"

袁世凯少有异志，曾自制联语曰："大野龙方蛰，中原鹿正肥。"又另作诗道："眼前龙虎斗不了，杀气直上干云霄，我欲向天张巨口，一口吞尽胡天骄。"袁联袁诗曾盛传一时，官场上无人不晓，自然也瞒不过于式枚耳朵，才故意拿来开玩笑，弄得袁世凯脸上一红，不好意思道："只怪世凯少时狂妄，胡言乱语，老师见笑了。"于式枚欣赏袁世凯胸怀大志，找出一大摞书籍，送至其住处，嘱慢慢品读。袁世凯表面说愿读书，其实毫无心情埋首故纸堆，将书籍束之高阁，倒在床上，蒙头大睡，一心等待李鸿章委以大任。左等右等，别说大任，小任微任也没等来。实在耐不住寂寞，他干脆走出北洋衙署，甩着两手，四处游荡。游来荡去，正觉无聊，碰上自朝鲜撤回来的旧属，彼此勾肩搭背，走进酒馆，一醉解千愁。酒醒时分，才发觉买醉容易，解愁实难。又不想回衙署干坐枯睡，干脆在旧属簇拥下，走进妓院，打情骂俏，眠花宿柳，逍遥一时且一时。

袁世凯不肯读书，于式枚不可能强按牛头喝水，只好听之任之。偏偏李鸿章惦记着此事，把于式枚叫去，问袁世凯书读得怎么样。于式枚不好隐瞒，如实回答，说袁世凯成天在外与人鬼混，哪里看得进字纸？李鸿章皱着眉头道："你怎么当老师的，仅一个袁学生都管不好？"于式枚心想：袁世凯不图上进，不肯读书，你老人家不教训他，反过来责怪俺姓于的管不好，哪有此理？遂辩解道："袁世凯已老大不小，哪是想管就管得了的？"李鸿章道："小有小的管法，大有大的管法，只要你动动脑子，不信管不住他小子。"

于式枚只好回去动脑子。动上半天，终于想出一主意，用宣纸订成个本子，上写《袁皇帝起居注》，每天紧随袁世凯屁股后面，将其一举一动，一颦一笑，详记于本子上。袁世凯不知于式枚要干啥，想方设法躲避他，该吃还吃，该喝还喝，该嫖还嫖，该赌还赌。于式枚也不急，记上该记的，转回衙署，守株待兔。直到袁世凯醉眼惺忪出现在署门，再迎上去，作个大揖，高声道："袁皇帝圣驾回銮！"袁世凯望眼于式枚，打着酒嗝道："皇皇皇帝？皇帝在哪儿？"于式枚扬扬手里本子道："你不就是皇帝吗？你说过的话，见过的人，做过的事，微臣皆已详细记载于此，以便日后宣付史馆，垂之万世。"袁世凯哈哈大笑道："于老师记吧记吧，世凯无所谓。"东倒西歪回到住处，倒床便睡。

早上起来，隐约想起昨夜回衙时，曾见于式枚手上拿着一个本本，说是什么起居注，袁世凯心痒好奇起来。出门欲找于式枚问问，于式枚已站在门口，大声道："皇上圣安！"袁世凯道："皇上也是可随便呼唤的？于老师别逗我好不好？"于式枚道："皇上于前，臣下岂敢不呼不唤！"从袖里掏出《袁皇帝起居注》，道是皇上起居详情，皆已记录在案，恭请过目。袁世凯接过本子，翻开一看，只见上面写道：某年某月某日，袁皇帝在醉春楼喝酒两个时辰，大醉而归。又：某年某月某日，袁皇帝上烟馆抽大烟一晌，兴尽出楼。再：某年某月某日，袁皇帝于乐坊听曲半晚，醉眠至天亮。

皆系事实，袁世凯无法抵赖，不乐道："世凯闲极无聊，外出消磨时光，值得老师费此心机，浪费笔墨吗？"于式枚道："不浪费，不浪费，袁皇帝迟早会荣登大宝，微臣不过提前动手，秉笔直书，以传之于后世。"袁世凯服了于式枚，也意识到李鸿章之良苦用心，才变得规矩起来，不再外出吃喝玩乐，老老实实待在衙署里，一本本死啃于式枚选送的经书典籍。

多年后袁世凯逼清帝逊位，做上民国大总统，仍觉不满足，又改服帝袍，断然称帝，令人大跌眼镜。史家理解，主要原因也许是总统权力局限，遇事常受制于人，不像皇帝那样一手遮天，想干吗就干吗。或许还有一个史家没考虑进去的次要原因，即袁世凯无以忘怀早年于式枚给他写的《袁皇帝起居注》，弄不好正是于式枚这一好玩之举，让其落下心病，总觉得贵为总统，没人撰写起居注，太没意思，才回头称帝，过一把皇帝瘾。

只是不知八十三天的皇帝日子，有没有人真的给袁世凯撰过《袁皇帝起居注》。

甲午战争的正面与侧面

一

甲午战争已过去一百三十年，可每每提及那场战争，国人心情就会变得异常复杂，屈辱、悲凉、愤慨、仇恨，种种情绪积压于胸间，几乎喘不过气来。

那场战争之前，大中国一直把日本当成小弟弟，从来没放在眼里过，为何小弟弟突然肥了胆子，敢与大哥哥叫板，竟把大哥哥撂翻在地，狠命摩擦呢？要说此前两次鸦片战争，大中国败给欧美列强，那是人家联合行动，凭借先进武器，占了便宜，日本小弟弟毕竟不是西洋人，与咱大中国同根同源，竟然也来你头上拉屎拉尿，叫人情何以堪？

从古至今，国人最喜欢把"大中国"三个字挂在嘴边。大，不用多解释，无非中国地域广阔，人口众多，非大不足以彰显天朝上国的气概。这里主要说说"大"字后面的"中国"一词。中国由来已久，几乎与中土、中原、中州、中夏、中华同义。依《诗经》所言，即"惠此中国，经绥四方"。或曰："以声名洋溢乎中国，施及蛮貊。"一句话，位居世界之正中，其余都是边地四夷。这种中心观念，是地理的，更是文化的，也是历史事实，以汉字为文化之根的五千年中华文明，以其强大的影响力不断向周边辐射，促进了世界文明的进步。

这可不是空口说空话。典型的例子便是中国古代"四大发明"之一的造纸术，因纸张对人类文化传播和世界文明进步的贡献不可估量，美国《时代》周刊曾将造纸术发明人蔡伦纳入"有史以来最佳发明家"之一。在美国学者和作家麦克哈特《影响人类历史进程100名人排行榜》中，蔡伦位列第七，前十位名人依次为穆罕默德、牛顿、耶稣、释迦牟尼、孔子、圣保罗、蔡伦、古腾堡、哥伦布、爱因斯坦，可见蔡伦在世界人民心中地位之崇隆。不过本文要强调的是，中国不止有文治，更有武功。比如汉武帝，凭文景二帝积累下的丰厚家底，集中大量财力物力，招兵养马，攘夷拓土，东并朝鲜，南吞百越，西征大宛，北破匈奴，开创汉武盛世。唐代再度振兴，国力强盛，万邦来朝。两宋文治发达，武备式微，至元际蒙古铁骑四出征战，西达中亚、东欧的黑海海滨，全国面积逾一千三百七十六万平方公里，若加上所属国，以及西伯利亚和北冰洋无人区，多达四千五百万平方公里。

这组数字当然没有多少实际意义，但千百年来四周藩属国对中华文明的景仰和崇拜，则是货真价实的。数得着的藩属国就有：朝鲜、日本、琉球、越南、南掌、柬埔寨、缅甸、暹罗、爪哇、苏禄、锡兰、马六甲、浩罕、阿富汗、尼泊尔、兰芳等等。这些藩属国众星拱月，环绕着中国，千百年下来，处于文化核心圈里的君臣民众心理优势就这样慢慢形成。

转眼进入十九世纪，随着蒸汽机的发明和应用，西方列强制造坚船利炮，在扩张欲望驱使下，纷纷来到中国沿海，要求清廷放下傲慢，开展通商贸易，大清君臣仍端着天朝上国的架子，爱搭不理，或断然拒绝。你有架子，我有利炮，洋人见来文的不管用，干脆动用武力。大刀长矛敌不过列强的洋枪洋炮，大清被逼无奈，忸忸怩怩，跟人签署条约，该赔款赔款，该通商通商。更恼火的是，周边藩属国也一个个势利眼，见大清敌不过洋人，不再像以往样唯大清马首是瞻，大有弃暗投明之意。尤其日本，全盘搬用英国君主立宪那套，脱亚入欧，不愿再跟大清屁股后面跑。不仅如此，还老想着跟大清一决高低，争夺朝鲜驻军权，要大清怎么接受得了？

论到大清，还得从前朝大明说起。元朝存续不到百年，朱明取而代之，北方、西北和东北少数民族分裂出去，国土面积不断收缩，少时减到不足六百万平方公里。清廷入关，笼络北方和西北少数民族，又绥靖西南边地，国土面积大大扩容，出现康雍乾盛世。盛世云云，有人并不认同，但以三朝国土面积和人口数字衡量，还算勉强够格。然好景不长，随着西方航海技术大发展，世界格局大调整，大清面临的挑战越来越大。洋商用船装着钟表、皮货、人参、羽纱和机制棉毛织品，纷纷来华倾销，顺便捎些中国茶叶、丝绸、土布和瓷器回去赚差价，发大财。谁知中国人不喜欢洋货，洋人倒嗜好中国产品，西洋白银遂大量流入中国。

就在英国等列强为白银流失苦恼之际，洋商发现中国人对鸦片最感兴趣，于是在印度大量种植和生产，再运往中国倾销，从中国人口袋里赚走大把银子，成功扭转贸易逆差。做生意都是周瑜打黄盖，一个愿打，一个愿挨，本无可厚非，但清廷发现有些不对劲，鸦片生意那么火爆，官府并无好处，钱都被洋人和中间商赚走，白银流失严重，这样下去还得了？何况鸦片让人上瘾，一旦做上瘾君子，就差不多成了废人。道光皇帝于是派林则徐南赴广东禁烟，虎门销烟就是这么来的。鸦片属毒品，禁毒理所当然。这其实是今人共识，但当年世上还没有禁毒之说，英国人认为中国禁烟是侵犯私人财产，不可容忍。偏偏又发生英国水兵打死中国村民恶案，林则徐干脆封港，禁止一切贸易。要大发鸦片横财的洋人放着亮晃晃的银子不赚，这不是虎口夺食么？为使鸦片和洋货能进入中国市场，迫使清廷承认英国平等贸易国资格，英国政府经国会授权，悍然出兵，却一直没宣战，认为这不过是一次军事行动而已，是对清廷的报复，而非正儿八经的战争。

战争也好，军事行动也罢，都是双方盲目自大导致的。依中国自古以来的天下观，只有唯我独尊，五服朝贡，没有平等外交之说。可延及晚清，已进入近代社会，清廷仍以天朝上国自居，态度傲慢，英国不堪忍受，将清廷的鼻孔朝天和故步自封看成落后表现，觉得有必要诉诸武力，迫使中国就范，并推向近代世界，以便往来贸易，互利互惠。结果，清军的大刀长矛和土炮没法抵挡英军的洋枪洋炮，惨败在所难免。但督抚递回朝廷的奏报却写着清军大获全胜，洋人节节败退。道光圣心大慰，暗想：几个英蛮法夷，胆敢犯我天朝大国，不是上门送死吗？可道光还没高兴够，英军攻下广州，接着沿海北上，一路打到南京。

见纸已包不住火，地方督抚才不得不据实禀报。道光始而愤，继而悲，最后唯有认怂，被迫签下《南京条约》，重新开港，让洋商登岸，继续卖鸦片赚大钱。鸦片毒吾国民身体，还让白银源源不断流向西洋，朝廷自然郁闷。有大臣脑袋灵光，说洋人来中国卖鸦片发大财，大清干嘛不自产自销鸦片肥肥腰包？道光茅塞顿开，恩准于土地肥沃、气候温和的云南、四川种植鸦片，云烟川土应运而生。云烟川土生产成本低，不用越洋运送，价廉物美，自然大行其道。反之，洋鸦片运输成本高，没有价格优势，竞争不过云烟川土，洋商自动放弃鸦片生意，改销中国人没法生产的洋机器洋枪炮之类的玩意。

大动干戈没能禁止洋鸦片，清廷另辟蹊径，以毒攻毒，竟轻易从洋商手里夺走制售鸦片的市场，这大概是已作古的禁烟英雄林则徐想不到的。然鸦片生意虽给朝廷增加了收入，毕竟祸害官民身体，没啥值得荣耀的，君臣成就感不大，肚里还是窝着火。此后，华洋矛盾渐多，一些洋人在华为非作歹。杀洋人，夺洋货，最让人解恨，官府不仅不阻拦，还暗暗支持。洋人自然不干，闹到官府，要求地方督抚依约办事，惩治凶手。

督抚口里应承，却并不当回事，杀洋凶案频发，洋人动用枪炮，报复官府。第二次鸦片战争时，有一次洋人竟掠走两广总督叶名琛，带到印度，关进笼子里供人欣赏。叶总督不堪其辱，绝食而亡。

二

看透大清君臣怕硬不怕软，洋人常常小题大做，动枪动炮，自南京一路北上，陈兵烟台、天津等港口，逼清廷签署条约，非同意跟他们做生意不可。搁今天，人家不跟你玩，还要费大力筑巢引凤，招商引资，发展经济，可晚清君臣对经济兴趣不大，重要的是维持统治和面子，见商如虎，见资如豹，生怕外商外资入境，扰乱民心。大清是满族政权，防汉还防不过来，海上又冒些红毛蓝眼的洋人出来，能不心惊肉跳？

惊吓中道光驾崩，咸丰登基。咸丰开始还挺有抱负，勤于政事，无奈生不逢时，洋人无事生非，应付不过来，太平军又兴起于广西金田，风卷残云，杀向江南，占领南京，建立天国，数度西征北伐，可谓内忧外患。跟太平军对抗多年，一直拿不下对方，倒是洋人运来大批洋枪洋炮洋舰，这边卖给清军，那边又售与太平军，比当年卖鸦片赚头更大。这也就罢了，洋人还不识趣，今天逼签条约，明天催要优惠，咸丰咬牙切齿，恨不得亲自上阵，手刃洋人。尤其英法舰队，得寸进尺，挑起事端，袭击天津大沽口炮台，迫使清廷签下《天津条约》。条约首款写明"华洋互派公使，英法公使常驻北京"。当年的公使如同今天的大使，同意英法公使驻京，就是承认对方贸易国地位，两国可平起平坐，互通有无。

咸丰最气不过的就是这一条。你英法蛮夷占我港口，杀我官民，赚我银子，也就罢了，还要蹭鼻子上脸，欲与我清廷平起平坐，简直岂有此理。咸丰心里耿耿，让大臣到上海去与英法代表交涉，取消公使驻京、内江通商、内地游历等条款，且换约地不能放在北京，改作上海，以免辱我天朝上国面子。洋人讲实惠，没法理喻这种可笑的面子观，坚持原约不变，非进京换约和派公使驻京不可。换约日期将至，英法公使乘舰抵达天津，准备自大沽口西航进京。驻守大沽口的蒙古亲王僧格林沁为给咸丰消气，命炮台开炮，偷袭毫无防备的英法舰队，击毁洋舰三艘，毙伤洋使洋商四百多人，英国海军司令受伤。

这是鸦片战争以来清军唯一胜利，咸丰出了口恶气，争回面子，弹冠相庆，重赏僧格林沁。此事后果众所周知，不用细说，英法组织联军攻大沽，占天津，打进北京，火烧圆明园，咸丰撤掉一败再败的僧格林沁，弃京逃往热河，留下六弟恭亲王奕䜣与英法周旋，议和换约，多赔银子，把英法联军请出北京。纵观此次事件，洋人固然可恶，但咸丰出尔反尔，僧格林沁玩阴招，也无甚可爱。咸丰出逃后再没能回京，病死热河，清廷进入慈安、慈禧和恭亲王同治时代。这三人比咸丰聪明，努力与洋人搞好关系，同时大胆任用曾国藩、李鸿章、左宗棠等汉臣，平定了太平军和捻军。

李鸿章率领淮军东征北战过程中，购置洋枪洋炮洋舰，广泛接触洋将洋商，清楚地意识到要强军富国，必须放下天朝上国身段，拜洋人为师，值三千年未有之变局，创三千年未有之奇业。内战结束后，李鸿章从兴洋务，到主外交，再到创海军，促使大清军政经济齐头并进，史有同光中兴之誉。故李鸿章七十岁那天，慈禧、光绪和王公大臣纷纷送上重金重礼和寿联，张之洞除送大金大礼外，还献上花三天时间挖空心思写成的贺寿赋，用所能想得到的汉语里最华丽的词句，把李鸿章及其麾下的淮军和北洋海军吹上了天，仿佛大清已成铜墙铁壁，再也无人能奈我何。

张氏谀辞极尽浮夸奉承之能事，不足为凭，不过确也代表了当时君臣心态：我大清终于有了火力威猛的枪炮和军舰，足以保住天朝上国面子，不会再被人小瞧。只有李鸿章心里清楚，手里淮军和北洋海军到底有多大能耐。所以，当朝鲜事发，君臣逼其出兵，庇护属国，教训日本，为大清扬国威、挣面子时，李鸿章难免尴尬，暗暗叫苦不迭。

光绪逼李鸿章出兵朝鲜，背后原因还不只是面子问题。光绪父亲是咸丰七弟奕譞，母亲系慈禧妹妹，也就是说光绪具有慈禧侄儿和外甥两重身份。也正是这特殊身份，慈禧在儿子同治驾崩后，才扶四岁的光绪继位登基。皇位一坐十四年，直到十八岁，光绪亲政，慈禧撤帘，结束听政，后又离开紫禁城，住到奕𫍯主持修葺的颐和园。为修葺颐和园，奕𫍯不惜拼老命，园成人垮，倒地而亡。奕𫍯动机明显，就是让慈禧搬到颐和园养老赋闲，别再干预儿皇执政。修葺颐和园需要大把银子，奕𫍯还挪用过海军衙门办公经费。有人说是海军经费，并不确切。当然动用海军衙门办公经费，也会影响海军建设，那是毋庸置疑的。

慈禧久掌皇权，知道晚清局势复杂，担心光绪年轻把持不住，驻跸颐和园后，让他每两天过去请训一次。请训云云，无非军政要务需请示慈禧恩准。紫禁城与颐和园相距三十余里，轿来轿往，得一整天，十日半月跑一趟没事，两天请训一次，不把人累死？光绪叫苦不迭，又不敢违抗。权力只对权力来源负责，毕竟大清江山是慈禧与曾国藩、李鸿章、左宗棠等君臣保下来的，光绪皇位也来自慈禧，只能服从。当时慈禧不到六十，身体健康，又善于保养，一时半会儿不可能驾崩，光绪真不知这苦差事何时能了。光绪老师翁同龢深表同情，启发光绪，必须干出一两样大事，树立皇威，真正执掌军政大权，才可能摆脱慈禧控制。

大事说来就来，朝鲜农民起义，请大清出兵戡乱，理由是朝鲜为大清藩属国，属国有事，主国岂可袖手旁观？李鸿章掌握淮军和北洋海军，要戡乱自然得由他派兵。主办外交多年，李鸿章知道西方的天下观已变，国家不论大小，皆主权独立，不存在藩主藩属之别。平时朝鲜政府也有意淡化与大清的藩属关系，只因国内出事没法摆平，才以属国名义，低声下气求助大清。李鸿章本不想理睬朝鲜，禁不住光绪师徒一再催逼，才不得不派兵赶赴朝鲜。

清军刚入朝，还没交上火，起义军见势投降，与朝鲜政府议和息事。李鸿章正要下令撤兵，日本派兵进驻朝鲜。朝鲜有两派势力，一派亲日，一派亲华，亲华派希望清军留下，亲日派不愿日军离岛，弄得清军进退两难，李鸿章一边命令驻朝部队准备撤兵，一边动用列强力量，敦促日本退兵。日本有备而来，意在先占朝鲜，再窥大清，哪肯善罢甘休？朝鲜局势波云诡谲，清廷主战的主战，主和的主和，摇摆不定。慈禧、奕䜣、李鸿章亲历和主持过多起战争，比如征讨太平军、讨平捻军、新疆平叛、中法之战，知道打仗绝非好事，无论胜负，都会死不少人，烧大笔钱。战后大清经三十年苦心经营，办洋务，兴商贸，尽力与列强修好，实现同光中兴，若为朝鲜用兵，枪炮一响，又会一夜回到从前，实在得不偿失。

可年轻光绪没这么想。他想的是如何建功立威，真正执掌皇权，做个敢说敢当的神气天子。曾国藩和李鸿章讨伐太平军和捻军那会儿，光绪尚未出世。左宗棠新疆平叛那阵，光绪刚出生落地。到中法战争，光绪虽已登基，但少不更事，至中日在朝鲜相持不下，光绪觉得堂堂大清，还被蕞尔小国日本挑衅，岂不太憋屈？西洋人欺上门来，大清打不过人家，只能忍气吞声，东洋人也自不量力，在朝鲜起衅，是可忍，孰不可忍？与堂兄同治皇帝不同，光绪自小爱读书，书上载明朝鲜不只是中国藩属国，还是日本进攻中国的跳板，具有重要战略意义。明朝为保障在朝利益，没少跟日本干架，大清入关后也派公使进驻朝鲜，扶持朝鲜亲华势力，不给日本可乘之机，至咱光绪亲政，难道要放弃朝鲜不管，任日本胡作非为？大清富国强军，不就为对付洋人，维护天朝上国尊严么？

这么想倒也没错。只是战争残酷，输赢难料，光绪以为只要增兵朝鲜，击退日军易如反掌。再说养兵千日，用在一时，李鸿章花费那么多银子，供淮军，建海军，就是用来打击外敌，扬我国威的，关键时刻不出手，不白养了一番？

三

光绪自然不是孤立的，附和他主战的大臣不少。这些大臣都是朝中文臣，只主战，不用亲赴前线参战，反正打仗是李鸿章的事，他们只负责放口炮。世上任何战争皆如此，主战和发动战争者都是不用亲自上战场的人。光绪不用上战场，身边文臣也不用上战场，主战声才一浪高过一浪。尤其光绪老师翁同龢，其主战声音最高亢，最响亮，直入云霄。

翁同龢是江苏常熟人，其父翁心存做过帝师，授体仁阁大学士，两位兄弟也官至巡抚。翁同龢更是同治年间的状元郎，满腹经纶，先后教过同治和光绪。做帝师是读书人的最高理想，但翁同龢觉得还不过瘾，借帝师便利，谋得军机大臣和户部尚书实职，再凭自己特殊地位，大力培植亲信，安插到各要害部门，几乎满朝都是翁门人。翁同龢如此苦心孤诣，除为了出人头地，青史留名，光宗耀祖，还有一个最大目标，就是要盖过李鸿章。

早年翁同龢哥哥翁同书在安徽迎战太平军，失策不力，弃城逃跑，被曾国藩弹劾，索拿京师，差点丢掉脑袋。其时李鸿章身在湘军老营为幕，劾翁奏章就出自李之手。李鸿章文笔毒辣，字字句句点到要害，尤其结尾杀伤力更猛："臣职分所在，例应纠参，不敢以翁同书之门第鼎盛，瞻顾迁就。"意思好懂，俺曾某人本不敢得罪翁同书，只因肩负抗击太平军重责，也就顾不得翁门权大势炽，只能据实参劾，整肃军纪。试想，为消灭太平军，曾国藩不惜开罪翁家，朝廷难道还好意思庇护翁同书么？慈禧和奕䜣迫不得已，将翁同书下狱候斩，活活气死其父翁心存。翁心存以老命相抵，朝廷不便再斩翁同书，改判流放。

这段公案史有确载，属实不假，但要说李鸿章刀笔杀人，多少有些夸张。事实是清廷视湘军为消灭太平军唯一力量，曾国藩要惩治临阵脱逃的翁同书，朝廷还不得不卖他面子。但翁同龢不会怪朝廷，只能把仇记在曾李师徒头上。偏偏曾国藩死后，李鸿章掌管海陆大军，又兴洋务，主外交，翁同龢拿他没法，只有暗暗使劲，壮大自己，静静等待时机，以报大仇。翁同龢还确实有些能耐，不仅入值军机，还谋取户部尚书要职，将钱粮大权抓到手里。别看李鸿章拥有淮军和北洋海军，但军队离不开军需，军需由户部下拨，翁同龢拨款大权在握，正好给老对手李鸿章添堵。

要说陆军，尚可屯田垦荒，自我补充给养，海军没法在海里种粮，全靠朝廷拨款供给。海军开支粗分为两块，一养兵员，二养舰炮。舰炮停泊海港，容易锈蚀，维修开支不小，且多由英德制造，升级换代快，更需大钱添购更新。李鸿章长袖善舞，一方面争取慈禧支持，讨来部分款项，一方面借办洋务之便利，四处筹款，才于1888年让水师升级，打造成像模像样的北洋海军，同时也让南洋水师、福建水师和广东水师争取机会，添舰加炮，提升战斗力。这是北洋海军最辉煌的时候，此后，直至1894年甲午期间，翁同龢以种种理由拖欠和克扣海军经费，舰炮购置和维修费更是一两银子都没拨过，海军只能勉强维持。而此时的日本，为打造近代海军，政府投入，军民捐助，天皇与皇后甚至节衣缩食，拿出生活费，交由军队购舰置炮，三四年时间海军实力便超过北洋海军。

照说翁同龢又不是皇上，莫非他少拨还是不拨海军军费和购置维修费，李鸿章就拿他没法？还别说，李鸿章就是拿翁同龢没法，除非学英法联军，带着海陆两军打进北京，逼光绪取下翁同龢脑袋。李鸿章当然不可能这么做。他办洋务，理外交，建海防，就是想富国强军，创三千年未有之大业，大清再出点什么乱子，岂不前功尽弃？翁同龢则不会这么想，大清不是他保下来的，他只知君子报仇，四十年不晚，不借教光绪读经书和拨户部算盘珠子的便利整垮李鸿章，又怎么对得起自家父兄？翁同龢也就没少在光绪耳边嘀咕，防人之心不可无，李鸿章掌管海陆大军，万一有啥想法，挥师进京，皇上如何是好？大清皇帝最忌汉臣带兵，对于李鸿章军权在握，心里总感觉不踏实，翁同龢一挑唆，光绪更加睡不安稳，也就默许翁同龢克扣停拨海军军费和购置费，限制其发展。

至于慈禧和奕䜣，尽管还算信任李鸿章，但脑袋里也没法抹去清朝入关后喊了两百年的声音：汉人一强，满人必亡。加之一个撤帝归政，一个抱病在家，光绪纵容老师做小动作，也不便过多干预。光绪又在筹备慈禧六十寿庆，这可比李鸿章添舰购炮重要得多，翁同龢省下军费，讨好太后，谁敢有异议？光绪默许翁同龢阻碍海军发展，遇朝鲜有事，却逼李鸿章出兵，战胜实力已赶超清军的日军，试图为自己树立皇威，坐稳天子，这不滑稽么？

回顾大清富国强军局面，确实来之不易。十九世纪中叶，外有西方洋枪洋炮轰击，内有太平军和捻军起义，大清一夕数惊，焦头烂额，幸曾国藩、左宗棠和李鸿章等汉臣迎击起义军，才免于灭国危机。国内战争平息后，清廷痛定思痛，放手让李鸿章引西学，建学堂，造西器，筑铁路，兴交通，办电报，开矿山，倡商贸，创海军，收三千年未有之奇功，实现近代化，国家一度出现同光中兴气象。尤其1888年北洋海军创建，拥有军舰25艘，官兵4000人，陆海军总兵力多达80余万人，实力为亚洲第一，世界第九。

当时世界主要资本主义国家逐步向帝国主义过渡，日本经明治维新，脱亚入欧，产业革命出现高潮。作为岛国，日本资源匮乏，市场狭小，加之社会转型各种矛盾尖锐，以天皇为首的日本统治集团试图从对外扩张中寻求出路。早在1874年，琉球漂民被台湾高山族杀死，日本便借口琉球为日本属邦，大举进攻台湾岛。清军出兵，双方实力悬殊，加上日本士兵水土不服，兵败撤离台湾。1876年，日本以武力打开朝鲜国门，宣称朝鲜为自主之邦，保有与日本国平等之权，把清朝宗主国名义排斥在外。西方列强纷纷支持日本，美英想利用日本牵制俄国在远东的势力；德法欲浑水摸鱼，夺取新的在华利益；俄国虽对中国东北和朝鲜怀有野心，但尚未准备就绪，眼睛紧盯中日两国。

至1882年，朝鲜发生壬午兵变，中日同时出兵，清军虽压制住日军，但日本还是取得朝鲜驻军权。1884年，日本指使朝鲜开化党发动甲申政变，企图驱逐大清在朝势力，袁世凯率兵击败日军，订立专条，规定中日两国同时从朝鲜撤兵，两国出兵朝鲜须互相通知。之后日本加强兵备。1888年北洋海军成立前后，日本以国家财政收入60%发展海军和陆军，天皇每年自宫廷经费中拨出三十万元，再从文武百官的薪金中抽出十分之一，补充军舰购造费用。以1890年为例，日本海军二千吨位以上的战舰5艘，总吨位约17000吨，而北洋海军二千吨位以上的战舰有7艘，总吨位27000多吨。至1892年，日本建立起一支拥有63000名常备兵和23万预备兵的陆军，包括6个野战师团和1个近卫师团。海军拥有军舰32艘、鱼雷艇24艘，总排水量72000吨，超过北洋海军。日本还出动乐善堂、玄洋社等间谍组织潜入朝鲜和中国，加紧对中国各方面的情报搜集和渗透。

四

就在日本君臣齐心，官民齐志，文武齐力，共建海陆强军时，清廷君臣各怀私念，军政钩心斗角，只有一个李鸿章唱独角戏，为富国强军上蹿下跳，疲于奔命。

李鸿章既兴洋务，办外交，又手握淮军和北洋海军，集政权、军权和外交权于一身，难免让清廷忌惮。连汉臣也羡慕嫉妒恨，尤其光绪老师翁同龢，因与李鸿章有私怨，没少在光绪面前诋毁之。又以光绪要花钱给慈禧修葺颐和园为由，克扣海军军费，停拨炮舰购置款。故1888年北洋海军建军后，虽然李鸿章靠多年洋务事业积累下的家底，自筹资金，陆续筑造了大沽口、威海卫和旅顺三大海军基地，但再没增添任何舰炮，舰炮渐渐老化，与日本新添战舰大炮相比，航速迟，火力弱，射速慢，先前的优势已然丧失。

李鸿章本意，建海军基地，修筑炮台，主要配合舰队镇海固土，重在防守，从没有过出海攻击敌军之意。这也是中国千年传统，因幅员辽阔，物产基本能自足，自古只有防御意识，毫无对外扩张冲动。加之晚清列强欺上门来，能防御强敌入侵，已属不易，哪里还敢驾驶战舰，出击敌舰，入侵敌国？比如定远和镇远两艘铁甲舰，听名字就知道目的是定和镇。事实也是，以沉重的铁甲舰看家护院，辅以炮台护卫，优势明显，若驶离军港，出战敌舰，航速迟缓，舰炮射速慢，肯定占不到上风。日军看出这一点，特意购置航行灵活、炮射快速的轻型战舰，以引诱大清定远和镇远等重舰出海，像群狼围猎笨狮样，聚而歼之。

仿佛有意配合日本，1894年朝鲜东学党悍然起义。政府出兵镇压，却节节败退，以藩属国名义向清廷乞援。世界已进入民族国家时代，民族国家的主权和边界是清晰的，小国也属主权独立国家，与大国间的主藩概念正日益淡化。李鸿章深明国际大势，中日朝三国关系又错综复杂，认为不宜干涉朝鲜内政，应以干好大清自己的事情为首务。但君臣抱着旧观念不放，觉得藩属国的事也是大清的事，不能让日本占朝鲜便宜，非出兵干预不可。何况养兵千日，用在一时，淮军和北洋海军花掉那么多银子，是骡是马，总得拉出来遛遛。李鸿章被逼无奈，派直隶提督叶志超和太原镇总兵聂士成率淮军2465人，分三批乘船渡海，登陆朝鲜牙山。

其时日本伊藤博文内阁正面临议会不信任案，为转移视线，也先后派出1200多人，进入朝鲜首都汉城。中日两国兵至，朝鲜东学党起义军见势不妙，赶紧与政府达成和议，事态平息下去。朝鲜政府要求中日两国撤兵，撮合日本驻朝公使大鸟圭介与清廷驻朝大臣袁世凯谈判。日本政府一边电令大鸟拒绝共同撤兵协议，一边抛出"中日两国共同协助朝鲜改革内政"的幌子，迅速设立有参谋总长、参谋次长、陆军大臣、海军军令部长等参加的战时大本营，开始不断增兵朝鲜，侵朝日军很快达到8000余人，比之驻朝清军，占有绝对优势。李鸿章寄希望于美英俄等列强调停，企图迫使日本撤兵，谁知日本早做足外交文章，列强都采取观望态度，调停均告失败。日本又先后两次向清政府发出绝交书，不仅拒不撤兵，还反诬中国有意滋事，扬言发生意外事件，日本政府不负其责。继提出五项二十七条朝鲜改革方案，逼朝方否认中国宗主地位。朝鲜政府首鼠两端，既担心清国有所图谋，又反感日本蛮横，敷衍塞责，一再督促日本撤军。

朝鲜乱局纷然，大清朝廷也吵成一锅粥，慈禧和奕诉主和，光绪和翁同龢主战。光绪一心想着增兵朝鲜，弹压日军，以建功立威，争取大臣拥戴，摆脱慈禧控制，不会去想大清会败给日本。翁同龢自知1888年以来，一直在卡李鸿章脖子，与后来居上的日军作战，清军胜算不大，可这没关系，只要借日本枪炮击败淮军和北洋海军，定叫李鸿章脑袋难保，成为千古罪人。届时就是慈禧想留李鸿章小命，李鸿章手无寸兵，也只能任人宰割，最后死在大狱里。万一李鸿章打败日军，咱姓翁的也不吃亏，还有主战之功，光绪会更加信任自己，待哪天李鸿章老死，让自己接管淮军和海军，也不是没这个可能。

心里打着如意算盘，翁同龢不断怂恿光绪，逼李鸿章增兵朝鲜。光绪态度坚决。慈禧暗想，李鸿章身经百战，对付小日本也许不在话下，何况自己已归政光绪，身处颐和园，也不便太过干涉，也就听之任之。还暂免光绪两天一趟出城赴园请训苦差，以专注战事。光绪乐不可支，劲头更足，觉得不出兵朝鲜，也对不起太后的大恩大德。

挡不住光绪一再追逼，李鸿章只得派遣海军战舰，分批护航运兵船，往朝鲜添兵。伊藤博文大喜，命日军大本营加紧开战准备。1894年7月20日，日军大本营编成以伊东祐亨为司令的联合舰队，蠢蠢欲动。日本驻朝公使大鸟圭介向朝鲜政府发出最后通牒，责其废华约，逐华兵，限48小时内答复。朝鲜继续敷衍日本，日本借机出兵，突袭汉城王宫，击溃守军，挟持朝鲜国王，解散亲华政府，另扶亲日大院君李昰上台摄政。

中日两军开战。日军袭击途经丰岛海面的大清运兵船舰，成欢驿的大清驻军也遭日军偷袭。叶志超、聂士成等驻牙山清军绕道汉城，撤往朝鲜北部重镇平安道首府平壤。先期赶至平壤的马玉昆毅军、卫汝贵盛军、奉字练军、盛字练军构成四大军29营13526人，与从牙山退回的叶志超、聂士成部汇合。李鸿章电令叶志超为驻朝各军统帅，叶志超命士兵在平壤内城、中城、外城及东北城4区，建筑堡垒27处，迎战日军。

日军集结16000多兵力，分四路围攻平壤。清军分兵抗拒，数度重创日军。此后互有胜负。关键时刻统帅叶志超病倒，神志不清，于战局胶着之际，树白旗停止抵抗，全军撤退。日军在清兵退路上伏击，清军阵脚大乱，死亡2000人，被俘500余人。此后六天里，清军狂奔五百里，逃至鸭绿江边，渡江回国。日军一路高歌猛进，占领朝鲜全境。

护送运兵船的北洋舰队离港前，李鸿章千叮咛万嘱咐，速去速回，守卫大清门户当紧。平壤陷落后第三天，已完成护航任务的北洋舰队，从鸭绿江口大东沟返航，与日军联合舰队遭遇，爆发震惊世界的黄海海战。海战历时五个多小时，北洋舰队沉毁5舰，伤4舰，日本联合舰队重伤5舰。两军舰队都使出了看家本领。日本联合舰队以进攻型的轻量级战舰为主，航速快，进退转挪灵活。战舰上火炮多，射速快，炮弹都是已升级的爆破弹，击中目标后可引起爆炸，威力无比。相比日本舰队，北洋海军因翁同龢停拨购置费，自1888年建军后长达六年时间再没更新任何设施，战舰锈蚀，锅炉老化，舰炮多为实心穿甲铁弹，也就是铁皮里填的砂子，并非炸药，弹头不会引爆，只能靠击穿敌舰甲壳，使其进水下沉。后世批评北洋舰队腐败，穿甲铁弹里不填炸药，弄些沙子自欺欺人，那是不知实情。

就这样，在两军战舰战炮隔着代差的情况下，北洋舰队官兵以命相搏，与日军联合舰队大战五个多小时，直至天黑才各自退出战场。这里有必要说说，北洋舰队参战的定远和镇远两艘铁甲舰。这是李鸿章专门从德国定购的，属北洋海军的镇港之宝。前面说过，这种体量庞大的铁甲舰笨重，适合防守，不宜进攻，李鸿章赖以镇守大清门户，轻易不愿让其离港，以己之短，迎战敌舰之长，只因迫于光绪追逼，大量增兵朝鲜，需为运兵船护航，才不得不亮出家底。日军巴不得北洋舰队离港出海，终于逮住千载难逢的机会，与北洋舰队大干一场。日舰主要目标自然是定远、镇远两舰，战术运用也非常清晰，先把北洋其他战舰击伤逼退，再以舰多势众，群狼咬笨狮般，分头围攻两舰。两舰被日舰速炮击得百孔千疮，因体大量重，竟然没翻沉，日军无奈其何，天黑前先逃离战场。

遭此重创，定远和镇远两舰元气大伤。丢下沉沦的战舰返航后，北洋舰队战斗力大不如前，李鸿章下令维修伤舰，同时联络日本政府，谋求和谈。日军占领朝鲜，已付出不少代价，只要清廷赔偿损失，愿意停战。李鸿章便与日方代表商谈，从一千万赔款谈到三百万，然后电告朝廷。光绪大发雷霆，本想着派兵入朝，赶走日军，扬眉吐气，谁知为日军所败，还要倒赔银子，那怎么行？索性将李鸿章痛骂一顿，命他陈兵鸭绿江岸，非与日军决一死战不可。

五

李鸿章实在没法，只能硬着头皮，遥控指挥，调度鸭绿江江防，又敦促海军抓紧修复伤舰，布置海防。同时继续与列强沟通，请求给日本施压，逼其收兵。

可怜李鸿章七十二岁高龄，在血脉偾张的年轻光绪威压下，既要调兵遣将，又要外交斡旋，仿佛现在的国防部长和外交部长，由其一人肩挑。外交职责是息战，以和为贵。国防职责是备战，以战为功。李鸿章要忙和，还要忙战，也够他折腾的。折腾还在其次，战与和本是不可调和的矛盾，属两个不同方向，两种不同思路，生生往一个脑袋里填充，世上除李鸿章，恐怕没几人能同时应付得过来。

转眼来到十月下旬，东北早已入冬，可淮军战士身上还是夏天入朝时穿的单衣。李鸿章向光绪讨要给养，光绪命翁同龢拨款，翁同龢说国库空虚，不多的银两得筹备太后六十大寿，哪能交给李鸿章挥霍？光绪说，莫非仗别打了？翁同龢说，仗还得打，下道圣旨，命淮军就地筹粮办饷，问题不就迎刃而解？下圣旨还不容易？当皇帝就是下圣旨的嘛。光绪依老师意思，旨令淮军自办粮饷衣物，地方如有不从，严惩不贷。东北已是冰天雪地，到哪里去弄粮饷衣物？皇帝不差饿兵冻勇，淮军单衣空腹，卧在雪地里，迎战虎狼日军，能让他们守住鸭绿江防线吗？日军很快打过江来，淮军掉头就跑，死伤无数。伤无异于死，军中只几个土郎中，熬几锅草药汤汁，根本没法疗伤。死也白死，朝廷不给一分钱抚恤，淮军姓淮不姓清，是李家军，没正式入籍，除非李鸿章面子大，让殉国士兵所在老家府县旧属给点烧纸钱。

反观日军士兵，入伍时政府花大力气，给钱给荣誉，安抚家属，可谓一人当兵，全家光荣。到军队后装备优厚，给养充足。受伤有战地流动医院，用西医及时救治。战死运回家乡，风光大葬，优待妻儿父母。日军打的是近代立体战，全国上下联动，天皇和皇后出面动员，民众倾囊而出，战时大本营则统一调度，打胜如何奖赏将士，打败如何收拾残局，都有详细预案，背后还有舆论造势、信息情报、外交斡旋，一样都不缺。当时列强隔岸观火，不愿出面阻挠日军入朝，就是日本提前做足文章，把中国军队说成入侵朝鲜，日军则是正义之师，入朝驱赶侵略者，改造朝鲜政体，向西方文明靠拢。洋人听不到中国声音，也就任凭日本信口雌黄，误以为真，纷纷倒向日本。

清朝沿用抗击太平军和捻军时的旧军制，旧套路，将李鸿章一人推向前线，抵抗日军立体近代战，两种隔着代差的战术，未曾开战，输赢便以命定。所以，晚清史专家说李鸿章一人敌一国，此言一点不假。甚至不止一人敌一国，是一人敌两国，李鸿章前面要敌日军，背后还要跟朝廷周旋，躲避明枪暗箭。日军入境后，海陆并进，包抄辽东半岛，朝中就有言论，说李鸿章里应外合，故意放日军入境，欲借日军推翻清朝，自己来做皇帝。

这些话经翁同龢嘴巴，灌入光绪耳里，光绪拍案而起，下旨罢去李鸿章一切职务，只因一时找不到合适人手替代，才格外开恩，让其留任察看，继续指挥清军抗敌，以戴罪立功。又担心李鸿章真会图谋不轨，另委派大臣入津，监督其举动，发现端倪，立即禀报朝廷。连远在武汉的湖广总督张之洞也没闲着，派心腹潜往天津电报局，查抄李鸿章对外通电，以便掌握其投敌叛国证据，及时禀报朝廷，惩奸除恶。又举荐李鸿章死对头李秉衡任山东巡抚，名为驻防，实为监督驻守烟台、威海等处的北洋海军，防止他们投敌叛国。

李秉衡到任伊始，不设防，不布阵，先派人监视北洋海军动态，及时密电朝廷。旅顺陷落时，督促其同党奏斩海军提督丁汝昌，丁汝昌被罢去一切职衔。日军趁势渡海东来，李秉衡担心日军正面进攻威海难度太大，撤走荣成守军，留给日军登陆缺口。还密示陆路统领戴宗骞，提防丁汝昌叛逃日本。丁汝昌布防威海，对陆军斗志表示担忧，提出做好炸毁陆路海岸炮台的建议，被戴宗骞当作通敌误国罪证举报给朝廷，朝廷令将丁汝昌解交刑部治罪。还是李鸿章言明山东海防不能没有丁汝昌，光绪才暂且饶过他。

日军没有"辜负"李秉衡殷切期望，正面进攻受挫，绕行荣成湾，轻松登陆，占领刘公岛后路。丁汝昌一边布防，一边向烟台方向的李秉衡求援，朝廷也命李秉衡出兵。李秉衡谎称正在拒敌的北洋海军已经覆灭，不仅不出兵，还以整编为由，带着各地调往烟台附近的兵力后撤登州府所在地蓬莱，坐等北洋海军覆灭的谎言成真。丁汝昌困守刘公岛一个月，没盼来一个援兵，最后被日军攻破，自杀殉国。

再说张之洞肯替朝廷着想，防患于未然，光绪和翁同龢非常欣赏，命其代替北上抗敌的刘坤一，署理两江总督。张之洞喜不自胜，连夜乘船，千里金陵一日至。清朝八大总督，以直隶总督为首，两江总督次之，湖广总督位居第三，张之洞早就盯着直隶和两江，切盼李鸿章和刘坤一早死，自己顺位进阶。偏偏李刘身体不错，一时三刻死不了，张之洞正急不可待，所幸中日开战，只等北洋海陆两军败给日军，李鸿章以死谢罪，刘坤一再出点差错，自己肯定有落地桃子可捡。果然李鸿章焦头烂额，刘坤一受命北上，自己如愿署理两江，下步主持直隶和北洋，也就顺理成章。肚里藏着这份念想，张之洞也跟翁同龢不谋而合，决计不能让日军败给北洋海陆两军，于是与李秉衡联手，非把李鸿章灭掉不可。

至于刘坤一，原系湘军宿将，早年做过知州、布政使，后由巡抚荣登两广总督，直至两江总督兼南洋大臣，统领南洋水师。中日两军在朝僵持时，刘坤一窥明光绪动机，大声主战，待两军开打后，李鸿章奏调南洋水师兵舰，刘坤一以种种借口推辞，不出一舰一兵。后日军入境，光绪不放心李鸿章，授刘坤一钦差大臣，北上节制关内外各军对日作战，大有取李鸿章而代之之意。刘坤一没张之洞积极，接到钦命，迟迟不愿动身。迫不得已登程，又走走停停，找各种借口拖延。刘坤一不傻，中日还没开战，就知清军必败，不愿调南洋水师战舰北征。南洋水师不比北洋海军，战舰本来就不多，吨位少，舰炮落后，一旦东南沿海有事，自身难保，哪有多余战舰调给北洋？不过多年前南洋有只名曰"操江号"的木壳舰艇，属江南制造总局自行设计制造的中国第一艘暗轮船，被李鸿章调往北洋水师。李鸿章增兵朝鲜时，操江号随济远、广乙等舰，运送兵员、饷银至朝鲜牙山，返航时在丰岛遭遇日舰，发生激战，操江号被日军掠走。刘坤一闻知，向日军索要操江号，说跟日军作战的是淮军和北洋海军，南洋水师无意与日为敌，操江号原属南洋，还请发还为盼。由此可看出，在刘坤一心里，甲午战争并非中日两国之战，只不过是日军与李氏淮军加北洋海军争战。朝廷命刘坤一为钦差大臣，北上督军，无非急病乱求医，也不管其有无回天之术。

李鸿章不指望刘坤一挽回败局，也不在乎朝臣中伤和光绪给自己的处分，该怎么还怎么。一旦淮军败亡，北洋海军覆灭，自己成为光杆司令，不论光绪罢不罢免，都只能任人宰割。只好知其不可而为之，调兵遣将，勉力抵挡日军。前线将士听说李鸿章丢官去职，越发心灰意冷，毫无斗志，心里想着，靠山倒掉，自己一旦死在日军枪口下，只怕连收尸的人都没有，更不用说抚恤家中父母和子女。淮军斗志丧失，兵败如山倒，辽东形势堪忧。

这么下去，别说辽东，山东和天津也会沦陷，届时北京危矣。李鸿章又找日本政府调停，争取和议。日本国小，后劲不足，局部取胜容易，打起持久战来，肯定耗不过大清，也愿息战，当然赔偿比未出朝鲜时翻了数倍，非两千万两银子不可。李鸿章奏报朝廷，光绪预感战胜日军无望，愿意和谈赔款。慈禧太后也有此意，只是嫌赔款数字太大，李鸿章说只要朝廷愿意和谈，赔款数还可与日本讨价还价。翁同龢把消息透露出去，朝中群情激愤，大骂李鸿章卖国不心疼，开口就赔银两千万两。

翁同龢倒不心疼银子，反正户部银库的银子不是他户部尚书的，怕就怕光绪答应和谈息战，淮军和北洋海军未灭，依然没法拿李鸿章怎么样，便力劝光绪：清军入朝迎战日军，没有太大优势，失败难免，现本土作战，军民同仇敌忾，胜算挺大，李鸿章无非想保持淮军和北洋海军实力，日后好跟朝廷叫板，朝廷不能中了他的圈套。光绪还在犹豫，翁同龢又说听听刘坤一意见，他是湘军宿将，比李鸿章忠君爱国，他说可战就战，说和就和。

刘坤一已在北上途中，接到电旨，吱声不得。前文说过，中日开战之初，刘坤一知道光绪主战，跟张之洞样，喊战声比谁都高，反正有李鸿章调度淮军和北洋海军抵挡日军，与自己这个两江总督无关。这下钦差北上督战，刘坤一还真没法改口主和。你躲在后方，大声主战，现快到前线，突然主和，不是贪生怕死么？刘坤一只好回电说只能战，不能和。

刘坤一态度早在翁同龢预料之中。光绪收到刘坤一电奏，坚定信心，搁置和议，令李鸿章继续迎战日军。李鸿章见电，仰天长叹，这是把大清往死路上逼啊。当即回电，说继续战可以，但请皇上做好迁都准备，移驾西安，号令全国上下齐发力，支持罪臣，先敞开口袋，放日军入内，再慢慢打持久战，日本熬不过大清，终究会失败，最后胜利属于大清。

满族人口不到汉民百分之三，经营北京两百多年，好不容易扎下深根，一下子连根拔起，迁都西安，身陷汉人包围圈，大清还能保得几时？何况金窝银窝，不如自己狗窝，光绪生于王府，长于深宫，过惯锦衣玉食的日子，一旦离开北京，外出奔波，哪里吃得起这个苦？慈禧也不愿离京，加之人近六十，大寿在即，真的迁都，死在外面，如何是好？这大约是慈禧和光绪母子俩难得的一次心照不宣和默契。不愿迁都离京，日本打进来怎么办？母子俩不敢往远处想，只令李鸿章拼命也要挡住日军，决不能让鬼子靠近北京。

可怜李鸿章，在光绪威逼下，以一己之力，贸然出兵出舰，引狼入室，防御规划全被打乱，朝廷又不愿从长计议，与日军打持久战和消耗战，只能把淮军和北洋海军拼光，以使清廷不再怀疑人心怀鬼胎，拥兵自雄。

战争结果不用赘述，辽东半岛和山东半岛沦陷后，北洋海军覆灭，淮军四散，不复存在。日军向天津靠近，剑指北京，光绪不愿离开紫禁城，只能跟日本议和。大清屡遭西洋痛击，现又败给东洋小日本，君臣谈洋色变，没谁敢面对洋人，光绪只好起复无职无权的李鸿章，赴日和谈。日本狮子大开口，要价四亿白银赔款，李鸿章苦苦争取，口水说干，对方减到三亿，再不肯松口。所幸日本浪人小山丰太郎出现，在李鸿章面颊骨头里留下一粒弹头，引起国际舆论大哗，日本迫于压力，减去一亿，最后定为两亿白银赔款。

中日开战以来，李鸿章与日本数度纠缠，日本先索赔三百万才愿意停火，继要价两千万息战，清廷君臣坚决不肯，直到兵指北京，朝中君臣为苟且偷生，割地、赔款两亿也认了。

六

甲午战争大清惨败给日本，日军在海陆战场过程中手段残忍，无所不用其极，令人发指。尤其旅顺屠城，将手无寸铁的平民，包括无数妇女、儿童，杀得几乎一个不留，其暴行罄竹难书。但如果不反省自己的败因，光声讨对方，毫无意义。就像一个人挨了揍，要懂思过，要强身健体，勤练内功，日后再揍回去，或不跟人争斗，也要对方再不敢欺侮你。

依愚之见，大清无非败于人性的丑陋。这丑陋可用四个字概括：愚妄自私。诚然，甲午战败，前线的李鸿章、叶志超、丁汝昌，朝中的慈禧、奕䜣等人都有不可推卸的责任。但这几位还有自知之明，清楚战争就是赌博，要死人，要烧钱，即使备战再充分，也不见得一定能赌赢。李鸿章中年征战江南，带头冲锋陷阵，敢于刀头舔血。上海虹桥保卫战打得非常残酷，李鸿章堵在桥头，抓过后退将领的后领，对退到桥上的士兵说："谁敢再退，我先把这小子砍掉，再砍你们"，逼迫将士重新掉过头，打退太平军，保住虹桥，也保住上海。曾国藩闻知，赞赏学生既可为帅调兵，又可为将上阵，自叹只能在后方筹粮办饷，没能亲经阵仗。

也许打了一辈子的仗，见过太多生死，待到七十二岁高龄，遭遇朝鲜争端，李鸿章不愿轻易言战，让自己的子弟兵前去送死。事实上，李鸿章办洋务，兴商贸，建海军，目的在于先做好自己的事，富国强军，以免再遭外侮，并非要与外洋争强好胜。所以购置军舰，加固沿海炮台，都是以防御为主，没有太多进攻考量。进攻用矛，防御用盾，拿着盾出国去碰日军的矛，不可能击倒对方，反倒使得后方防守空虚，被动挨打，导致惨败。

矛与盾的用处，李鸿章最懂，所以他只想固守阵地，以逸待劳，迎战外敌。迫不得已出兵，也极力寻找时机，求和止损，谁知光绪在翁同龢诱导下，非把淮军和北洋海军逼入绝境不可。李鸿章之败，败得明白，那是知其不可而为之，并非私心作怪，否则为保全淮军和北洋海军，抗旨不从，光绪也拿他没辙。反观光绪，听信翁同龢唆使，出于建功扬威私心，不知天高地厚，以为一战功成，自己便可摆脱慈禧控制，做上真天子，简直愚妄之极。日军入境，辽东失利，李鸿章几度言和，日本也有意愿，光绪拒不同意，非战下去不可。要战不可能速胜，唯有迁都打持久战，又下不了决心。待淮军打散，海军覆灭，北京危在旦夕，光绪六神无主，生怕步咸丰后尘，求和意愿比谁都迫切，赔再多银子也无所谓。

至于翁同龢、张之洞和李秉衡之流，纯粹是坏，且坏得透顶，心里根本没有国家利益，只有私仇、私怨和私利。李秉衡与张之洞联手捣鬼的丑闻暴露后，推卸责任，相互撕咬，实在令人厌恶。翁同龢更不用说，听闻海军和淮军惨败，李鸿章成为光杆司令，简直兴高采烈，比日本人还得意，情不自禁打开日记本，拿起笔头，以录心迹。因过度兴奋，思维阻塞，琢磨半天，也没想出好词，最后留下四个字：真明快哉！

故甲午战争，不是日本胜中国，而是翁同龢胜李鸿章，终于让他一了旧怨。后光绪渐渐醒悟，去恭王府看望弥留之际的六叔恭亲王奕䜣，问如何评价翁同龢，奕䜣恨恨道："翁同龢是国家最大罪人，聚九州之铁不能铸其错也。"至戊戌维新运动，翁同龢担心康有为夺去自己帝师荣宠，醋劲大发，借康有为《孔子改制考》告御状，光绪忍无可忍，举过稿本，直扇老师老脸，然后革去其一切职务，逐出京城，永不叙用。翁同龢死后，光绪不赠谥号，连丧银都不给，清朝近三百年的王公大臣里绝无仅有。

可见个人也好，国家也罢，自私愚妄最容易坏事，不止甲午惨败，晚清七十年的种种悲剧，无一不是这四个字造成的。日本发动甲午战争，也源自这四个字，又由这四字派生出可怕的邪恶，导致日本此后数十年的大灾大难。当时日本政府出现危机，首相伊藤博文为转移视线，决定赌一把，无耻地伸出邪恶之手，调动整个国家机器，发动侵朝战争，凭先进的武器和战术，赶走驻朝清军，攻入中国，取得完胜。某种程度上说，中日甲午之战，是愚妄落后与邪恶先进之战，邪恶先进战胜愚妄落后，一点也不意外。但后来日本也因"邪恶先进"而走向邪路，最终败亡。

也许有人会说，伊藤博文不是赌赢了吗，赢就是王道，管他邪恶不邪恶？伊藤博文确实赌赢了，一下子拿走两亿赔款。可巨款没给日本人民带去任何福利，百姓一分钱都没拿到，相反让军国主义更狂妄，用赔款加码备战，十年后又跟俄国打了一仗。此战同样取得胜利，拿到好处，可日本人民还是未获益，赔款全部用来填充军国主义的野心，让他们产生幻觉，以为武力和邪恶可战胜一切，继续扩军，三十年后再次侵华，企图吞并中国和亚洲，被美国在广岛投下两颗原子弹，才把他们炸醒。

至于战争祸首伊藤博文本人，历经甲午战争和中俄大战后，似乎意识到没完没了的战争别无好处，只会把国家拖入深渊，便尝试着纠错，以减轻自己罪过。1909年10月，为解决日俄争端，伊藤博文赴哈尔滨与俄国财长谈判，在车站检阅完俄军，走向出站口时，伪装成日本人的朝鲜独立运动盟主安重根挤到他前面，掏出左轮手枪，连开三枪，伊藤博文应声倒地，十几分钟后气绝身亡。

若伊藤博文没被刺杀，日本军国主义也许可能有所收敛，不会越陷越深，以至再次发动侵华战争，犯下滔天罪行。李鸿章与伊藤博文是对手，却也惺惺相惜，彼此敬重。伊藤博文说过，李鸿章是中国唯一可跟列强一争长短的人物，此言确实不虚。

有意思的是，两人都是在对方国土上遭刺杀，仿佛上天有意安排好的。甲午战败，李鸿章赴日谈判，日本浪人小山丰太郎为阻止和谈，迫使日军灭掉中国，刺杀李鸿章，在他颊骨里留下一颗弹头。一时国际舆论哗然，李鸿章由被动变为主动，逼日本让步，使大清少出一亿赔款。几年后李鸿章代表清廷出使俄国和欧美，洋医要给他做手术，取出颊骨里的弹头，李鸿章断然拒绝，说这是古今中外最贵的子弹，轻易拿掉，自己亿万身家岂不掉价？

伊藤博文反而没李鸿章幸运，被安重根击中后，当场死亡，朝日矛盾更加不可调和，也使日本在军国主义邪路上越走越远，终至自取灭亡。

世上没有任何一场战争非打不可，无非政治狂徒出于一己私欲或阶级利益，让千千万万血肉之躯为自己的野心和狂妄陪葬。

划时代的人物

李鸿章活得长，功业无数，转眼逝去一百二十年，依然毁誉不断，众说纷纭。那么李鸿章到底何许人也？

他是恩师曾国藩的替手。曾国藩门生故吏成百上千，真正被其认可的关门弟子唯李鸿章一人。李鸿章二十岁投奔曾门，随师学习理学和为人处世之道，继中进士，做翰林，仕途顺风顺水。曾国藩回乡丁母忧时逢太平军兴，受诏组建湘军，与敌苦战。李鸿章归籍保家卫国，浪战多年无果。直至入曾幕，师徒联手，化解一个个政治和军事危机，湘军得以发展壮大，步步走向辉煌。后在老师栽培下，独立门户，率淮军东征，保沪平吴，廓清金陵外围，湘淮楚三军共同发力，消灭太平军，挽清廷于既倒。同样由曾氏扶持组建楚军，功成名就的湘人左宗棠，在失去共同敌人太平天国之时，竟翻脸不认人，与曾国藩闹掰，势同水火。李鸿章却因湘军裁撤，成为老师替手，以淮代湘，承担起讨捻和国家防务重任。难能可贵的是，随后李鸿章身处高位四十年，三句不离"我老师"，致使曾国藩身后名声竟高过生前。李鸿章找对贵人，成就一生伟业，曾国藩选对替手，哀荣崇隆，人亡政不息，真可谓有其师，便有其徒，一时传为美谈。

他是三军统帅。安徽在金陵眼皮底下，无论太平军北伐还是西征，皆首当其冲。李鸿章又为人裨将，做不得主，难有作为，却还是因功由七品编修步步升至三品按察使衔，也算没白浪费数年光阴。直到进入曾幕，由曾师奏建淮军，挥师东征，才犹蛟龙入海，方显英雄本色。湘淮楚三军合击金陵，大功告成，曾国藩封侯，曾国荃、李鸿章、左宗棠三人封伯。受封四人里，曾国藩能帅不能将，曾国荃能将不能帅，李左既是将才，又是帅才，实在难得。后曾国藩统兵讨捻，铩羽而归，李鸿章接过老师手里帅旗，仅用一年半时间，先后消灭东西二捻，声震朝野，更是无人能及。然而后来甲午一战，兵败如山倒，声名扫地，被人说成内战内行，外战外行。此战很吊诡，除光绪急于一战取胜，树立皇威，摆脱慈禧控制外，无人不盼北洋军败北，好看笑话。也怪李鸿章雄居北洋军二十五年，被朝臣视为眼中钉、肉中刺，都想借日军之手，灭掉北洋海陆防军，才极力怂恿少不更事的光绪，逼以防为主的北洋军出兵朝鲜，与备战十年势在必得的日军决战。李鸿章心知朝臣用意不善，却迫于光绪压力，孤注一掷，以致全军覆没。朝臣皆大欢喜，竟对日本心存感激。战争祸首伊藤博文卸任首相后，有人竟提出重金聘其来华总理大清朝政。伊藤得闻，西渡来华，朝臣感其打散北洋海陆两军，由衷欢迎，盛情款待。湖广总督张之洞还把伊藤请到武昌，大开中门，敬若神明，不惜花费十数万两白银，日日欢宴，夜夜笙歌，弄得伊藤不好意思，大呼无功不受禄，太过奢侈。张之洞笑而不语，心想，你帮大清君臣灭掉北洋两军，拉不可一世的李鸿章下马，功莫大焉。由此看甲午之战，李鸿章以一人敌两国（日本和清廷），虽败犹荣，并不能掩其统军高手本色。

他是洋务运动领袖。李鸿章率淮军至沪伊始，便迅速组建洋枪队，在保沪平吴诸战中发挥出巨大威力。洋枪洋炮太贵，开支不起，又自设洋炮三局，仿制洋枪洋炮。后美商出售能造洋器的旗记铁厂，李鸿章赶紧接盘，与三局合并，成立江南制造局，开创中国洋务大业。从此，李鸿章走到哪里，就把洋务办到哪里，中国自主经营的首条铁路，首根电报线，首座机器挖煤的矿山，首家机器纺织厂和造纸厂，首支股票，首家海外商店，甚至首盒国产火柴等等，皆由其倡办。国人只知詹天佑主持修建中国第一条自主设计施工的京张铁路，被誉为"中国铁路之父"，不知詹天佑系曾李师徒奏派首批公费留美幼童，学成归国后，又是李鸿章把他招往直隶，安排到铁路总工程师英国人金达身边做帮工程师，参与修建唐胥铁路和关东铁路，才本事渐长，后袁世凯总督直隶，让其独立自主修成京张铁路。詹天佑即是铁路之父，李鸿章自是"铁路之爷"。清廷能实现同光中兴，无疑得益于蓬蓬勃勃的洋务运动。办洋务带来的好处多多，扩充军备，提升实力，还能增加就业和税收。因制造、航运、商贸的兴起，晚清财政收入成倍增加，富国强军目标基本实现，不然朝廷也不会动念修葺颐和园和圆明园，尽管此事遭受非议不少，但从侧面也体现出兴办洋务确实给国家带来不少看得见摸得着的实惠。

他是海防之父。中国属农业大国，习惯关起门来，自给自足。军事上也只善陆战，不擅海防。遇到战事，最多在内陆江湖建几支水师，配合陆军作战。事实也是，帆船时代，万里波涛胜过万里长城，不必担心海上来敌。谁知洋人发明蒸汽机，改帆船为轮船，开向中国沿海，要求通商贸易。天朝不进油盐，洋人以枪炮说话，国门因而洞开。李鸿章意识到大清仍欲闭关自守，独立于海洋时代之外，已绝无可能，于是奏建近代海军，固我海疆，同时加强外交斡旋，施展一硬一软两种手段，确保国家安全。北洋海军应运而生，大清一跃成为亚洲第一和世界第七的海军强国。奇怪的是清廷态度暧昧，白天视北洋海军为国家海防力量，夜里又觉得属李家军，担心李鸿章拥兵自重，公器私用。朝臣窥知清君矛盾心理，时不时找个借口向李鸿章发难，说他居心叵测，图谋不轨。翁同龢甚至借帝师权威和执掌户部便利，停拨海军年费和购置费，致使北洋海军很快被后起的日本海军超越。直到借日本力量，灭掉北洋海陆两军，翁同龢之流才松下一口气，睡上安稳觉。不过不管怎么样，李鸿章开创中国近代海军先河，为后世建设新式海军打下基础，积累经验，做出范本。

他是外交天才。起初大清自视天朝上国，不把洋人放在眼里。后被洋炮轰开国门，又畏洋如虎，谈洋色变，谁都不敢正面与洋人交往。唯李鸿章不怕洋人，觉得洋人比国人好打交道得多。时人就有说法，李鸿章怕慈禧，慈禧怕洋人，洋人怕李鸿章。李鸿章为啥不畏洋人？用中国老话说，叫知己知彼，百战不殆。只是李鸿章不愿跟洋人战，只愿跟洋人和，以便有利同分，有福共享。换言之，李鸿章知洋人，洋人也知李鸿章，彼此才谈得来，尿得到一个壶子里。不像其他许多国人，闭目塞听，不屑接触西学西物，与洋人观念不同步，思维不同频，也就鸡同鸭讲，猫跟狗辩，没法谈到一起去。谈不到一起就会闹别扭，相互掐架。李鸿章深知洋人想法和做法，与洋人交往时才不卑不亢，只管围绕利益二字，讨价还价，能为国家争得一分是一分。满朝文武，为何只李鸿章一人知洋人，懂洋人？其实没啥奥妙，无非阅读人家。就在君臣埋首四书五经时，李鸿章坐在书房里，用耳朵"听读"美国人毕德格用汉语译读欧美各国著作。一"读"就是八百多种，让李鸿章对世界大势和国际法则了然于心，与洋人交往时才毫无障碍，有时世界观比洋人还全面。李鸿章周游欧美各国，跟洋人聊制造，聊政体，聊民主，聊新闻自由，句句在行，头头是道，令人叹为观止。怪不得重武力更重智力的洋人敬仰李鸿章，把他与德国首相俾斯麦和美国总统格兰特并称为十九世纪世界三大伟人。

他是朝廷替罪羊。李鸿章属羊，长于巢湖边，战于长江边，仕于大海边，一生没避开过水。"羊"加"水"，便是"洋"，李鸿章喜读洋书，擅办洋务，建北洋海军，与洋人周旋，无时不离洋，无事不离洋。所办洋务洋事，皆经朝廷恩准，白纸黑字，有据可查。不少朝臣忌洋人，恨洋务，不敢直接找洋人叫板，更不敢指责慈禧和光绪，只好迁怒于李鸿章，拿他当替罪羊，口诛笔伐，李鸿章一生被弹劾达八百多次。战败议和，割地赔款，说是卖国行为，没法开脱。至于开埠通商，其实利大于弊，搁今天叫招商引资，筑巢引凤。中国近代化进程，没一样离得开洋人。甲午之战起衅于朝鲜，本可避免一战，君臣出于私人目的，逼北洋海军出战，以至败给日军。战后李鸿章赴日谈判，挨日本浪人小山丰太郎一枪，换取停战，少赔一亿白银，事后又以外交手腕，逼日本吐出辽东。朝臣痛恨李鸿章多事，花钱创办海军，不然没谁逼他与日军开战，也就天下太平，乾坤朗朗。又怪小山丰太郎枪法差劲，留下李鸿章老命，怂恿光绪请出祖庙青龙刀，铡李以谢天下，幸被慈禧知晓，出面制止。后义和团起事，慈禧受载漪蒙骗，放义和团进京灭洋，引来八国联军，京破君逃，李鸿章远在广州，毫不相干，却还是毅然北上，谈判议和，避免国家被多国大卸八块，亡国亡种。议和成功，回到贤良寺，他已心力交瘁，大口吐血，俄国公使又上门逼签中俄东北条约，李鸿章拒不认签，驱走俄人，随后气绝身亡，只是死不瞑目，两眼一直瞪着。海洋时代到来，清廷还想学鸵鸟，把脑袋埋进沙地里，独立于国际大家庭之外，已根本不可能，总得有人站出来，开启近代化，且代君民接受教训，承担苦难。这人便是李鸿章。在洋人眼里，李鸿章无异于中国的耶稣。只不过耶稣背负十字架，受人膜拜，李鸿章只能背着千古骂名，被人唾弃至今。

他是女主的政治情人。曾国藩、李鸿章和慈禧都属羊，共创同光中兴局面，叫"三阳（羊）开泰"。曾国藩和慈禧是李鸿章的大贵人，没有两人，也就没有李鸿章，没有如火如荼的洋务运动和近代化。曾李师生关系众所周知，李鸿章与慈禧的君臣关系则非常微妙。美国人画过李鸿章娶慈禧为妻的漫画。这纯属无稽之谈，不过挺有意味。也许在洋人眼里，慈禧与李鸿章若成为夫妻，中国事情肯定好办得多。至少朝臣不敢随便攻击李鸿章，他可放开手脚，大兴洋务，大办海防，早日实现富国强军理想。此画或许在暗示世人，李鸿章与慈禧虽成不了夫妻，至少也算是一对政治情人，不然也不可能相互扶持，共同度过漫漫四十年政治生涯。咸丰驾崩后，女主执掌朝政，重用曾李左等汉臣，消灭太平军和捻军，结束十五六年的战乱，迎来难得的和平岁月，自然雌威如仪，风韵清远。高大英俊气宇轩昂的李鸿章入京请训，这是两人初次相见。两年后天津教案发生，女主调任李鸿章为直隶总督兼北洋大臣，拉近彼此的地理距离和心理距离。此后李鸿章每次入京，女主都会单独召对，商议洋务、外交和海防，几乎言听计从。李鸿章也没辜负女主，所托之事办得漂漂亮亮，连赠送的礼物都非同小可，如献三里多长的窄轨铁路安于西苑，供女主出门训政和游玩用。世上谁送得起铁路给君上？只李鸿章想得到，又做得到。女主很钟爱和信任李鸿章，公然说李鸿章是再造玄黄之人，无鸿章，则无大清。八国联军犯京，女主携光绪西逃，李鸿章入京议和，其他条件暂且搁置，先说服各国将女主排除在祸首名单之外。这有"女主无存，国将不国"之考量，也是回报女主一生的知遇大恩。

总之，李鸿章的角色太多，凡此种种，不一而足。其实李鸿章最重要的角色，还是工业文明的开创者。工业文明是对农耕文明的超越。农耕文明难逃社会周期性崩溃宿命：崛起于战乱的王朝初期，人少地多，温饱不难；进入中期，人口增长，劳力和兵源足够，治世甚至盛世出现；至后期，人口膨胀，定量的土地上的定量出产养不活不断增加的人口，民不聊生，饿殍遍野，一旦遭遇天灾人祸，便引发战乱，人口急遽下降，直至新王朝建立，进入下一个轮回。远如明末李自成揭竿而起，近如晚清洪秀全太平军起义，主要原因便是土地与人口失衡，出现大量饥民，集聚一起，雪球样越滚越大，摧枯拉朽，对王朝构成极大威胁。所不同的是李自成轻易打入北京，明朝灭亡；洪秀全建都天京后，几度北伐西征失败，未能摧毁清朝。

其实比之于李自成的农民军，洪秀全的太平军组织更严密，团队更强大，面对的又是少数民族政权，建国两百年来反清复明行动从没停止过，故洪天王登高一呼，反清人群和饥民云集响应，一夜间席卷江南，占去大清半壁江山。定都后，杨秀清组织过三次北伐，有一次经安徽、河南、山西，直逼京郊，差点攻进北京，把咸丰赶出北京城。无奈后援跟不上，以至功败垂成。比起李自成起义军，太平军优势更大，为何不能踏平清朝，入京占领紫禁城，南面而王呢？

依农耕文明社会周期性崩溃规律，清朝已到寿终正寝之时，竟逃过一劫，又延续六十年，且实现同光中兴，不能不说是个大奇迹。

史论认为太平军决策层沉迷于南京温柔富贵乡，消磨掉夺取天下的雄心壮志，其实大谬不然，太平军数度北伐西征就是反证。要说太平军席卷江南，定都南京，实属英明之举。大清首都在北京，主要供给则出产于江南，江南掌握在太平军手里，无异于夺去清廷衣食，假以时日，大清军民温饱失去保障，在太平军和捻军合攻下，重蹈大明覆辙应该说是板上钉钉的事。自古江南出产的大量粮食布帛，主要依赖漕运，经运河北输通州，入仓分发朝廷和军队，或进入市面。道咸之际，运河淤塞，没法跑船，只能改行海运，绕东南沿海，北达天津，再西送京师。海上风高浪大，帆船行驶困难，值洋人轮船出现，行海面如履平地，既安全，又快速，运力远远超过运河漕运。李鸿章驻沪平吴期间，见识过洋船的效能，创办江南制造局，造枪造炮造机船，后又成立上海轮船招商局，大规模从事海运和江运，满载江南粮米和民生物品，源源不断北航，北方军民和朝廷过上衣食无忧的日子，政权得以维持，民生得到保障。太平军虽经营江南十三四年，海运线却一直控制在洋军和清军手上，只能瞧着大量活命物资经海航源源不断北运，徒叹奈何，最后在湘淮楚三军攻击下，灰飞烟灭。

江南制造局和上海轮船招商局是洋务运动标志性成果，意味着中国从此超越农耕文明，正式进入工业文明。工业文明使生产力得到大大提升，保障官民和军队供给，也提供大量就业岗位或曰活命机会，土地没法养活农民时，可以离乡进城务工，赚到比耕田种地更多的收益，再犯不着聚集一起，杀富济贫，推翻朝廷。也就是说，西器西技的输入和洋务运动的兴起，不仅保住大清，开创同光中兴局面，更让中国社会开启工业化进程，从此改变农耕文明周期性崩溃的宿命，实在非同凡响。

面对特殊的历史时期和特殊的历史人物，信口妄下结论，总显得浅薄，还需拉开时间长度和空间广度，以不同方位和视角，进行多维观照，才有可能获取真相，认清本质。清朝结束至今百余年，中国已非当时的中国，世界亦非当时的世界，今人有了从高处和远处回望晚清及其人物的条件，再以固有的一朝一代的兴亡为标准，拘泥于一时一事的得失和成败，用忠与奸、功与过、正与邪、爱国与卖国之类二元对立概念贴标签、画脸谱，难免天真和荒谬。不得不说，在数千年农耕文明的强大惯性下，李鸿章及其同道们以巨大的勇气和智慧，把传统中国推向工业文明，融入世界大潮流，实乃不幸中之大幸。

硬要给李鸿章下结论，也只能说他既是儒家传统的卫道士，又是西洋理念的接盘侠；既是破败清室的守门人，又是紧闭国门的开锁匠；既是固化的旧秩序的维护者，又是破冰转型的新时期的拓荒人；既是抱残守缺愚昧讨打的替罪羊，又是在多种文明相互碰撞击杀的刀尖上跳舞的悲情英雄。

　　尽管富有争议性和复杂性，但从世界文明发展史角度看，李鸿章不愧为推动中国大变革的具有划时代创举的伟大人物。

附　录

近代历史人物群像

湘军人物

曾国藩（1811—1872），湖南湘乡人。二十七岁中进士，入翰林，累迁内阁学士、礼部侍郎，署兵工刑史部侍郎。后创立湘军，平定太平天国。官至两江总督、直隶总督、武英殿大学士，封一等毅勇侯。死谥文正，世称曾文正公。曾国藩善相面，未识恭亲王奕䜣前，见其照片，对同僚道："此君相貌容长，英气逼人，可惜眉宇间暗含轻佻，无周公之德望，却处周公之显位，只怕'靡不有初，鲜克有终'。"不想一语成谶，恭亲王奕䜣后来的仕途和命运正应了他的预测。也许李鸿章貌佳身长，又是与自己同年进士的李文安的儿子，曾国藩很看好他，说他才堪大用，特收为关门弟子，授以学问和见识，助其考取进士，后又召入湘军老营，参预机要，谋划军事，继而放手让其组建淮军，征调上海，李鸿章自此如虎归山，大展宏图，成就一番惊天伟业。

胡林翼（1812—1861），湖南益阳人，湘军二号人物。抚鄂期间，重视整饬吏治，引荐人才，协调各方关系，曾多次向朝廷和曾国藩推荐左宗棠、李鸿章等人，为时人所称道。与曾国藩并称"曾胡"。1861年，太平军迫近武昌，胡林翼率部返救，在武昌呕血而死，谥号文忠。

左宗棠（1812—1885），湖南湘阴人。湘军将领，楚军首领。曾与彭玉麟、李鸿章等人，入曾国藩幕，共平太平军。后与李鸿章展开塞边海防大辩论，在慈禧的支持下收复新疆。死赠太傅，谥号文襄。

曾国荃（1824—1890），曾国藩弟，湘军主要将领。因李鸿章提供洋枪洋炮，所领湘军嫡系部队吉字营战斗力大增，且在淮军和楚军助力下，攻破南京，取得平定太平军首功，封一等伯爵。官至署礼部尚书和两江总督，死加太子太保，谥忠襄。

彭玉麟（1816—1890），湖南衡阳人，湘军水师头领。因功擢提督和兵部右侍郎。败战太平军后，定长江水师营制，遵旨巡阅长江。死赐太子少保，谥刚直。李鸿章安徽浪战无功，投奔湘军老营，跟湘人圈子格格不入，尤其是彭玉麟、左宗棠几位，都是狠角，不把李鸿章放在眼里。李鸿章出身翰林，天子门生，还是曾国藩唯一关门弟子，才高学富，与彭、左等没正经功名的武将难免发生冲突，有一次李、彭话不投机，竟动起手来。看来谁年轻时都会冲动，但只有将冲动转为激情才能勇往直前，干出一番像样事业。

李元度（1821—1887），湖南平江县人，曾救过曾国藩命。与李鸿章同为曾国藩幕僚，关系密切。曾国藩惩处出战失利的李元度，李鸿章劝说无果，与老师闹翻，愤然离幕，后胡林翼两头反复劝说曾李师徒，李鸿章才重回曾幕。

李瀚章（1821—1899），安徽合肥人。李鸿章大哥，鸿章居次，以下依次为鹤章、蕴章、凤章、昭庆，共六兄弟。李瀚章初为湖南善化知县，后被曾国藩奏调南昌总理湘军粮秣，官至总督。有一回总督换防，李鸿章从湖广总督北调直隶总督，由李瀚章接任其位。当时李母随二儿住在总督署内，不愿挪窝。督府衙役便说，总督换了，总督娘没换，走了的李总督是老太太儿子，接防的李总督还是老太太儿子。老太太则开心道，他们换他们的防，我懒得换，仍原地驻防。

淮军人物

李鸿章（1823—1901），安徽合肥人，南人北相，身高一米八五，时人称云中鹤。小曾国藩十二岁，大慈禧太后十二岁，因三人皆属羊，可谓"三阳（羊）开泰"，携手实现晚清同光中兴。二十岁遵父刑部郎中李文安之命进京，拜父同年曾国藩为师，成为曾氏平生唯一关门弟子。二十四岁中进士，入翰林。三十岁南下征讨太平军，被朝臣讥讽翰林变绿林。继入曾国藩幕府，组建淮军，因功擢升两江总督。后接替曾国藩任直隶总督，兼北洋通商大臣，累加至文华殿大学士。

李鸿章位居高位五十年，南征北战，主办洋务，打理外交，创建北洋水师，推进中国近代化。与美国总统格兰特、德国首相俾斯麦一起被誉为十九世纪世界三大伟人，有东方俾斯麦之誉。前日本首相伊藤博文称其为大清唯一有能耐可与列强一争长短之人。慈禧则说其是再造玄皇之人。

甲午战败，赴日签订《马关条约》，遭日本浪人枪击，射中面部，李鸿章苏醒后不怒而喜，用留在颊骨里的子弹，迫使日本减少中国一亿白银战争赔款，可谓"世上最昂贵的子弹"。回国后被罢去一切职务，数年后才重新起用为两广总督。时值八国联军攻入北京，慈禧携光绪西逃，李鸿章倡导"东南互保"，又应

263

慈禧电诏，北上谈判，与庆亲王奕劻代表清廷签订《辛丑条约》，国体得以保全。李鸿章本人则劳累过度，吐血而死，享年七十九岁，获赠太傅，晋一等肃毅侯，谥号文忠。

张树声（1824—1884），安徽合肥人，淮军二号人物。咸丰年间在籍办团练，后率部入李鸿章组建的淮军，编树字营，赴上海征战太平军，因功历署按察使、布政使、漕运总督、江苏巡抚、两江总督、直隶总督兼北洋通商大臣。中法战争初期，淮军在北宁战败后，自请解除总督职务，专门治军。不久被革职协办广东防务，病卒于任。为官时提倡"采西人之体，以行用"。

程学启（1829—1864），安徽桐城人，淮军第一悍将。出身农家，自幼勇武。先入太平军，后降湘军，继转投淮军，随李鸿章征发上海。在上海保卫战和进攻苏州等战役中，立下大功，升总兵，加提督衔，赏正一品封典。后在进攻嘉兴时，头部中弹，死于军中。清廷追赠太子太保衔，谥忠烈。

刘铭传（1836—1896），安徽庐州潜山人，淮军重要将领。在征战太平和捻军战役中，屡立战功，晋爵一等男。中法战争期间，被李鸿章派驻台湾，以弱胜强，以少胜多，击败进攻的法国舰队。继擢台湾巡抚，在李鸿章的支持下，修铁路，开煤矿，办电讯，改革邮政，发展航运，促进贸易，发展教育，推动了台湾近代工商业的发展。有"台湾洋务运动之父"和"台湾近代化之父"之誉。死后赠太子太保，谥壮肃。

潘鼎新（1828—1888），安徽庐江人，淮军将领。以举人之身招募乡勇，入淮军，建鼎字营。随李鸿章先后征讨太平军和捻军，官至山东布政使和云南巡抚。后赴天津助李鸿章办理防务。中法战争期间，督军越南谅山，因故贻误战机，致使镇南关一度让法军闯入，被清廷革职，回籍病卒。

丁汝昌（1836—1895），安徽庐江人。早年在淮军任职，李鸿章总督直隶时，调其赴任北洋海防差用，率水师赴英国接带"超勇"和"扬威"巡洋舰回国，出任北洋海军提督。甲午日军侵华，指挥北洋舰队在黄海与日作战。次年在威海卫之战中，北洋舰队抗击日军围攻，弹尽粮绝，丁汝昌拒绝投降，服毒自尽，以身殉国。

李幕洋务

冯桂芬（1809—1874），江苏苏州人，曾与魏源同为林则徐幕友，继承并发扬光大林、魏"师夷长技以制夷"之精神，主张全面学习西方军事工业；农具、织具百工所需，多用机轮，资以治生。最早表达了洋务运动"中体西用"的指导思想，为改良主义之先驱人物。淮军进驻上海后，即入李幕，助李鸿章引西学、办制造、兴商贸，把林魏思想变成实实在在的近代工商业。

丁日昌（1823—1882），广东丰顺人。曾入曾国藩幕，后被李鸿章调至上海筹办枪炮局，试制枪炮。荐容闳赴美购置机器，兼任江南制造局总办。又调两淮盐运使，整顿盐政，禁私贩，纠贪吏。历任江苏巡抚和福建巡抚，加总督衔，主持福州船政局，会办南洋海防，兼总理各国事务大臣。

唐廷枢（1832—1892），广东香山人。早年任洋行总买办，被李鸿章看中，召入上海轮船招商局任总办和上海洋务局会办。李鸿章转任直隶总督后，唐廷枢受命任开平矿务局总办，以创办和经营近代企业的方式，开矿修路。又创办了上海第一家医院——仁济医院，亦即中国人创办的第一家西医医院。病逝天津，各国驻天津领事馆下半旗志哀，李鸿章亲自主持葬礼。

盛宣怀（1844—1916），江苏常州人。其父盛康曾与李鸿章同为曾国藩幕僚，交情深厚。李鸿章总督两江时，招盛宣怀入幕，协办洋务赈务，继任招商局督办、兵备道台、海关监督，经营客货海运，设立慈善机构，创办北洋大学堂。同时建铁路，办铁厂，兴邮政。正是盛宣怀和丁日昌、唐廷枢等洋务干将共同努力，助李鸿章开创五百个中国第一，三百个亚洲第一。官至正二品工部左侍郎和邮传部大臣。

周馥（1837—1921），安徽至德人。李鸿章组建淮军，周馥应募，从此跟随李鸿章办洋务达三十余年，深受倚重，累迁至封疆大吏。李鸿章甫任直隶总督时，全靠周馥打理河运、救灾、赈务，才站稳脚跟。北洋海军组建后，朝臣百般刁难，周馥要李鸿章多向朝廷汇报，奏筹经费，更新扩充舰炮，即使朝廷不支持，一旦外敌入侵，海防有失，也非李鸿章一人之责。后来海防局势及甲午惨败，无不应证周馥预言。有一次慈禧问及甲午失败的原因时，周馥将户部铿费、言者掣肘各事和盘托出，并将前密告李相国之言亦奏及，说李鸿章明知北洋一隅之力，不敌日本一国之力，且一切皆未预备，何能出师！然李鸿章若言力不能战，则众唾交集矣，这便是任事之难。慈禧深有同感。至庚子国变，李鸿章与八国联军谈判，又调周馥入京协助。和议签署，联军退出京城，李鸿章吐血倒床，周馥赶至，呼之犹应，不能语，延至次日午刻，目犹瞠视不瞑。周馥抚之哭曰："老夫子，有何心思放不下，不忍去耶？公所经手未了事，我辈可以去办，请放心去罢。"李鸿章忽目张口动，欲语泪流。周馥以手抹其目，且抹且呼，李鸿章才瞑目气绝。

钱鼎铭（1824—1875），江苏太仓人，出身官宦之家。太平天国定都天京，剑指上海，钱鼎铭筹银十七万，赴安庆乞兵。曾国藩自顾不暇，不为所动。时李鸿章已在曾府从幕数年，给钱鼎铭讲了申包胥哭秦庭搬救兵旧事，钱鼎铭立即跪到督府门前，像模像样哭起来，哭得曾国藩实在是受不了，终于答应派兵。却无兵可派，不得不让李鸿章组建淮军，征调上海。李鸿章从此走到晚清政治前台，钱鼎铭也跟随李鸿章，一步步干到按察使、布政使，直至河南巡抚，成为封疆大吏。

薛福成（1838—1894），江苏无锡人。早年入曾国藩幕，曾逝世后遇朝廷广开言路，遂挥笔疾书，写作"治平六策"和"海防密议十条"万言书，名噪一时，被李鸿章延入幕府，出谋划策，经文办差，处理了不少棘手事。第二次鸦片战争结束后，英国为确保中方赔款到账，逼清廷接受英国人赫德担任总税务司，管理海关，控制关税。赫德得寸进尺，欲同时兼任总海防司，负责添购舰艇、选用洋将，总管中国海防。薛福成觉得兵权、财权由赫德一人包揽，难以控制，后患无穷，但朝廷已有正式任命，薛福成便给李鸿章出计，由总理各国事务衙门行文通知赫德，表明总海防司要职举足轻重，命赫德专司练兵，这样赫德不愿舍弃总税务司肥缺，自然不愿承揽实地操练海军的总海防司苦差使，朝廷总海防司任命自然成为一纸空文。李鸿章依计而行，果然赫德为不丢掉海关大权，主动放弃总海防司要职。见薛福成德高才大，李鸿章奏保其四品宁绍台道，使其在政治舞台上一显身手。

于式枚（1853—1916），广西贺州人。曾任兵部主事，官至多部侍郎。入李鸿章幕僚多年，奏牍多出其手。慈禧罢免奕䜣后，让奕劻接管外交和海军，李鸿章与奕劻没交情，还是于式枚进京，借在兵部积累的人脉，为李鸿章与奕劻牵线搭桥。

张元济（1867—1959），浙江嘉兴人。曾入翰林院任庶吉士，后在总理事务衙门任章京。因参与戊戌变法，受朝廷通缉，李鸿章掩护其离京逃往上海，推荐至盛宣怀旗下南洋公学任译书院院长，出版严复翻译的《原富》（即《国富论》）。后从南洋公学离职，加盟商务印书馆，历任编译所所长、经理、监理、董事长。印制新式辞书《辞源》，出版发行严复翻译的《天演论》、茅盾主编的《小说月报》等大量开启民智的书刊，因此成为中国现代出版业巨子。

詹天佑（1861—1919），广东南海人。首批赴美留学幼童，毕业于耶鲁大学，回国后投靠无门，被李鸿章召到天津，安排在中国铁路公司给英国工程师金达做帮工程师，先从事津沽铁路铺轨工程，继而负责关东铁路关内段，完成最艰巨的滦河铁桥工程。后主持修建中国人首条自主设计建造的铁路——京张铁路。另沪嘉、津芦、萍醴、粤汉等铁路，皆由其主持建造而成。被誉为中国铁路之父。

洋将洋幕

华尔（1831—1862），美国人。受清廷委派，招募华洋志愿者，组成"洋枪队"，助朝廷抵挡进攻上海的太平军。淮军征发上海，李鸿章效仿华尔，创建自己的洋枪队，继而取代华尔的中外混合军，首次实现中国军队重大转型。

白齐文（1836—1865），美国人。原是清廷雇佣美国人华尔组建的"洋枪队"改组后的"常胜军"的第二任首领。白齐文瞧不起淮军和中国官员，打伤上海道台，李鸿章将其撤职，赶出上海。白齐文前往北京，找到英美公使，谋求复职。李鸿章不理睬英美公使，白齐文一怒之下，带领十多个部下抢走常胜军兵轮，购置大量军火，投奔镇守苏州的太平天国，掉转枪口，对抗淮军。太平军对白齐文留着一手，白齐文深感失望，决定回头向常胜军队长戈登投降。李鸿章不允许戈登收留白齐文，美国领事遣其赴日治病，不许他再回中国。谁知白齐文潜回上海，投奔撤出江苏逃往福建漳州的太平军侍王李世贤，结果刚到厦门便被清廷逮捕。美国公使向清廷要人，李鸿章下令押送苏州看管，同时对执行任务的部属吩咐道，路上千万小心，尤其水路风高浪急，决不能出事。部属听出李鸿章弦外之音，途经浙江兰溪时，弄翻船只，使白齐文溺毙，对外说是船漏失事，美国人没法追究，不了了之。

戈登（1833—1885），英国人，常胜军首领，助淮军攻克常州和苏州等要地。因苏州杀降事件与李鸿章闹翻，回到英国。中法战争期间重游中国，游说已为直隶总督兼北洋通商大臣的李鸿章，表示欧美列强都希望他自立总统，建立近代国家，李鸿章自然不会听从。后李鸿章出访欧美，前往伦敦戈登陵墓敬献花圈。

毕德格（？—1902），美国骑兵，在美国南北战争中屡立战功，战争结束后来华任美驻天津副领事。因仰慕李鸿章，辞职入幕李府，为李鸿章出谋划策，筹划修建关内外铁路等。因熟悉汉语和英、法、德多国语言，又教授李家子侄西语、西学，同时每天以直译方式，用汉语为李鸿章读西著，前后读过八百余种，令李鸿章大开眼界，对西学了然于心，可无障碍与洋人较量、交往，深受洋人敬重。李鸿章逝世后，毕德格失去精神支柱，不久便郁郁而终，追随幕主而去。

赫德（1835—1911），英国人。十九岁来华，先后在英国驻宁波和广州领事馆担任翻译和助理，后任粤海关副税务司、海关总税务司，主持中国海关总税务司近半个世纪，确保条约制度对关税率的限制，一定程度上促进了自由贸易及公平税收，也为清政府提供了大量税银，一定程度上杜绝了清廷的贪官腐败对海关的扰乱。赫德死后，清朝追授其为太子太保。

清廷人物

慈禧（1835—1908），本名叶赫那拉氏，咸丰帝懿贵妃，同治帝生母，光绪帝姨母。慈禧长相美丽，且生得一双绵柔白嫩的美手，写得一手好字，咸丰当政时，常代其拟折，熟悉诏对，为日后执政奠定了基础。咸丰帝驾崩后，慈禧联合慈安太后、恭亲王奕䜣，发动"辛酉政变"，形成"二宫垂帘，亲王议政"的格局。后又发动"甲申易枢"权变，罢免恭亲王，独掌大权。慈禧重用且善于驾驭汉臣，依靠曾国藩、胡林翼、左宗棠、李鸿章等汉臣汉将，平定太平军和捻军，开创洋务运动，实现同光中兴。七十三岁去世，谥号孝钦显皇后。

奕詝（1831—1861），道光帝第四子，清朝第九位皇帝，年号"咸丰"。清朝历史上最后一位有实际统治权的皇帝，也是清朝最后一位通过秘密立储继位的皇帝。道光帝晚年，前三子已故，只能在四子奕詝和六子奕䜣之间二选一。奕䜣骑射、口才都比奕詝强。父子出猎，奕䜣百发百中，满载而归，奕詝屡发屡失，一无所获。道光帝问原因，奕詝说时值春天，万物萌动，禽兽有孕，不忍杀生。道光帝病中召见兄弟俩，奕䜣大谈治国方略，奕詝只作心疼父皇病体，跪地泣涕状。道光帝感动不已，立奕詝为太子。

骑射水平低，也让奕詝吃尽苦头。有一次出猎，马失前蹄，奕詝摔断一条腿，继位后每次临朝都先至后走。一天朝会，奕詝因事生气，愤然起身，甩手动步，才被大臣发现是个瘸子。

奕詝勤于政事，任贤去邪，以重振纲纪。无奈内忧外患，每以签约赔款收场。第二次鸦片战争期间，英法联军攻入北京，咸丰逃往承德，忧惧而逝，庙号文宗。

载淳（1856—1875），同治皇帝，慈禧和咸丰帝之长子。同治即位时仅六岁，由肃顺等八位顾命大臣辅政。慈禧不满八大臣专权，联合东宫慈安太后和恭亲王奕䜣，发动"辛酉政变"，实行两宫太后垂帘听政朝制。同治年间国家动荡不安，先是湘淮军攻陷太平天国首都天京，继僧格林沁为捻军所杀，李鸿章率淮军平定东西捻军。后又发生两江总督马新贻被刺的惊天大案。同治十八岁亲政，不到两年驾崩，享年十九岁。

载湉（1871—1908），醇亲王奕譞之子，慈禧的外甥，清朝第十一位皇帝，年号"光绪"。三岁立为皇帝，在位期间历经甲午战争失败，后实施戊戌变法失败，被慈禧太后幽禁于中南海瀛台。光绪是清室少有的美男子，慈禧将内侄女嫁其为妻，即隆裕皇后。隆裕皇后比光绪大几岁，不讨光绪喜欢。光绪宠爱美丽活泼的珍嫔，又为慈禧所不容，只好迁怒于隆裕皇后，两人都活得憋屈悲苦，这也促使光绪英年早逝。

奕訢（1833—1898），道光帝第六子，咸丰帝异母弟。自幼与咸丰帝一同成长，深受道光帝宠爱。道光帝死后，据其遗诏封为恭亲王，担任领班军机大臣。英法联军攻入北京，咸丰帝逃往承德，奕訢以全权钦差大臣留守北京，负责与英法俄谈判，签订《北京条约》。咸丰帝驾崩后，奕訢与两宫太后发动"辛酉政变"，成功夺取政权，被授予议政王之衔。后逐渐倦怠政事，终在"甲申易枢"中被罢黜。

甲午战争后再获起用，为败局善后。直至去世前，一直担任领班军机大臣与领班总理衙门大臣，但暮气已深，无其作为。死谥为忠，后世称恭忠亲王。因精通洋务，全力支持洋务运动，被守旧势力诬为"鬼子六"。其建议设立的总理各国事务衙门，标志着中国近代外交机构的萌生。

奕譞（1840—1891），道光帝第七子，咸丰异母弟，光绪帝生父。曾配合恭亲王奕訢和慈禧太后发动"辛酉政变"。后奕訢所带领的军机处被慈禧全班斥退，奕譞开始以商办之名接掌政权。曾挪用海军经费修建颐和园。颐和园建成，奕譞也薨于藩邸，谥号醇贤亲王。

奕譞支持李鸿章办洋务，兴海军，更百倍小心侍奉慈禧，仕途平顺，不想死后墓地上的一棵白果树，闹了个小风波。有大臣知道帝（太）后有隙，为讨好慈禧，奏言奕譞墓地有棵白果树高十余丈，荫地数亩，形如翠盖，白果之"白"字加在"王"之上，就是"皇"字，亲王不配享有，建议伐倒此树。慈禧依奏，却因奕譞是光绪生父，没谁敢动树，慈禧竟亲自带人出城，上奕譞墓地把树砍倒。

李莲英（1848—1911），直隶顺天府人，官至大总管，陪伴慈禧太后五十三年，是清末最有权势的宦官，亦是第一个称慈禧太后为"老佛爷"的人。慈禧过寿游颐和园，李莲英为其放生鸟鱼，打开鸟笼鱼篓后，鸟鱼相继出去，没多久便又返回来，李莲英说老佛爷洪福齐天，连鱼鸟都舍不得离去，逗得慈禧直乐。其实这些都是李莲英训练出来的鸟鱼，先让鸟鱼饿一天，放生后在笼篓里塞入食物，再引其返归。

李鸿章奏请总理海军衙门大臣醇亲王巡阅北洋海军，身为光绪皇帝生父，醇亲王身份高贵，需加派太监、御医随行，特请慈禧派遣李莲英，以减少太后对自己的猜忌。离京后，醇亲王每次接见文武官员，都让李莲英作陪作证，避免揽权嫌疑。李莲英记着前任太监安德海张狂被杀的教训，穿着朴实，替醇亲王拿着旱烟袋，随时装烟、递烟。回到住处，则不见任何来访者。

李莲英很尊重李鸿章，为其奏请慈禧批准在宫中装上电灯及电话、铺设小火车，慈禧大开眼界，也很受用，恩准李鸿章放手大办电报和铁路。从此李鸿章与慈禧君臣更加默契，满朝只李鸿章敢在慈禧面前，说他人不敢说的话，奏办他人不敢奏办的事，开创洋务大格局。

吕贤基（1803—1853），安徽旌德人。咸丰初年（1851）为工部左侍郎，欲谋汉尚书而不得。值太平军席卷江南，厌倦京城翰林闲散生涯的同乡晚辈李鸿章欲南下抗敌立功，苦于级低无上折权限，鼓动吕贤基奏调清兵征讨太平军，以获取咸丰青睐。正中吕贤基下怀，向咸丰呈上李鸿章代拟的奏章。八旗绿营无用，咸丰正愁无兵可调，遂任吕贤基为安徽团练大臣，回乡募勇抗敌。吕贤基一介书生，从没摸过刀枪，干脆奏调李鸿章为团练帮办。李鸿章兴高采烈随吕贤基离京南下，开启富贵险中求的别样人生。吕贤基将团练大营放在舒城，后太平军西征，舒城不堪一击，吕贤基投水而死，李鸿章在外办差，躲过一劫。

李嘉端（？—1880），顺天府大兴人。安徽巡抚，安庆被太平军占领后，迁巡抚衙门至庐州。吕贤基殉国后，李嘉端召李鸿章至门下，利用其兄弟亲友势力，征召地方民团，协防庐州。时太平军大举西征，庐州危急，朝廷改任能征惯战的湘军元老江忠源为安徽巡抚。李嘉端离任时凄风苦雨，没一个老部属露面，唯入幕时间不长的李鸿章前往送行。此时朝廷已调满员福济办理淮北盐务，意在一旦江忠源有失，好以福济替之，既可配合朝廷江南江北两大营清军，夹击太平军，也能防止长江上游的湘军继续东进，不断壮大。李嘉端揣摩朝廷用意，感于李鸿章情义，把他推荐给福济。

福济（？—1875），满洲镶白旗人，历任兵部侍郎、漕运总督。江忠源战死庐州，清廷命福济主政安徽，福济急需能员辅佐，亲自到合肥磨店李家请出李鸿章，招兵买马，迎战太平军。李鸿章干得很欢，福济多次为其请功，将其步步提拔至三品按察使衔。李鸿章欲创淮军，未获福济支持，离幕南下，至大哥李瀚章湘军粮台，继入曾国藩幕。太平军再度西征，福济守土乏力，多地失陷，以病乞假。后被朝廷起复，官至总督。

崇厚（1826—1893），满洲镶黄旗人，官至三口通商大臣。天津教案事发，弄得直隶总督曾国藩焦头烂额，费力不讨好，朝廷急调李鸿章接任直隶总督，赴津救急。风波平息后，李鸿章欲在天津办洋务，又觉得崇厚占着三口通商口岸大臣位置，碍手碍脚，想把他搬开。正好朝廷在物色大臣，为天津教案出使法国谢罪，李鸿章开导崇厚，身为通商大臣，没能处理好华洋关系，致使天津教案事发，责无旁贷，与其等着朝廷降罪，还不如勇敢站出来，主动请缨，代表朝廷赴法谢罪，功成归国，自然前程无量。崇厚深以为然，依计而行，争取赴法差使。崇厚刚出国门，李鸿章便设法把三口通商大臣挪到自己名下，大办洋务，自此三口通商大臣（后改北洋通商大臣）由直隶总督兼任的模式便固定下来。

翁同龢（1830—1904），江苏常熟人。历任户部右侍郎、都察院左都御史、多部尚书、军机大臣兼总理各国事务衙门大臣。为光绪师傅，可直接进言，光绪每事必问翁同龢，眷倚尤重。翁同龢之兄翁同书在对战太平军时弃城颂贼，遭曾国藩和李鸿章师徒弹劾，翁同龢因此终生与曾李为仇。李鸿章兴办洋务，主张变科举、重西法、练海军、开铁道，处处都遭到主持户部的翁同龢掣肘，致李公困疆畿二十年，疑谤纷纷，难行其志。

甲午日军侵朝，翁同龢明知清军准备不足，无以对抗有备而来的日军，还是怂恿光绪，逼迫李鸿章出兵。若北洋海军取胜，翁同龢主战有功；若北洋海军失败，正好对李鸿章兴师问罪。后北洋海军和淮军惨败，翁同龢兴高采烈，比日本人还得意，拿起纸笔，留下四个字：真明快哉！翁同龢心机渐渐被光绪察觉，恭亲王奕䜣去世后不久，光绪革去翁同龢职务，逐出京城，永不叙用。翁同龢死后，朝廷不给谥号，连丧银都不给，清朝近三百年的王公大臣里可是绝无仅有。

袁世凯（1859—1916），河南项城人。因袁家与李家是世交，早年进入淮军，李鸿章主理外交期间遣袁世凯出使朝鲜，袁世凯以出色的才干受到朝廷器重。甲午战争爆发，袁世凯使计逃出朝鲜，回国觐见李鸿章，取得天津小站训练新军的机会。后又在李鸿章等人的暗助下出任山东巡抚、直隶总督兼北洋大臣。借辛亥革命大势，逼清帝溥仪退位，以和平方式推翻清廷，成为中华民国大总统。后又自称为帝，引发护国运动，在做了 83 天皇帝之后取消帝制。不久因病不治而亡，归葬河南安阳。

张佩纶（1848—1903），直隶丰润（今河北唐山丰润）人，曾授翰林院侍讲。早年在京城与李鸿藻、潘祖荫、张之洞、陈宝琛、宝廷等同为"清流"，以弹劾大臣而闻名。因张父在安徽任职时待李鸿章友善，从没弹劾过李鸿章。李鸿章爱张佩纶之才，召其入幕，还把女儿许配给他，民国才女张爱玲便是张佩纶孙女，也就是说李鸿章是张爱玲太外公。

中法战争期间，张佩纶以翰林侍讲学士擢会办闽海事务钦差大臣，亲临马尾前线布防，将分防于各省的舰船抽调回福建，统一聚合会操。因不谙兵事，匆匆应战，福州船政局被法军舰炮摧毁，又值大雨，张佩纶顶着铜盆逃窜，靴子陷入泥中，不能自拔，狼狈不堪。张爱玲痛恨对女儿大打出手的父亲，怪爷爷教子无方，曾把张佩纶马尾败绩的狼狈相写进文中，好好地嘲笑了一番。

张之洞（1837—1909），直隶南皮（今河北沧州南皮）人。官至湖广总督、军机大臣。内阁学士徐致祥评价张之洞："谋国似忠，任事似勇，秉性似刚，运筹似远，实则志大而言夸，力小而任重，色厉而内荏，有初而鲜终，徒博虚名，无裨实际，方今中外诸臣章奏之工，议论之妙，无有过于张之洞；作事之乖，设心之巧，亦无有过于张之洞者。"李鸿章七十岁到达人生顶峰，时值寿辰，慈禧、光绪和王公大臣纷纷送上重金、重礼和寿联，张之洞不甘落后，除送上厚金大礼外，还献上花三天时间写的贺寿赋，把李鸿章及其麾下的淮军和北洋海军吹上了天。李鸿章读过颂赋，说南皮言不由衷，他日老夫寿终正寝，只怕一字都不肯奉献。李鸿章签完《辛丑条约》，吐血而亡，张之洞无金无礼，但为使李鸿章预言失验，还是献上一字祭词：奠。李鸿章识人之明，可见一斑。

徐致靖（1826—1900），江苏宜兴人，清末维新派领袖。德国侵占胶州湾，徐致靖以外患日迫，亟思变法图存，上疏光绪明定国是，力推康有为、梁启超、谭嗣同、黄遵宪、张元济等人出来变法。"百日维新"期间擢为礼部侍郎。维新失败，慈禧圈定斩立决的头一人就是徐致靖。李鸿章与徐致靖的父亲是同科进士，因此跟徐致靖本人关系也比较亲密，有心营救，知道自己出面不妥，转求慈禧红人荣禄帮忙。荣禄很为难，李鸿章说"维新"后三个月，光绪没召见过徐致靖。荣禄碍于李鸿章面子，到慈禧面前为徐致靖说情。慈禧大怒，责怪荣禄为帝党开脱。荣禄申诉说徐致靖是个书呆子，根本不懂新政，只是在维新派里唱唱昆曲、玩玩围棋而已，又把李鸿章"维新"后三个月内皇帝没召见过徐致靖的话转述给慈禧。宫廷规定，皇帝召见任何人都得留下记录，慈禧派人一查，果不其然。

原来李鸿章认为两广人适合搞实业、做生意，"维新"前又接触过康有为，警告徐致靖小心为上。徐致靖问李鸿章怎么办。李鸿章说你小时好像患过耳疾吧？徐致靖一向耳聪目明，还以为李鸿章故意搪塞自己。过后才恍然大悟，光绪召对时装作耳聋，说话有意放大音量。光绪担心隔墙有耳，自此不再找他问维新之事。

见荣禄所禀属实，慈禧稍有转色，改判徐致靖为监候（即死缓）。徐致靖大难不死，戊戌"七"君子变为"六"君子，徐致靖留下小命，却失去了永世大名。出狱后，徐致靖改名徐仅叟，意思是六君子被害，刀下仅存遗老。

刘锡鸿（？—1891），广东番禺人。郭嵩焘出任驻英公使时，提名刘锡鸿为副使，朝廷只赏参赞职，刘锡鸿十分不满，怪罪到郭嵩焘头上，处处与他作对，后被朝廷罢免。刘锡鸿被革职时，正逢朝臣气势汹汹声讨李鸿章的《妥议铁路事宜折》，于是上折说："铁路修通，将造成数万脚夫失业，沦为乱民，且中国险要尽失，一旦有变，洋人风驰电掣，朝夕可至。"一句话，李鸿章热衷洋务，似为外国谋，非为我朝谋。李鸿章倒不在意，趁着众臣注意力转移，赶紧成立电报总局，委任盛宣怀为总办，加速津沪电报建设。又让唐廷枢赴上海筹得大量股本，扩大开平煤矿的生产规模，出煤量倍增，还开挖了三十五公里芦台至胥各庄的运煤河。刘锡鸿闻知，又口诛笔伐，多次上折说李鸿章"跋扈不臣，俨然帝制"。证据是外国报纸曾称，李相优待洋人，自视若为中国之王。可见李鸿章开煤矿、办电报、修铁路的用心何其险恶，用八个字足可概括：挟洋自重，窥窃神器。刘锡鸿头阵一打，朝野一片杀声，恨不得立毙李鸿章。李鸿章心惊肉跳，若两宫和皇上也认定自己是乱臣贼子，岂不真得掉脑袋、夷九族？枪打出头鸟，再这样下去，迟早会死在朝臣舌剑之下。于是李鸿章连夜书写辞呈，交薛福成发邮。薛福成见封套未封死，抽出内函，见是辞呈，还有一则奏请翁同龢接任直隶总督和北洋大臣的条陈。薛福成会心而笑，打马入京，把函套交给张佩纶。张佩纶直接呈到慈禧手上，慈禧哭笑不得，赶紧安抚李鸿章，同时下令把刘锡鸿赶出京城，别在朝廷丢人现眼。

梁鼎芬（1859—1919），广东番禺人，翰林编修。中法战争期间，李鸿章遵旨主持和议，梁鼎芬弹劾其六大可杀之罪，因此激怒慈禧，以妄劾罪连降五级，被贬到太常寺去做司乐小官。梁鼎芬很得意，自镌一方"年二十七罢官"小印，辞官出京，临行前付托妻子予"人生只有情难死"的风流才子文廷式。丢官去妻，从此声名狼藉。

太平军和捻军人物

李秀成（1823—1864），广西梧州人，太平天国后期军事领袖，具有非凡的军事才华，被洪秀全封为"忠王"，取"万古忠义"之称。太平天国上层变乱后，李秀成与陈玉成、李世贤等力撑危局，取得二破江北大营、三河大捷、二破江南大营等军事上的胜利，与李鸿章棋逢对手，却终难敌湘军和淮军的夹攻，兵败身死。

陈玉成（1837—1862），广西藤县人，太平天国后期军事领袖。14岁随叔父参加洪秀全"金田起义"，骁勇善战，被封"英王"。洪秀全定都天京，曾派陈玉成等将领北伐西征，时李鸿章正在安徽浪战，没少吃陈玉成的亏。后陈玉成被太平天国叛将苗沛霖诱骗中计，解送清营，就义于河南延津。

潘贵升，捻军首领亲兵。平定太平军后，北方捻军依然活跃，朝廷派僧格林沁骑兵追讨，僧王战死，又派曾国藩领淮军出征。曾国藩擅长阵地战，却无奈来去飘忽的捻军骑兵何。朝廷只好请李鸿章出师，训练骑兵，但依然跟不上捻军节奏。李鸿章精心策划的尹隆河之战，双方损失惨重，也没能动摇捻军根本。李鸿章知道只有除掉捻军头领之一的任化邦，才能见功。于是拿出两万两白银，让刘铭传收买任化邦亲兵潘贵升，另承诺事成后举荐其为三品顶戴花翎。潘贵升见财心动，收下银子。任化邦和赖文光率军突破淮军运河防线，杀入山东时，刘铭传紧追不舍，反被任化邦分割包围，陷入绝境。此时任化邦身后的潘贵升举起手中的枪，击中任化邦腰肋，任化邦落马而亡。潘贵升大呼："鲁王中枪死了！"顿时军心大乱。淮军乘势反扑，赖文光不敌，打马逃跑，后屡战屡败，被淮军俘虏处死，淮军讨捻大功告成。